Schöningh

ZEITEN UND MENSCHEN ZUM THEMA

Geschichte • Oberstufe

Der Zusammenbruch der DDR und die deutsche Einheit

Herausgegeben von: Hans-Jürgen Lendzian

Autor: Lambert Austermann

www.schoeningh-schulbuch.de
Schöningh Verlag, Jühenplatz 1–3, 33098 Paderborn

Druck 5 4 3 2 1 / Jahr 2014 13 12 11 10
Die letzte Zahl bezeichnet das Jahr dieses Druckes.

Umschlaggestaltung: Franz-Josef Domke, Hannover
Druck und Bindung: westermann druck GmbH, Braunschweig

ISBN 978-3-14-024984-3

Der Zusammenbruch der DDR und die deutsche Einheit

Die drei Szenen im „Zeitraffer" sind historisch gesichert – aber sie (und die handelnden Personen) werden in der Geschichtswissenschaft unterschiedlich bewertet.

Buchtipp: Wolfgang Leonhard, Die Revolution entlässt ihre Kinder, Köln/Kiepenheuer & Witsch, 1955. In seinem autobiografischen Bericht beschreibt Wolfgang Leonhard, Historiker und damals selbst Mitglied der „Gruppe Ulbricht", den politischen Weg der deutschen Kommunisten im Exil in Moskau und in der SBZ.
Leonhard brach 1949 mit dem Stalinismus und floh über Jugoslawien in die Bundesrepublik und die USA. Von ihm ist dieser berühmt gewordene Satz Ulbrichts überliefert: „Es ist doch ganz klar: Es muss demokratisch aussehen, aber wir müssen alles in der Hand haben."

1. Zeitraffer

Der Anfang

Ostgrenze des Deutschen Reiches, 30. April 1945. In den letzten Tagen des Krieges, noch vor der offiziellen Kapitulation Deutschlands, kehrt Walter Ulbricht (1893–1973) als Chef der nach ihm benannten zehnköpfigen „Gruppe Ulbricht" nach Deutschland zurück. Als Kommunist und Reichtagsabgeordneter der „Kommunistischen Partei Deutschlands" (KPD) war er im nationalsozialistischen Deutschland steckbrieflich verfolgt worden und ins Exil geflohen. Über Paris und Prag war er nach Moskau gelangt. Er hatte Glück gehabt. Viele seiner Parteifreunde gehörten zu den ersten Opfern des Nationalsozialismus. Sie waren in „Schutzhaft" genommen, standrechtlich erschossen oder in Konzentrationslagern ermordet worden. In Moskau stellte sich Ulbricht in den Dienst der Sowjetunion. Er agitierte in Kriegsgefangenenlagern für eine „Volksfront" aus Sozialdemokraten und Kommunisten gegen den Faschismus. Sowjetische Funktionäre bereiteten ihn auf den Fall der Fälle vor: den Wiederaufbau in Deutschland nach einem Sieg der Sowjetunion. Jetzt war es soweit.
Niemand in der Gruppe unterschätzte die vor ihnen liegende Aufgabe. Hinter der Frontlinie der sowjetischen Roten Armee kamen sie in ein vom Krieg verwüstetes und moralisch diskreditiertes Deutschland. Umso wichtiger war nach ihrer Auffassung ein wirklicher Neuanfang. Die Strukturen und gesellschaftlichen Gruppen, die in ihren Augen den Aufstieg Hitlers ermöglicht hatten und für den Krieg verantwortlich waren, mussten beseitigt werden. Unter Führung der Kommunisten sollten sich alle fortschrittlichen, demokratischen Kräfte zusammenschließen, um ein neues, besseres, ein sozialistisches Deutschland aufzubauen. Mit Hochdruck arbeitet die „Gruppe Ulbricht" am Aufbau einer neuen Verwaltung. Nie wieder sollte der Faschismus in Deutschland eine Chance haben.

Der Zusammenbruch

Ostberlin, im Sommer des Jahres 1989. Die Regierung der Deutschen Demokratischen Republik (DDR) bereitet die Feierlichkeiten zum 40. Jahrestag der Staatsgründung vor. Im Land wirkt alles wie immer. Seit Jahrzehnten schon haben sich viele Menschen mit ihrem Staat arrangiert. Vor allem mit der Unfreiheit. Nur im engen Familien- und Freundeskreis wird offen gesprochen. Reisen sind nur im Inland oder in das „sozialistische Ausland" erlaubt. Eine unüberwindliche Grenze trennt die DDR von der westlichen Welt, nur vereinzelt werden Reisegenehmigungen erteilt. „Antisozialistische Aktivitäten" und „Republikflucht" werden schwer bestraft.
Niemand kann sich vorstellen, dass sich das Leben in der DDR grundsätzlich ändern könnte. Alles wirkt wie immer und doch verschieben sich die Dinge. Seit einigen Jahren sinkt der allgemeine Lebensstandard, die wirtschaftlichen Probleme des Landes sind unübersehbar geworden. Bei der Kommunalwahl im Mai hat es Fälschungen und Manipulationen gegeben – so offensichtlich, dass sie sich nicht mehr leugnen lassen.
Die Staatsführung wird unruhig. Insgeheim fühlt sie sich von ihrer Schutzmacht, der Sowjetunion, zunehmend im Stich gelassen. Seit 1985 werden dort politische und wirtschaftliche Reformen durchgeführt, für die sich auch die Bevölkerung der DDR interessiert. Während andere Ostblockstaaten sich ebenfalls für Reformen öffnen, blockt die Regierung der DDR ab. Zu groß ist ihre Angst vor einem Verlust der eigenen Machtstellung.

Filmtipp: Spiegel TV – Der letzte Sommer der DDR (4 DVDs), 2004. Informative und anschauliche Reportage über den Sommer 1989 in der DDR, die „Friedliche Revolution" und die Öffnung der Mauer.

Auf einen Blick

Der Zusammenbruch der DDR und die deutsche Einheit

Info S. 8

Der Zusammenbruch der DDR und die deutsche Einheit

Thema S. 53

Ein Konflikt – zwei Perspektiven

Das historische Schicksal der Deutschen nach dem Zweiten Weltkrieg ist nur verständlich vor dem Hintergrund der weltumspannenden Konfrontation zwischen Ost und West im „Kalten Krieg“ – ein im Kern ideologischer Gegensatz mit konträren Perspektiven auf die Realität.

Methode S. 54

Ideologiekritische Quelleninterpretation

Thema S. 59

Am Anfang: Das Selbstverständnis der DDR

Schon in der Besatzungszeit (1945–1949) und vor der eigentlichen Staatsgründung wurden die wesentlichen Grundlagen und Strukturen geschaffen, auf denen die DDR zeit ihres Bestehens beruhte.

Methode S. 62

Politische Plakate interpretieren

Thema S. 63

„Einheitsfront“ oder „Blutspender“?

Am 21. April 1949 schlossen sich die KPD und die SPD in der sowjetischen Besatzungszone zur neuen „Sozialistischen Einheitspartei Deutschlands“ (SED) zusammen.
Unter den Zeitgenossen war dieser Zusammenschluss heftig umstritten: War er eine schlüssige Konsequenz aus den historischen Erfahrungen oder spielte er nur den Interessen der Besatzungsmacht in die Hände?

Thema S. 67

Realität und Propaganda

Am 17. Juni 1953 explodierte die Unzufriedenheit der Bevölkerung der DDR in einem offenen Aufstand gegen das Regime, der sofort mithilfe sowjetischer Panzer niedergeschlagen wurde. Die Führung der DDR deutete die Ereignisse auf ihre Weise.

Thema S. 73

Was heißt hier Demokratie?

„Demokratie“ ist kein eindeutiger Begriff. Die DDR und die Bundesrepublik verstanden darunter etwas völlig Verschiedenes. Zeitgenössische Dokumente können aufzeigen, was die DDR in Theorie und Praxis unter „sozialitischer Demokratie“ verstand.

Thema S. 79

Unrecht anerkennen?

Zu Beginn der 1970er-Jahre leitete die neue sozial-liberale Koalition in der Bundesrepublik unter Bundeskanzler Willy Brandt (SPD) eine neue Politik gegenüber der DDR ein. Die „Neue Ostpolitik“ war ein schwieriger und hoch umstrittener Balanceakt.

1961

1967

1989

Der Zusammenbruch der DDR und die deutsche Einheit

Am 9. November 1989 öffnete sich die innerdeutsche Grenze, am folgenden Tag tanzten die Menschen auf der Mauer am Brandenburger Tor. Der ehemalige Todesstreifen mitten durch Deutschland hatte seinen Schrecken verloren.
Damit war eine ganze Epoche deutscher Geschichte, die 1945 nach dem Ende des Zweiten Weltkrieges begonnen hatte, faktisch zu Ende: die deutsche Teilung.
Nur ein knappes Jahr später, am 3. Oktober 1990, traten die „neuen Bundesländer" der Bundesrepublik Deutschland bei – die Deutsche Demokratische Republik (DDR) war Geschichte geworden.
Vier Jahrzehnte lang hatte dieser Staat existiert, das Leben seiner Bewohner geprägt und auch die Westdeutschen in der „alten" Bundesrepublik beeinflusst. Alle diese Prägungen, Erfahrungen und Perspektiven sind am 3. Oktober 1990 natürlich nicht mit einem Schlag verschwunden. Sie sind Teil unserer Gegenwart im vereinten Deutschland.

1945

1952

1953

Arbeiten und lernen mit „Zeiten und Menschen"

Auftakt: Das Themenheft beginnt mit einer Auftaktdoppelseite. Abbildungen, die für die Thematik repräsentativ sind, führen in Verbindung mit einem kurzen begleitenden Text, der zentrale Frage- und Problemstellungen sowie die Gegenwartsbedeutung aufzeigt, in das Thema ein.

Auf einen Blick: Unmittelbar anschließend wird in übersichtlicher Form ein Überblick über Inhalte, thematische Schwerpunkte und Methodenlernen gegeben, der zugleich Orientierung im Themenheft und erste Orientierung im geschichtlichen Gesamtkontext ermöglicht.

Info: Der Darstellungstext informiert über ereignisgeschichtliche Zusammenhänge und historische Strukturen des Themas. Er entfaltet argumentativ zentrale Struktur- und Problemzusammenhänge und ermöglicht den Aufbau eines geordneten Basis- und Orientierungswissens.

Thema: Thematisch konzipierte Einheiten dienen der vertiefenden Beschäftigung mit relevanten historischen Problemstellungen in Anknüpfung an die Leitperspektiven des Themenheftes. Facettenreiche Materialien stellen die Grundlage für eigenständiges fachliches Lernen dar.

Arbeitsanregungen, die vernetzt Bezug auch auf den Darstellungstext nehmen, strukturieren und erleichtern die fachgerechte Erarbeitung und kritische Auseinandersetzung mit dem vielfältigen Materialangebot mit zielführendem Blick auf die ausgewiesenen thematischen Leitfragen der jeweiligen Einheit. So wie die ausgewählten Materialien als Angebot zu verstehen sind, das jederzeit durch eigene Recherche veränder- und erweiterbar ist, stellen auch die Arbeitsaufträge Vorschläge für einen möglichen Arbeits- und Erkenntnisweg dar.

Forum: Hier kommen vornehmlich Experten – Historikerinnen und Historiker, Publizisten – zu Wort. Die Analyse und kritische Auseinandersetzung mit unterschiedlichen Standpunkten der Wissenschaft und Publizistik schafft Voraussetzungen und Möglichkeiten, eigene historisch-politische Urteilsfähigkeit zu erproben, in Zustimmung und Abgrenzung eigene Standpunkte zu formulieren und eigene Perspektiven für gegenwärtiges und zukünftiges Handeln zu gewinnen. Arbeitsvorschläge helfen auch hier auf dem Weg der Erkenntnisgewinnung.

Methode: Methodenseiten – am Ende des Bandes (Basismethoden) sowie z. T. auch im Kontext von Thema- oder Forum-Einheiten – führen in grundlegende Methoden historischen Arbeitens ein. Sie vermitteln und trainieren das systematische, fachgerechte Umgehen mit fachbezogenen Arbeitstechniken, die an den wissenschaftlichen Standards historischen Arbeitens orientiert sind.

Zusammenfassen, Üben und Darstellen: Den Abschluss bilden Arbeitsanregungen, um erworbenes Sachwissen, gewonnene Erkenntnisse sowie Urteils- und Problemkompetenz in wiederholenden und neuen Arbeitszusammenhängen anzuwenden und erlernte methodische Fähigkeiten zu trainieren.

Protestdemonstration in Ostberlin gegen den Wahlbetrug bei den Kommunalwahlen vom 7. Mai 1989

Menschenkette auf der Mauer am Brandenburger Tor in Berlin, 10.11.1989

In der Bevölkerung nimmt nun der Eindruck zu, in einem verkrusteten Staatssystem mit einer starrsinnigen Führung zu leben. Viele spüren, dass ihr Land immer mehr in die Isolation gerät, nicht nur gegenüber dem Westen, sondern auch in der sozialistischen Welt. Obwohl die Angst vor Repressionen groß ist, nimmt die Autorität der Regierung immer weiter ab. Vereinzelt trauen sich jetzt Menschen, Kritik zu äußern und offen Reformen zu verlangen. Andere halten ihr Land für einen hoffnungslosen Fall und wollen einfach nur weg.

Ostberlin, 9. November 1989. Günther Schabowski, Mitglied des Politbüros der „Sozialistischen Einheitspartei Deutschlands" (SED), kündigt im Staatsfernsehen der DDR die Öffnung der Grenzübergänge nach Westberlin an. Noch in der Nacht strömen Tausende vom Osten in den Westteil der Stadt. Das ist der Anfang vom Ende der DDR. Sowohl die Fluchtbewegung wie auch die Protestbewegung waren inzwischen zu Massenphänomenen geworden. Die „Friedliche Revolution" hatte das Regime gestürzt. Nur ein knappes Jahr später, am 3. Oktober 1990, vereinigten sich die beiden deutschen Staaten zur neuen „Bundesrepublik Deutschland" – die DDR hatte aufgehört zu existieren.

Deutsche Vergangenheiten

Vergangenheit und Gegenwart. Die „Deutsche Demokratische Republik" ist heute ein untergegangener Staat, am 3. Oktober 1990 endete ihre Geschichte. Warum sollen wir uns mit ihr beschäftigen?
Die Antwort lautet: Weil sie ein Teil unserer Geschichte ist.
Vier Jahrzehnte lang prägte dieser Staat nicht nur seine Bewohner, sondern auch die seines westdeutschen Gegenübers, der „alten" Bundesrepublik Deutschland. Alle diese Prägungen, Erfahrungen und Perspektiven sind am 3. Oktober 1990 natürlich nicht mit einem Schlag verschwunden. Sie sind Teil unserer Gegenwart im vereinten Deutschland.

Buchtipp: Peter Bender, Zweimal Deutschland – Eine ungeteilte Nachkriegsgeschichte 1945–1990, Pantheon 2009. Der Historiker und Journalist Peter Bender beschreibt das Gegen-, Neben- und Miteinander der Deutschen in Ost und West in der Zeit der Teilung.

Zweimal Deutschland im „Kalten Krieg". Der „Kalte Krieg" zwischen den USA auf der einen und der UdSSR auf der anderen Seite (1945–1989) hatte Deutschland in zwei Hälften geteilt. Getrennt wurden sie durch den „Eisernen Vorhang" (Churchill), der sich von Norden nach Süden durch ganz Europa zog. Letztlich waren es die mächtigen Triebkräfte dieses Weltkonfliktes, die die Teilung Deutschlands in zwei Staaten, die Grundzüge ihrer jeweiligen Verfasstheit und ihre Entwicklung bestimmten. Auch das Ende der Zweistaatlichkeit im Jahre 1990 war schließlich nur infolge der Auflösung des Ost-West-Konfliktes möglich.
Der politische Handlungsspielraum der Deutschen war vor diesem Hintergrund gering, aber nicht gleich Null. Zwar konnten sich beide deutsche Staaten nur innerhalb der

Systemgrenzen ihrer jeweiligen „Supermacht“, USA und UdSSR, entwickeln, standen dabei jedoch in unmittelbarer Konkurrenz zueinander und bildeten dadurch politische und gesellschaftliche Strukturen aus, die mit denen im jeweils anderen Teil Deutschlands korrespondierten und diese jeweils zu übertreffen suchten. So entstanden in den beiden deutschen Staaten historische Alternativen im Ost-West-Konflikt.

Widersprüche. Die Tatsache, dass der historische Weg der DDR im Jahr 1990 endete (so wie der Weg der gesamten kommunistischen Welt in Osteuropa) darf nicht darüber hinwegtäuschen, dass mit ihm auch Hoffnungen verbunden waren. Es wäre ein großer Fehler, wenn man diese Geschichte, die ja nicht zuletzt die Geschichte der in diesem Staat lebenden Menschen ist, im Nachhinein in Bausch und Bogen als Irrweg einschätzen und zu den Akten legen würde. Tatsächlich hatte die DDR auch im eigenen Land von vorneherein Gegner und Befürworter. Einige widmeten sich mit Eifer dem Aufbau einer besseren Gesellschaft, andere leisteten Widerstand, wieder andere arrangierten sich so gut es ging. Manche riskierten ihr Leben für eine Flucht in den Westen. Die Geschichte der DDR ist eine sehr komplexe und widersprüchliche Geschichte, die Geschichte von Menschen.

„Verlierergeschichte“ – „Gewinnergeschichte“? Wenn man versucht, diese „doppelte“ Geschichte zu erforschen und darzustellen, bekommt man es – neben der inhaltlichen Komplexität der Ereignisse – außerdem mit geschichtspolitischen und methodischen Problemen zu tun: Da die DDR 1990 der Bundesrepublik beitrat und damit von der historischen Bühne verschwand, besteht heute die Gefahr einer einseitigen Aufarbeitungsrichtung ihrer Geschichte als „Verlierer-“ und der bundesrepublikanischen Entwicklung als „Gewinnergeschichte“. Oder die Versuchung – wie es der westdeutsche Historiker Lutz Niethammer formulierte – „den Toten noch einmal zu erschlagen“.
Das zweite Problem ist eher methodischer Art: Die DDR war eine extrem informationsverdunkelte Gesellschaft. Wie im gesamten sowjetischen Block vor 1985 gab es kaum vom Staat unabhängige Informationsquellen; Manipulationen und fehlende oder einseitige Informationen prägten die offiziellen Verlautbarungen und die Medien derart massiv, dass ihnen in der Bevölkerung schließlich kaum mehr Aufmerksamkeit geschenkt wurde. Auch in der Bundesrepublik kamen Lügen und Manipulationen aller Art vor – aber in der pluralen Gesellschaft war doch immer wieder zumindest die Chance gegeben, sie aufzuklären, zu diskutieren und richtigzustellen.

Freiheit und Unfreiheit. Heute ist unstrittig, dass es in der DDR keine politische Freiheit im westlichen Sinne gab. Die DDR war eine Diktatur. Eine Diktatur, die – im eigenen Verständnis – eine „bessere“ Gesellschaft, die „entwickelte sozialistische Gesellschaft“, und einen „besseren“ Menschen schaffen wollte. In ihrer ganzen Komplexität und Widersprüchlichkeit ist die Geschichte der DDR wie ein großes Laboratorium, in dem sich untersuchen lässt, welche Bedeutung die zentralen politischen Kategorien „Freiheit“ und „Unfreiheit“ für ein politisches System und für den Alltag der Menschen haben können. Schließlich sind der Mut und die Entschlossenheit der Ostdeutschen in der „Friedlichen Revolution“ von 1989 eines der – insgesamt eher seltenen – Beispiele in der deutschen Geschichte für ein klares Bekenntnis zur Demokratie.

2. Die Vorgeschichte

Der Kalte Krieg

Als im Jahr 1945 der Zweite Weltkrieg zu Ende gegangen war, beschäftigten sich die Menschen weltweit mit der Verarbeitung des grausamen Krieges und seiner Folgen. Seine Grundstruktur – der Kampf der Alliierten gegen die faschistischen Achsenmächte – dominierte noch die zeitgenössische Wahrnehmung der Welt, während unter der Hand ein neuer Grundkonflikt Gestalt annahm und die Weltpolitik zu bestimmen begann: der Ost-West-Konflikt.

Aus der historischen Distanz wird deutlich, dass der weltumspannende Konflikt zwischen den USA als Führungsmacht der westlichen und der UdSSR als Führungsmacht der östlichen Welt schon wesentlich früher angelegt war. Seit der russischen Oktoberrevolution (1917) hatte sich mit der sozialistisch-kommunistischen Sowjetunion eine grundlegende Alternative zu den westlichen, liberal-demokratischen Gesellschaftsordnungen entwickelt. Dieser ideologische Gegensatz zwischen Ost und West bildete den eigentlichen Kern des „Kalten Krieges" und deshalb auch den Schlüssel für das Verständnis des Gegensatzes zwischen den beiden deutschen Staaten.

Das kommunistische Selbstverständnis. Das Selbstverständnis und der Staatsaufbau der Sowjetunion beruhten wesentlich auf dem von Karl Marx und Friedrich Engels im 19. Jahrhundert entwickelten Gedankengebäude des „Marxismus", das von dem russischen Revolutionär und späteren Begründer der Sowjetunion, Wladimir Iljitsch Lenin (1870–1924), zum „Marxismus-Leninismus" weiterentwickelt wurde. Auf der Grundlage des „Historischen Materialismus" (s. Kasten S. 12) hatte sich in der Sowjetunion ein Selbstverständnis herausgebildet, das vor allem durch folgende Elemente gekennzeichnet war:

- die Überzeugung, die eigene Politik befinde sich in Übereinstimmung mit „objektiven" Gesetzmäßigkeiten der Geschichte und bewege sich hin zu einem klar definierten Ziel („Kommunismus");

Der „Kalte Krieg" – Phasen und wichtige Daten im Überblick

Phase 1: Die Herausbildung des Ost-West-Gegensatzes

1945: Ende des Zweiten Weltkrieges in Europa und Asien
Gründung der UNO
1947: Truman-Doktrin und Marshall-Plan (s. Thema S. 53 ff.)
1948: Sowjetische Blockade West-Berlins
1949: Gründung der NATO

Phase 2: Die Verschärfung des Ost-West-Gegensatzes zum „Kalten Krieg"

1950: Beginn des Korea-Krieges (bis 1953)
1956: Beginn der „Entstalinisierung" in der Sowjetunion nach Stalins Tod (1953)
Niederschlagung einer Demokratiebewegung in Ungarn
1961: Bau der Berliner Mauer
1962: Kuba-Krise: In der Auseinandersetzung um sowjetische Atomwaffen auf Kuba steht die Welt kurz vor einem Atomkrieg (Höhepunkt des Kalten Krieges).

Phase 3: Status quo, Rüstungsbegrenzung und Entspannungspolitik

1963: Vertrag über Stopp von Atomtests, Verabredung eines „heißen Drahts" zwischen Moskau und Washington
1968: Atomwaffensperrvertrag
„Prager Frühling": Ein demokratischer Aufstand in der CSSR wird mit Truppen des Warschauer Paktes niedergeschlagen.
1972: SALT I-Vertrag: Begrenzung der strategischen Atomwaffenrüstung
1975: Schlussakte der KSZE in Helsinki (s. S. 36)

Phase 4: „Second Cold War" – erneute Verschärfung des Konfliktes

1979: NATO-„Doppelbeschluss": Die NATO verlangt den Abzug neu aufgestellter Mittelstreckenraketen in Osteuropa und droht ihrerseits mit der Aufstellung neuer atomarer Mittelstreckenraketen.
Sowjetischer Einmarsch in Afghanistan
1981: Kriegsrecht in Polen zur Unterdrückung der Demokratiebewegung „Solidarnosc"
1983: Abbruch der Rüstungskontrollverhandlungen zwischen den Supermächten

Phase 5: Entspannung und Ende des Ost-West-Gegensatzes

1985: Gipfeltreffen in Genf
1986: Gipfeltreffen in Reykjavik
1987: Einigung über die Abrüstung von Mittelstreckenraketen
1989: Friedliche Revolutionen und demokratische Wahlen in Polen, Ungarn und der CSSR
Friedliche Revolution in der DDR, Öffnung der innerdeutschen Grenze
1990: Deutsche Einheit
1991: Auflösung der Sowjetunion (Dezember)

Der „Historische Materialismus"

Im Mittelpunkt des Marxismus-Leninismus steht der „Historische Materialismus" – ein Geschichtsverständnis, das die menschliche Geschichte als gesetzmäßige Abfolge verschiedener Gesellschaftsformationen (Urgesellschaft, Sklavenhaltergesellschaft, Feudalismus, Kapitalismus, Kommunismus) interpretiert. Bis auf die Urgesellschaft und den Kommunismus seien diese Gesellschaftsformationen durch den fundamentalen Gegensatz zwischen einer jeweils herrschenden und einer jeweils unterdrückten „Klasse" bestimmt.

Die jeweils herrschende Klasse ist dabei dadurch definiert, dass sie die Produktionsmittel (landwirtschaftliche Fläche, Werkzeuge, Fabrikanlagen) und damit die Ergebnisse der Produktion, die Produkte, besitzt, während die jeweils unterdrückte Klasse bestenfalls nur über privaten (Konsum-)Besitz verfügt und deshalb gezwungen ist, ihre Arbeitskraft für eine unter dem Wert ihrer Arbeit liegende Entlohnung an die herrschende Klasse zu verkaufen („Ausbeutung").

Der Wechsel zwischen den historischen Gesellschaftsformationen wird – so dieses Geschichtsverständnis – immer durch eine Revolution bewirkt, in der – wenn die Zeit reif ist – die unterdrückte Klasse die Macht übernimmt und ihrerseits zur herrschenden Klasse wird. So habe sich in den bürgerlichen Revolutionen das Bürgertum (die „Bourgeoisie") gegen den Adel durchgesetzt und unterdrücke fortan (im Kapitalismus) die Arbeiterschaft (das „Proletariat").

Die entscheidende Zukunftsperspektive der marxistischen Lehre war nun die Forderung nach der „sozialistischen" Revolution, in der das Proletariat die Macht und die Kontrolle über die Produktionsmittel (im Wesentlichen die Fabrikanlagen) übernehmen und eine klassenlose Gesellschaft (Kommunismus) errichten solle.

- die Überzeugung, die konkrete Politik des Staates könne von einer sozialistisch gebildeten Parteielite wissenschaftlich und „objektiv" aus dem historischen Materialismus abgeleitet werden;
- die Überzeugung, die eigene Politik sei eine ganze Epoche der Menschheitsgeschichte weiter und fortschrittlicher als die der „kapitalistischen" Staaten, deren baldiger Zusammenbruch immer wieder prophezeit wurde;
- die Überzeugung, dass aktuelle politische Notwendigkeiten und menschliche Opfer angesichts des großen historischen Ziels notwendig und vertretbar seien.

Auf diesen Überzeugungen war die Gesellschafts- und Staatsordnung der Sowjetunion aufgebaut: Die „Partei der Arbeiterklasse", die „Kommunistische Partei der Sowjetunion" (KPdSU), beanspruchte die alleinige Führungsrolle im Staat (Einparteienherrschaft). Dieser Staat wiederum war Eigentümer aller Produktionsmittel und lenkte die Produktion durch staatliche Vorgaben (Planwirtschaft).

Unter der Führung von Josef Stalin (1878–1953), der nach Lenins Tod im Jahr 1924 die Macht übernommen hatte, entwickelte sich die Sowjetunion von einem rückständigen Agrarland zu einer mächtigen Industrienation – eine wesentliche Voraussetzung für den Sieg über das nationalsozialistische Deutschland im „Großen Vaterländischen Krieg" (Zweiter Weltkrieg). Der Preis für die forcierte Industrialisierung war hoch: Unter Stalin entwickelte sich die Sowjetunion zu einer totalitären und terroristischen Diktatur, die ihre Gegner mit unbarmherziger Gewalt verfolgte.

Am Ende des Zweiten Weltkrieges war die Sowjetunion eine Weltmacht geworden. Ihre „Rote Armee" hielt weite Teile Osteuropas besetzt und begann, die dortigen Staaten nach ihrem Vorbild in sozialistische „Volksdemokratien" umzuformen. 1955 wurden alle diese Staaten unter Führung der Sowjetunion auch formell zu dem Militärbündnis „Warschauer Pakt" zusammengeschlossen – einem der Kontrahenten im weltumspannenden „Kalten Krieg".

Das liberal-demokratische Selbstverständnis. Das westliche Gegenstück zum Warschauer Pakt bildete die 1949 gegründete NATO (North Atlantic Treaty Organization), in der die westlichen Staaten unter Führung der USA zusammengeschlossen waren. Das Selbstverständnis der USA und der mit ihnen verbündeten Staaten beruhte auf den klassischen Idealen des politischen und wirtschaftlichen Liberalismus, in dessen Mittelpunkt die Freiheit des einzelnen Menschen sowie die naturrechtliche Vorstellung von unveräußerlichen Grundrechten des Menschen stehen und wonach „Leben, Freiheit und Streben nach Glück" (amerikanische Unabhängigkeitserklärung, 1776) dem Menschen von Natur gegebene, unveräußerliche Rechte sind. Auf diesen Grundlagen beruhte (und beruht) das politische System der USA. Auch die liberal-kapitalistische Wirt-

schaftsordnung der USA basiert auf dem Kernbegriff der „Freiheit“. In ihrem Mittelpunkt steht das Ideal des im freien Wettbewerb erfolgreich agierenden Unternehmers; nicht staatliche Planung, sondern ein freier Markt regelt durch Angebot und Nachfrage die Produktion und den Konsum von Gütern und Dienstleistungen.
Seit ihrer Gründung im 18. Jahrhundert waren die USA in einer wechselvollen und keineswegs widerspruchsfreien Geschichte zur führenden Industrienation der Welt herangewachsen. Ihr Eintritt in den Zweiten Weltkrieg hatte aufgrund ihres ökonomischen und ihres militärischen Potenzials den Erfolg der Anti-Hitler-Koalition wesentlich mitbestimmt.

Unversöhnliche Gegensätze. Nach dem Zweiten Weltkrieg standen die beiden mächtigsten Staaten der Welt und ehemaligen Verbündeten, die USA und die Sowjetunion, einander gegenüber – unterschiedlich, ja gegensätzlich in allen wesentlichen Aspekten des menschlichen Lebens. Menschenbild, politisches System, Wirtschaftsordnung unterschieden sich grundsätzlich. Beide Seiten beanspruchten für sich, die bessere Alternative zu sein, und versuchten, sie auch machtpolitisch durchzusetzen. Die Entwicklung von Atomwaffen machte diesen Konflikt gefährlich, verhinderte aber auch seinen offenen Ausbruch, denn ein Atomkrieg hätte das Ende für beide Seiten bedeutet.
Mitten in diesem aufkommenden Gegensatz lag das besiegte Deutschland.

Die Besatzungszeit

Am 8. Mai 1945 hatte das nationalsozialistische Deutschland bedingungslos kapituliert. Der Zweite Weltkrieg war zu Ende. Völkerrechtlich und auch tatsächlich existierte kein deutscher Staat mehr. Die alliierten Siegermächte teilten das Territorium des besiegten Landes in vier Besatzungszonen auf (s. Karte S. 14). Zwar gab es erste Absprachen, Überlegungen und Pläne, aber es war unklar, wie es auf Dauer mit Deutschland weitergehen sollte.

http://www.hdg.de/lemo/html/Nachkriegsjahre/index.html
Informationen, Links, Zeitzeugenberichte und Dokumente zu allen wesentlichen Aspekten der Nachkriegsjahre in Deutschland.

Alltag im besiegten Deutschland. Kälte, Hunger und Wohnungsnot bestimmten den Alltag der Menschen. Viele Großstädte wie Köln, Berlin, Hamburg oder Dresden waren fast vollständig zerstört. Grundnahrungsmittel und Kohlen waren sehr knapp. Viele notwendige Dinge gab es nur im Tauschhandel auf dem Schwarzmarkt. Auf tagelangen „Hamsterfahrten“ versuchten die Hungernden, auf dem Land Wertgegenstände gegen Lebensmittel einzutauschen. Viele wanderten zu Fuß; andere hatten das Glück, einen der unregelmäßig fahrenden, mühsam zusammengeflickten und völlig überfüllten Züge zu erwischen. Sie fuhren auf den Dächern, Trittbrettern oder Puffern. Im Kampf gegen den Hunger wurden Parks und Freiflächen in den Städten umgegraben und in Gemüsebeete verwandelt.
Millionen Flüchtlinge und Heimatvertriebene aus dem Osten machten die Situation noch schwieriger. Täglich zogen 300 000 von ihnen durch Berlin. Andere suchten verzweifelt nach ihren vermissten Angehörigen: Waren sie im Krieg gefallen, irrten sie irgendwo durch Deutschland, hatte sie jemand gesehen, von ihnen gehört?
Unzählige Männer waren gefallen oder lebten in Kriegsgefangenschaft. Die Bevölkerung bestand zu zwei Dritteln aus Frauen. Sie standen dem Chaos in Deutschland alleine gegenüber. Unter härtesten Bedingungen sorgten sie für ihre Familien und begannen, die Trümmer der zerstörten Städte wegzuräumen. Weil es kein Baumaterial gab, wurden die Steine der zerstörten Häu-

Am Brandenburger Tor, Berlin 1945

ser aufgesammelt, Stein für Stein mit dem Hammer gesäubert, wegtransportiert und gestapelt. Unterbrochen von nur kurzen Pausen reinigte eine Frau im Durchschnitt 1 200 Ziegelsteine pro Tag. Ohne die Arbeit der Trümmerfrauen wäre an Wiederaufbau nicht zu denken gewesen.

Flucht und Vertreibung. Wichtige Entscheidungen hatten die Alliierten schon vor Kriegsende auf den Konferenzen in Teheran (November 1943) und Jalta (Februar 1945) beschlossen. Dazu gehörte die Verschiebung der Westgrenzen der Sowjetunion und Polens, die die Westmächte der Sowjetunion als Ausgleich für die besonders hohen Kriegsschäden und -verluste – vorbehaltlich einer endgültigen Friedensregelung – zugestanden hatten. Dies führte dazu, dass Millionen von Menschen nach dem Krieg ihre Heimat verlassen mussten. Polen verlor im Osten 180 000 qkm Land; Millionen Polen mussten ihre Heimat verlassen und nach Westen ziehen. Zum Ausgleich erhielt Polen Pommern, Schlesien und Ostbrandenburg. Die dort lebenden Deutschen sollten – wie es wörtlich hieß – „planvoll umgesiedelt" werden. Tatsächlich wurden sie wegen der zuvor von den Deutschen im Zweiten Weltkrieg verübten Gräueltaten oft mit Härte behandelt. Insgesamt verloren über zwölf Millionen Menschen in Polen, der Tschechoslowakei und Ungarn ihre Heimat.

Das Potsdamer Abkommen – die „Vier D's":
Unter dieser Bezeichnung sind die vier Grundsätze bekannt geworden, nach denen das besetzte Deutschland behandelt werden sollte.
1. Demilitarisierung: Auflösung aller militärischen Verbände, Beseitigung der Rüstungsindustrie
2. Denazifizierung: Aufhebung aller NS-Organisationen, Bestrafung der Kriegsverbrecher, Umerziehung der Bevölkerung
3. Demokratisierung: Schaffung der Grundlagen für einen Neubeginn des demokratischen Lebens
4. Dezentralisierung: politische Dezentralisierung, Aufteilung von Großunternehmen

Das Potsdamer Abkommen. Auf der Potsdamer Konferenz im Frühsommer 1945 einigten sich die Siegermächte auf vier Grundsätze, nach denen das besiegte Deutschland behandelt werden sollte (s. Randspalte). Sie zielten insgesamt darauf ab, die grundlegenden ideologischen und machtpolitischen Strukturen des Nationalsozialismus für alle Zukunft zu beseitigen und einen – nicht näher definierten – demokratischen Neubeginn zu ermöglichen.
Zudem einigte man sich auf eine Aufteilung des besiegten Deutschland in vier Besatzungszonen. Jede dieser Zonen sollte eigenständig von der jeweiligen Besatzungsmacht verwaltet werden. Auch die ehemalige Hauptstadt Berlin wurde in vier Sektoren

aufgeteilt. Ein „Alliierter Kontrollrat", bestehend aus den vier Militärgouverneuren der vier Besatzungszonen, sollte für die gemeinsame und einheitliche Verwaltung Deutschlands sorgen.

Unterschiedliche Interessen der Besatzungsmächte. Mit Beginn des Kalten Krieges wuchs das Misstrauen, dass die vier Besatzungsmächte gegeneinander hegten. Eine gemeinsame Verwaltung Deutschlands wurde deshalb immer schwieriger. Die Alliierten begannen zunehmend, in ihrer jeweiligen Besatzungszone ihre eigenen Interessen zu verfolgen.

Die Politik der Sowjetunion war besonders tief von der Erfahrung des Zweiten Weltkrieges bestimmt. Ihr Territorium war durch den Krieg weithin verwüstet worden. Von den insgesamt 55 Millionen Opfern des Zweiten Weltkrieges waren allein 20 Millionen Bürger der Sowjetunion. Die sowjetische Regierung erhob deshalb Anspruch auf besondere Wiedergutmachungsleistungen, vor allem durch Reparationslieferungen aus allen vier Besatzungszonen. Um die im Zweiten Weltkrieg zerstörte eigene Industrie wieder aufzubauen, begann sie, in ihrer eigenen Zone in großem Umfang Industrieanlagen abzubauen und abzutransportieren.

Die französische Regierung widersetzte sich energisch allen Versuchen, einheitliche Verwaltungsorgane oder ein gemeinsames Wirtschaftsgebiet für ganz Deutschland zu errichten. Frankreich wollte – nach zwei Überfällen in einem halben Jahrhundert – auf keinen Fall ein einheitliches und starkes Deutschland an seiner Grenze mehr dulden. Aus demselben Grund verlangte die französische Regierung, das Ruhrgebiet dauerhaft unter internationale Kontrolle zu stellen.

Die amerikanische und die englische Regierung verfolgten immer deutlicher das Ziel einer wirtschaftlichen Wiederbelebung in ihren Zonen. Sie erkannten, dass die Deutschen immer weniger in der Lage waren, die Kosten für ihre Nahrungsmittelversorgung aufzubringen. Sie wollten schließlich ihren eigenen Wählern diese Kosten nicht zumuten. Noch weniger wollten sie durch Reparationslieferungen aus ihren Zonen die Sowjetunion indirekt unterstützen. Als die Sowjetunion ihre eigene Zone wirtschaftlich abzuschotten begann, um ihren eigenen Einfluss zu sichern, stoppte der amerikanische Militärgouverneur Lucius D. Clay die Reparationslieferungen aus den Westzonen. Zum ersten Mal war damit der Streit zwischen den Alliierten offen ausgebrochen. Der Wettstreit um die „richtigere" oder „bessere" Besatzungspolitik begann.

Wendepunkte in der Besatzungspolitik. Die ersten Besatzungsmonate waren geprägt durch die Rollenverteilung Sieger – Besiegte. Die Deutschen sollten spüren, dass die Siegermächte sie ernsthaft zur Verantwortung ziehen wollten. Gesten der Verbrüderung zwischen Besatzungssoldaten und Deutschen waren streng verboten.

Dann aber wandelte sich die Perspektive: Infolge des aufbrechenden Ost-West-Konflikts wurde die Differenz zwischen den Siegermächten letztlich wichtiger als die Unterscheidung zwischen Siegern und Besiegten. Die Siegermächte erkannten im Gegenteil, welche Bedeutung die Deutschen in den jeweiligen Besatzungszonen im Kalten Krieg gewinnen könnten. Die Besatzungspolitik in Deutschland wurde zunehmend zu einem Nebenprodukt des Kalten Krieges.

Der Konflikt zwischen den Alliierten schwankte anfangs zwischen einerseits dem Versuch, in Auseinandersetzung mit der Gegenseite auf ganz Deutschland Einfluss zu nehmen, und andererseits dem (einfacher zu realisierenden) Wunsch, die jeweils eigene Zone nach eigenem Ermessen zu gestalten. Nachdem die zweite Außenministerkonferenz der Siegermächte im Juli 1946 mit einem letzten Versuch gescheitert war, sich auf eine gemeinsame Deutschlandpolitik zu einigen, konzentrierten sich die Besatzungsmächte auf ihre jeweils eigene Zone.

Am 6.9.1946 stellte der amerikanische Außenminister Byrnes in einer viel beachteten Rede eine Rückgabe der Regierung an das deutsche Volk in Aussicht. Die westlichen Besatzungsmächte USA, Großbritannien und Frankreich begannen, ihre Zonen wirtschaftlich wiederaufzubauen. Am 1. Januar 1947 wurden die amerikanische und die

britische Zone zur „Bi-Zone“ vereinigt. Mit dem Beitritt der französischen Zone zur Bi-Zone und der Einführung einer neuen gemeinsamen Währung in den vereinigten Westzonen (20. Juni 1948) entstanden in Deutschland endgültig zwei voneinander getrennte Wirtschaftsräume.
Der „Marshall-Plan“ vertiefte diese Teilung weiter. Mit diesem – nach dem amerikanischen Außenminister George Marshall benannten Plan – unterstützten die USA den wirtschaftlichen Wiederaufbau in Europa. Während die Deutschen in den Westzonen nun auf amerikanische Hilfe hoffen konnten, waren die Deutschen in der SBZ von dieser Hilfe abgeschnitten. Die Sowjetunion hatte den Plan abgelehnt und war selbst aufgrund ihrer eigenen ökonomischen Probleme nicht in der Lage, die SBZ wirtschaftlich zu unterstützten; im Gegenteil gingen die Demontagen aus der SBZ weiter.

West- und Ostdeutsche Plakate zum Marshall-Plan

Nachdem die Sowjetunion vergeblich versucht hatte, ihre (Ost-)Währung in ganz Berlin einzuführen, und die Westmächte im Gegenteil die Deutsche Mark auch in den Westsektoren von Berlin einführten, reagierte die Sowjetunion in der Nacht vom 23. auf den 24. Juni 1948 mit einer Blockade der Land- und Seewege nach West-Berlin. Die „Berlin-Krise“ dauerte bis zum 12. Mai 1949 und gilt als erster Höhepunkt des Kalten Krieges.

Das Ende des Kontrollrates. Unter dem Eindruck der Berlin-Krise und nachdem bereits im Verlauf des Jahres 1947 auf zwei Konferenzen der Außenminister der vier Besatzungsmächte in London und Moskau keine Einigung erzielt werden konnte, beschlossen die Westmächte im Jahr 1948, den Deutschen in den Westzonen die Möglichkeit zu geben, eine Verfassung auszuarbeiten und einen eigenen Staat zu gründen. Die Sowjetunion reagierte mit dem Rückzug des sowjetischen Militärgouverneurs aus dem Alliierten Kontrollrat.

Die sowjetische Besatzungszone (SBZ)

Sowjetische Besatzungspolitik. Die Politik der „Sowjetischen Militäradministration“ (SMAD) in der sowjetischen Besatzungszone war grundsätzlich durch zwei Aspekte bestimmt: Zum einen sollte das besiegte Deutschland durch Reparationen helfen, die Kriegszerstörungen in der Sowjetunion zu beheben. In großem Umfang wurden Industrieanlagen, Eisenbahnschienen etc. demontiert und in die Sowjetunion transportiert

– auch dann noch, als die Westmächte bereits begannen, die Westzonen wirtschaftlich wiederaufzubauen. Die Wirkung dieser Demontagen auf die spätere wirtschaftliche Entwicklung der SBZ und dann der DDR ist unter Historikern in ihrem Ausmaß umstritten. Ohne Zweifel aber stellten sie eine belastende Hypothek für den wirtschaftlichen Wiederaufbau dar – insbesondere im Vergleich zu dem durch die Marshallplangelder geförderten Wiederaufbau in den Westzonen.
Zum anderen sollte die SBZ – insbesondere nach dem Scheitern einer gemeinsamen Deutschlandpolitik der Alliierten – durch innere Reformen im Sinne der Besatzungsmacht gestaltet und in den sowjetischen Machtbereich eingegliedert werden. Dieses Vorhaben jedoch gingen sowohl die deutschen Kommunisten in der SBZ wie auch die Besatzungsmacht vorsichtig an, denn man wusste, dass die Bevölkerung in der SBZ einer solchen „Sowjetisierung" in Politik, Wirtschaft und Gesellschaft mehrheitlich ablehnend gegenüberstand. Zumindest nach außen hin war man deshalb bemüht, den Eindruck von Pluralität zu erwecken. Walter Ulbricht war der Auffassung, dass Deutschland noch nicht für den Kommunismus „reif" sei, und proklamierte öffentlich einen „besonderen deutschen Weg zum Sozialismus", was weithin als Distanzierung vom sowjetischen Modell des Kommunismus verstanden wurde.

Die Parteien und die Gründung der SED. Als erste Besatzungsmacht genehmigte die Sowjetunion schon am 10. Juni 1945 mit dem „Befehl Nr. 2" der SMAD die Gründung von deutschen, antifaschistischen Parteien. Der Wortlaut des Befehls (s. Randspalte) ist in zweierlei Hinsicht typisch für die frühe Politik der SMAD: Einerseits betont er die Bedeutung der „Demokratie" und der „bürgerlichen Freiheiten", um auf diese Weise Kompromiss- und Dialogbereitschaft gegenüber den Westmächten und den bürgerlichen Schichten in der SBZ zu signalisieren. Andererseits hebt er den Antifaschismus und die „Ausrottung der Überreste des Faschismus" als Zulassungsbedingung hervor – eine Maßgabe, der man sich kaum begründet entgegenstellen konnte, die aber in der Folge immer wieder und zunehmend formelhaft als Begründung für alle möglichen Transformationen in die Richtung einer sozialistischen Gesellschaftsordnung und zur Disziplinierung von Widerständen genutzt wurde.
Als erste Partei wurde die „Kommunistische Partei Deutschlands" (KPD) (11.6.1945) zugelassen; kurz darauf folgten die „Sozialdemokratische Partei Deutschlands" (SPD) (15.6.), die „Christlich-Demokratische Union Deutschlands" (CDU) (26.6.) und die „Liberal-Demokratische Partei Deutschlands" (LDPD) (5.7.). Damit schien die SMAD das traditionelle deutsche Parteiensystem, wie es vor 1933 bestanden hatte, wieder zuzulassen.
Aber die Parteien verloren bald ihre Unabhängigkeit. Schnell spielte die KPD eine Sonderrolle: Zentrale Positionen wurden mit Kaderpersonal, das während des Zweiten Weltkrieges in die UdSSR emigriert und dort geschult worden war, besetzt. Durch die enge Zusammenarbeit mit der SMAD beim Wiederaufbau des politischen und des gesellschaftlichen Lebens konnte die KPD ihre besondere Machtstellung immer weiter ausbauen. Gerade die offensichtlich enge Zusammenarbeit mit der Besatzungsmacht drohte sie jedoch in der Bevölkerung zu isolieren. Deshalb betrieb die KPD gemeinsam mit der SMAD eine Politik der Zusammenarbeit mit den anderen Parteien, die mit dem gemeinsamen Ziel des „Antifaschismus" begründet wurde.

Aus dem „Befehl Nr. 2" der SMAD: „Auf dem Territorium der sowjetischen Okkupationszone in Deutschland ist die Bildung und Tätigkeit aller antifaschistischen Parteien zu erlauben, die sich die endgültige Ausrottung der Überreste des Faschismus und die Festigung der Grundlage der Demokratie und der bürgerlichen Freiheiten in Deutschland und die Entwicklung der Initiative und Selbstbetätigung der breiten Masse der Bevölkerung in dieser Richtung zum Ziel setzen."

Der KPD-Vorsitzende Wilhelm Pieck bei einer Kundgebung der „Einheitsfront der antifaschistischen Parteien", Berlin 1945

Erstes Anzeichen dieser Taktik war der Zusammenschluss der vier zugelassenen Parteien zu einem gemeinsamen Ausschuss auf Veranlassung der SMAD am 14. Juli 1945. Diese „Einheitsfront der antifaschistisch-demokratischen Parteien", der sogenannte „Antifa-Block", sollte gemeinsam das Erbe des Nationalsozialismus überwinden und den demokratischen Neuaufbau sichern. Während diese Ziele allgemein anerkannt und von allen Parteien unterstützt wurden, diente der Antifa-Block allerdings unter der Hand zur Sicherung des Einflusses der KPD auf die Parteienlandschaft insgesamt, indem KPD-Funktionäre ihren Einfluss innerhalb des Blocks mit Rückendeckung der SMAD immer weiter ausbauten.

Im April 1946 ging die Veränderung der Parteienlandschaft noch einen entscheidenden Schritt weiter: Die KPD und die SPD in der SBZ vereinigten sich – ohne Befragung der Mitglieder – zur „Sozialistischen Einheitspartei Deutschlands" (SED). Das Vorhaben wurde mit dem Volksfrontgedanken begründet – die mangelnde Zusammenarbeit der Arbeiterparteien in der Endphase der Weimarer Republik galt als einer ihrer entscheidenden Fehler. Die KPD machte Zugeständnisse, indem sie den „besonderen deutschen Weg zum Sozialismus" betonte und volle innerparteiliche Demokratie zusicherte.

Landtagswahlen am 20.10.1946: Die Wahlen zu den fünf Landtagen und den Kreistagen in der SBZ am 20. Oktober 1946 waren die letzten freien Wahlen in Ostdeutschland bis 1990. Die SED erhielt im Durchschnitt 47,5 %, bei den Wahlen zum Berliner Stadtparlament 19,8 % der Stimmen.

Trotzdem war die Vereinigung in der SPD sehr umstritten, denn viele Sozialdemokraten befürchteten angesichts der Machtverhältnisse in der SBZ eine Vereinnahmung der Sozialdemokraten durch die von der SMAD bevorzugten Kommunisten in einer gemeinsamen Partei. Aber der Druck der Besatzungsmacht war zu groß: Trotz schwerer Bedenken stimmte die Parteiführung der SPD in der SBZ der Vereinigung zu. Die ehemaligen Vorsitzenden der KPD, Wilhelm Pieck, und der SPD, Otto Grotewohl, wurden gleichberechtigte Vorsitzende der neuen SED. Sie übernahm die Führung in der SBZ und schließlich auch für Jahrzehnte in der späteren DDR.

Entnazifizierung und gesellschaftspolitische Reformen. Wie die anderen Besatzungsmächte begann auch die Sowjetunion unmittelbar nach Kriegsende mit der Entnazifizierung. Während man aber in den Westzonen dem Ansatz einer Klärung der persönlichen Verstrickung in den Nationalsozialismus folgte, trat in der SBZ ein planmäßiger Umbau der gesellschaftlichen Ordnung hinzu. Ausschlaggebend für diesen Ansatz war die kommunistische Deutung der nationalsozialistischen Herrschaft als besonders zugespitzter Ausdruck des Kapitalismus. Persönliche Rechenschaftspflicht und gesellschaftliche Neustrukturierung bildeten deshalb in der SBZ zwei untrennbar miteinander verbundene Elemente der Entnazifizierung.

Die SMAD entfernte ehemalige Mitglieder der NSDAP zunächst mit großer Rigorosität aus allen Ämtern. Bis zum offiziellen Abschluss der Entnazifizierung im Jahre 1948 wurden 520 734 Personen entlassen. Wie radikal diese Maßnahme war, lässt sich zum Beispiel anhand der Richter ermessen, von denen 90 % Mitglied der NSDAP gewesen waren und die nun alle entlassen wurden.

Unter dem Motto „Junkerland in Bauernhand" stand auch die Bodenreform ab September 1945 im Kontext der Entnazifizierung – nach der kommunistischen Deutung waren es vor allem die Großgrundbesitzer („Junker") gewesen, die als treibende Kraft hinter den Nationalsozialisten gestanden hatten. Deren Grundbesitz wurde nun in sogenannte „Bodenfonds" überführt und anschließend in kleinen Einheiten verteilt. Etwa ein Drittel

Kundgebung zur Bodenreform (1945)

des Grundbesitzes blieb allerdings „Volkseigentum“ (also Staatseigentum). Die Bodenreform führte in der SBZ zur Auflösung der sozialen Schicht des grundbesitzenden Adels.
Auf die Bodenreform folgte 1946 eine Industriereform, mit der die Verstaatlichung der Schwer- und Schlüsselindustrien begonnen wurde. Auch diese Maßnahme stand im Kontext der Entnazifizierung und leitete – zusammen mit der Bodenreform – den Aufbau einer sozialistischen Planwirtschaft in der SBZ ein. Weil gleichzeitig in den Westzonen mit dem Aufbau einer marktwirtschaftlichen Ordnung nach anglo-amerikanischem Muster begonnen wurde, war die unterschiedliche wirtschaftliche Entwicklung in der SBZ einerseits und den Westzonen andererseits damit eingeleitet und schnell zu einer Tatsache geworden.

Propagandaplakate zum Volksentscheid in Sachsen zur „Enteignung von Kriegsverbrechern“ am 30. Juni 1946, der die Grundlage für die Industriereform in der SBZ bildete.
Auf die Frage: „Stimmen Sie dem Gesetz zur Übergabe von Betrieben von Kriegs- und Naziverbrechern in das Eigentum des Volkes zu?“ antworteten 77,6 % der Befragten mit „Ja“.

Opposition in der Besatzungszeit. Unmittelbar nach Kriegsende gab es keine Akte zivilen Ungehorsams gegen die Besatzungstruppen. Gefühle der Schuld und der Lähmung, aber auch der Hoffnung auf einen Neubeginn prägten die Stimmung in der deutschen Bevölkerung. Das änderte sich, als deutlich wurde, dass die sowjetische Besatzungsmacht unter dem Deckmantel der Entnazifizierung eine grundlegende Umgestaltung in Gesellschaft und Staat einleitete. Protest richtete sich gegen die entschädigungslosen Enteignungen durch die Bodenreform, gegen die Verstaatlichung der Industrie und gegen die umstrittene Vereinigung von KPD und SPD zur SED im April 1946. Oppositionelle Sozialdemokraten, aber auch Politiker aus der CDU oder der LDPD bildeten illegale Widerstandszirkel. In dieser kritischen Phase reagierte die sowjetische Besatzungsmacht mit Härte: Im Zusammenhang der Verfolgung ehemaliger Nationalsozialisten wurden auch Tausende sozialdemokratische und bürgerliche Oppositionelle – unter ihnen viele Studenten – als „Nazi-Aktivisten“ oder „feindliche Elemente“ verhaftet.
In der SBZ entstanden fast ein Dutzend Speziallager für politische Gefangene, darunter die ehemaligen nationalsozialistischen Konzentrationslager Sachsenhausen, Buchenwald und Jamlitz sowie das ehemals größte Gefängnis der Wehrmacht „Fort Zinna“ in Torgau als „Speziallager Nr. 8“. In den Lagern herrschten katastrophale Verhältnisse, die Gefangenen litten unter Kälte, Hunger und den Schikanen ihrer Bewacher. Zwischen 1945 und 1950 wurden in der SBZ insgesamt 158 000 Personen verhaftet, etwa ein Drittel von ihnen überlebte die Haft nicht. Nach der Schließung der Speziallager im Jahr 1950 wurden sie zu einem Tabu: Weder öffentlich noch privat durften sie mit einem Wort erwähnt werden; in den später errichteten Gedenkstätten der NS-Konzentrationslager kam ihre Nutzung als sowjetische Speziallager mit keinem Wort vor. Dieses – bis zum Ende der DDR im Jahr 1989 erzwungene – Schweigen war eine zusätzliche schwere Bürde für die Überlebenden der Lager.

Die Gründung der DDR. Zu Beginn der Besatzungszeit verfolgte die SED eine parallele Strategie: Einerseits betrieb man den Aufbau eigener staatlicher Strukturen in der SBZ und andererseits versuchte man, durch die Propagierung eines gemeinsamen Weges aller vier Zonen Einfluss auf ganz Deutschland zu bekommen. Die Ambivalenz dieser Parallelstrategie ist letztlich auf die unentschiedene Haltung Stalins und der sowjetischen Staatsführung zurückzuführen, die noch lange Zeit versuchte, ihren Ein-

Die Volkskongresse
6./7.12.1947:
1. Volkskongress
17./18.3.1948:
2. Volkskongress
29./30.5.1949:
3. Volkskongress

„Demokratischer Zentralismus": Das von Lenin 1902 entwickelte Organisationsprinzip für kommunistische Parteien kombinierte die Wahl aller Parteiorgane von unten nach oben mit einer strikten Verbindlichkeit der Parteibeschlüsse von oben nach unten. Unter Stalin ging die demokratische Seite des Prinzips vollends verloren, sodass es in der Praxis vor allem den unbedingten Gehorsam der unteren Parteigliederungen gegenüber der Parteispitze bedeutete.

flussbereich über die eigene Zone hinaus auf ganz Deutschland auszudehnen und dafür – zumindest nach außen hin – auch Kompromisse einzugehen bereit war.
Der Weg zur Staatsgründung vollzog sich im Osten auf einem – im westlichen Sinne – undemokratischem Weg von „oben nach unten". Er wurde entweder direkt durch die SMAD oder indirekt durch die SED gesteuert. Als Vehikel dienten drei sogenannte „Volkskongresse", deren Teilnehmer nicht durch Wahlen, sondern von der SED bestimmt wurden.
Weil die Forderung nach der deutschen Einheit in der Bevölkerung außerordentlich populär war, berief die SED im Dezember 1947 einen „Deutschen Volkskongress für Einheit und gerechten Frieden" ein, zu dem sie auch „antifaschistische" Vertreter von Parteien und Organisationen aus den Westzonen eingeladen hatte. Weil aber eine freie Wahl dieser Vertreter nicht vorgesehen war, wurde der Volkskongress in den Westzonen nicht nur von den Alliierten, sondern weithin auch von den deutschen Politikern abgelehnt, sodass er letztlich auf die SBZ beschränkt blieb. Dennoch hatte die SED auf diese Weise einerseits ihren Willen zur Einheit bekundet, während sie andererseits nun den bereits vorgezeichnete Weg in die Gründung eines eigenen Staates beginnen konnte. Der 2. Volkskongress, der wiederum nur aus von der SED bestellten Abgeordneten bestand, wählte den „1. Deutschen Volksrat", der beanspruchte, ganz Deutschland zu repräsentieren, einen Verfassungsentwurf ausarbeitete und diesen am 19.3.1949 verabschiedete.
Schon um die Jahreswende von 1948 zu 1949 hatte die SED den Ton verschärft: Im September 1948 verurteilte sie den zuvor so hervorgehobenen „besonderen deutschen Weg zum Sozialismus" mit der Begründung, er missachte „die Errungenschaften und das historische Beispiel der Sowjetunion" sowie die „Grundlagen des Marxismus-Leninismus". Sozialdemokraten, Gewerkschafter und auch Kommunisten, die sich dieser Entwicklung widersetzten, wurden aus der Partei ausgeschlossen und zum Teil verhaftet. Im Januar 1949 begann auf der 1. Parteikonferenz der SED die Umwandlung der Partei nach stalinistischem Vorbild. Die SED verstand sich nun als „Partei neuen Typs", organisiert nach dem Prinzip des „demokratischen Zentralismus". Das Prinzip der paritätischen Besetzung von Parteiämtern mit Sozialdemokraten und Kommunisten wurde aufgegeben.
Im Mai 1949 wurde der 3. Volkskongress erstmals nach einer Einheitsliste des „Demokratischen Blocks" gewählt – mit zwei Dritteln „Ja"-Stimmen und einem Drittel „Nein"-Stimmen. Der 3. Volkskongress bestätigte die vom 1. Volksrat ausgearbeitete Verfassung und wählte aus seinen Reihen den 2. Deutschen Volksrat.
Der Volksrat erklärte sich am 7. Oktober 1949 zur „Provisorischen Volkskammer", proklamierte die Gründung der DDR, setzte die Verfassung in Kraft und wählte den Kommunisten Wilhelm Pieck zum Staatspräsidenten sowie den ehemaligen SPD-Vorsitzenden Otto Grotewohl zum Ministerpräsidenten.
Damit war die „Deutsche Demokratische Republik" gegründet – ein knappes halbes Jahr nach ihrem westlichen Pendant, der „Bundesrepublik Deutschland" (Verabschiedung des Grundgesetzes am 8. Mai 1949).

3. Die Grundlagen der DDR

Aufmarsch der SED anlässlich der 2. Parteikonferenz vom 9.–17.2.1952

Volksdemokratie

Selbstverständnis. Die Existenz der DDR als Staat begann formell am 7. Oktober 1949, dem Tag, an dem die „Provisorische Volkskammer" die Verfassung der DDR in Kraft setzte. Die Verfassung der DDR nahm – wie das westdeutsche Grundgesetz – die deutsche Geschichte und die deutsche Verfassungstradition auf – allerdings mit ganz anderen Schlussfolgerungen: Das Scheitern der Weimarer Republik und die nationalsozialistische Diktatur wurden vor dem Hintergrund des „Marxismus-Leninismus" interpretiert und verarbeitet; der nationalsozialistische Faschismus wurde im Kern als besonders brutale, aber zugleich auch historisch-logische Konsequenz des „Kapitalismus" verstanden (vgl. dazu auch S. 59ff.). Der in diesem Sinne verstandene „Antifaschismus" (also die Bekämpfung des Faschismus durch den Aufbau antikapitalistischer, sozialistischer Strukturen) bildete eine wesentliche Grundlage des Selbstverständnisses und der historischen Selbstlegitimation der DDR.
Im marxistisch-leninistischen Verständnis ist es in der historischen Phase des Sozialismus die Aufgabe der Arbeiterklasse (des Proletariats) und ihrer Partei, die Herrschaft im „Arbeiter- und Bauernstaat" zu übernehmen, die „sozialistische Gesellschaft" zu entwickeln und letztlich den Kommunismus als historisches Ziel vorzubereiten. Auf diesem Grundgedanken beruhen die wesentlichen Strukturmerkmale in Politik, Gesellschaft und Wirtschaft der DDR: die „führende Rolle" der Partei der Arbeiterklasse, der SED, in Staat, Wirtschaft und Gesellschaft sowie die Verstaatlichung von Industrie, Handel und Landwirtschaft.

Ein „Spanienkämpfer" – Die Berufung auf antifaschistische Traditionen – wie die Teilnahme an den internationalen Brigaden im spanischen Bürgerkrieg – bildete eine wesentliche Grundlage des Selbstverständnisses der DDR.

Volksdemokratie. In bewusster Abgrenzung gegenüber der westlichen, „formalen bürgerlichen Demokratie" ging es in der „Volksdemokratie" der DDR nicht darum, in einem formalen Verfahren Mehrheiten festzustellen, sondern eine aus der Theorie des Marxismus-Leninismus abgeleitete historische Wahrheit in die Realität umzusetzen. Das allgemeine Ziel staatlicher Politik, als dessen Hüterin sich das Politbüro der SED verstand, war also bereits vorgegeben; politische Debatten und Entscheidungen in den

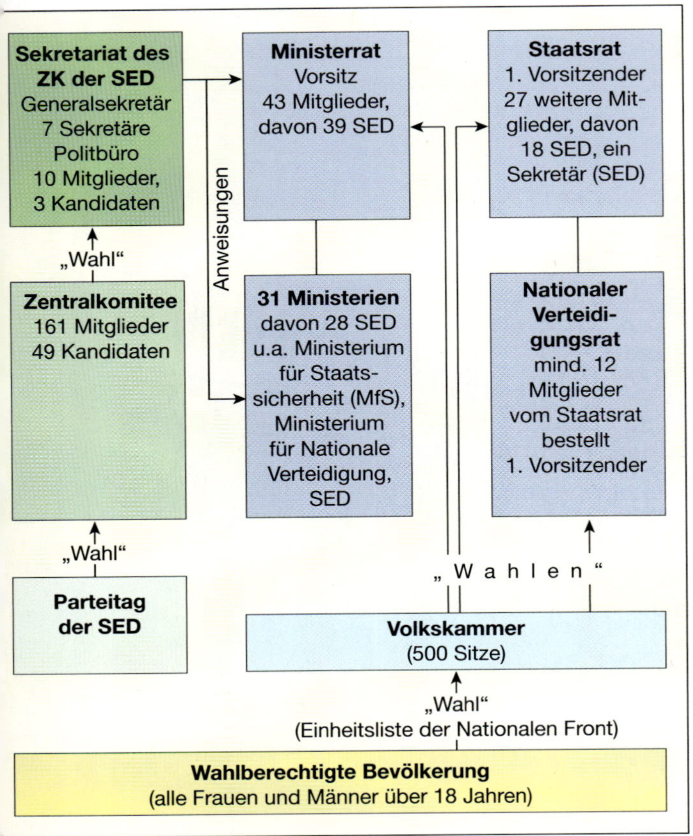

Aufbau des Staates und der Partei in der DDR (seit 1960)

Betrieben und in den staatlichen oder gesellschaftlichen Institutionen dienten nur der Diskussion der mehr oder weniger richtigen Detailmaßnahmen auf dem Weg zu diesem Ziel.

Deshalb unterschied sich die Verfassung (und noch wesentlich deutlicher die Verfassungswirklichkeit) trotz mancher äußerlicher Ähnlichkeit fundamental von westlichen Verfassungen und dem Grundgesetz. Es gab keine Gewaltenteilung, also keine Trennung von Legislative und Exekutive sowie keine unabhängige Justiz, sondern „Gewalteneinheit“. Partei und Staat waren nicht getrennt, sondern institutionell und personell miteinander verbunden. Im Unterschied zur Bundesrepublik war die DDR kein föderalistischer, sondern ein zentralistischer Staat: Die nach dem Krieg zunächst gegründeten fünf Länder wurden 1952 aufgelöst und durch 14 Bezirke und 217 Kreise, die nur noch reine Verwaltungsfunktion hatten, ersetzt.

SED. Nach Artikel 1 der Verfassung war die DDR „die politische Organisation der Werktätigen in Stadt und Land unter Führung der Arbeiterklasse und ihrer marxistisch-leninistischen Partei.“ Der so in der Verfassung verankerte Anspruch der SED auf eine „führende Rolle“ in Staat und Gesellschaft wurde konsequent in allen Bereichen und auf allen Ebenen von Staat und Gesellschaft umgesetzt und abgesichert. Die SED selbst war schon vor der Gründung der DDR in eine „Partei neuen Typs“ nach dem Vorbild der KPdSU umgebildet und nach dem Prinzip des „demokratischen Zentralismus“ (s. S. 20) organisiert worden.

Alle Leitungspositionen in Staat und Gesellschaft wurden systematisch mit SED-Funktionären („Parteikadern“) besetzt; die „richtige“ politische Haltung war dabei in der Regel wichtiger als Fachkompetenz. Dadurch entstand in der DDR eine neue Führungselite aus Führungskräften der Partei, die durch besondere Privilegien vom Rest der Bevölkerung abgehoben war und die das personelle Rückgrad des Systems bildete.

Nationale Front und Volkskammer. Formell blieb in der DDR zwar – anders als in den benachbarten Volksdemokratien – das „sozialistische Parteiensystem“ bestehen. Aber

Die „Blockparteien“ in der DDR

CDU: Christlich-Demokratische Union Deutschlands; gegründet am 26.6.1945; Partei in der Tradition des christlichen Humanismus; anfänglicher Widerstand gegen die sowjetische Besatzungspolitik (Enteignungen), seit 1952 vorbehaltlose Übereinstimmung mit der Politik der SED; Aufgabe: Integration der Christen in das sozialistische System.

LDPD: Liberaldemokratische Partei Deutschlands; gegründet am 5.7.1945; zunächst traditionell liberal-demokratische Partei, ab 1952 vorbehaltlose Übereinstimmung mit der Politik der SED; Aufgabe: Integration der „alten Mittelschichten“ (Handwerker und freie Berufe).

DBD: Demokratische Bauernpartei Deutschlands; gegründet am 29.4.1948 auf Initiative der SED; Aufgabe: Integration der Landbevölkerung („Bündnis der Arbeiter und Bauern“), vor allem im Zusammenhang der Kollektivierung der Landwirtschaft 1952/53 und 1958–60.

NDPD: Nationaldemokratische Partei Deutschlands; gegründet am 23.5.1948 auf Initiative der SED; Aufgabe: Integration national gesinnter Kreise, Umerziehung ehemaliger NSDAP-Mitglieder.

die sogenannten „Blockparteien" (s. Kasten S. 22) hatten schon früh die „führende Rolle der SED als Partei der Arbeiterklasse" anerkannt. Ohne jede politische Selbstständigkeit dienten sie der Integration bestimmter Bevölkerungsgruppen, die für die SED schwer erreichbar waren, in das sozialistische System des „Arbeiter- und Bauernstaates". Bei den Wahlen zur Volkskammer kandidierten sie gemeinsam mit der SED und den sogenannten „Massenorganisationen" auf einer Einheitsliste der „Nationalen Front". Die Verteilung der Plätze auf dieser Einheitsliste war zum Zeitpunkt der Wahl bereits festgelegt (die Blockparteien erhielten jeweils 52 Sitze) und da die Wählerinnen und Wähler bei der Volkskammerwahl nur entweder der Liste zustimmen oder sie ablehnen konnten, war damit auch die Sitzverteilung in der Volkskammer bereits vorgegeben.

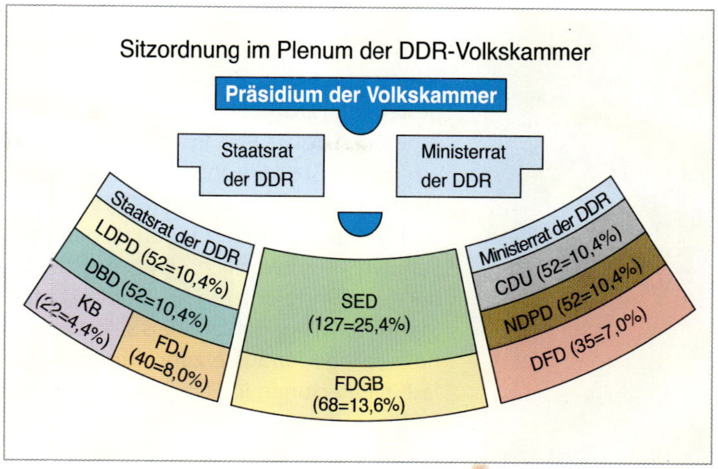

Fraktionen und Sitzverteilung in der Volkskammer der DDR

Da außerdem der Wahlvorgang selbst nicht geheim war, sondern die Stimmzettel in der Regel offen angekreuzt wurden, erzielte die „Nationale Front" immer Wahlsiege mit weit über 90 % Zustimmung, die von der Führung der DDR als Zustimmung für das System und ihren politischen Kurs gefeiert werden konnten.

Massenorganisationen. Ebenfalls nach einem festen Schlüssel erhielten Vertreter der sogenannten „Massenorganisationen" (s. Randspalte) Plätze auf der Liste der „Nationalen Front" und damit Sitze in der Volkskammer. Da die Vertreter der „Massenorganisationen" in der Regel zugleich Mitglieder der SED waren, verschleierten ihre Sitze die wahre Machtverteilung in der Volkskammer. Wichtiger noch als ihre Rolle in der „Nationalen Front" und in der Volkskammer war die gesellschaftliche Bedeutung der „Massenorganisationen". Ein mehr oder weniger subtiler Druck mithilfe eines komplexen Vergünstigungs- und Sanktionssystems sorgte dafür, dass sie weite Teile der Bevölkerung erfassten und in das Herrschaftssystem der SED integrierten.
Da es im Selbstverständnis der DDR keine „Kapitalisten" mehr gab, bestand die Aufgabe des „Freien Deutschen Gewerkschaftsbundes" (FDGB) nicht in einer selbstständigen In-

Die wichtigsten „Massenorganisationen" in der DDR
FDGB: Freier Deutscher Gewerkschaftsbund, 9,05 Mio. Mitglieder (1981)
FDJ: Freie Deutsche Jugend, 2,3 Mio. Mitglieder (1981)
DFD: Demokratischer Frauenbund Deutschlands, 1,4 Mio. Mitglieder (1981)
KB: Kulturbund, 0,24 Mio. Mitglieder (1981)

Proletarier aller Länder, vereinigt euch!

NEUES DEUTSCHLAND

ORGAN DES ZENTRALKOMITEES DER SOZIALISTISCHEN EINHEITSPARTEI DEUTSCHLANDS

Mittwoch, 17. Juni 1981
36. Jahrgang / Nr. 142
Einzelpreis 15 Pf
B-Ausgabe
Redaktion und Verlag 1017 Berlin, Franz-Mehring-Platz 1, Telefon: 58 50 (Sammelnummer). Abonnementspreis monatlich 3,50 Mark

Endgültiges Ergebnis der Wahlen zur Volkskammer der DDR am 14. Juni 1981

Die Wahlkommission der Republik stellte in ihrer Sitzung am Dienstag folgendes endgültiges Ergebnis der Wahlen zur Volkskammer der Deutschen Demokratischen Republik am 14. Juni 1981 fest:

Zahl der Wahlberechtigten	12352263
Zahl der abgegebenen Stimmen	12255006
Wahlbeteiligung – in Prozent	99,21
Zahl der ungültigen Stimmen – absolut	2878
Zahl der ungültigen Stimmen – in Prozent	0,02
Zahl der gültigen Stimmen – absolut	12252128
Zahl der gültigen Stimmen – in Prozent	99,98
Zahl der für den Wahlvorschlag der Nationalen Front abgegebenen gültigen Stimmen – absolut	12235515
Zahl der für den Wahlvorschlag der Nationalen Front abgegebenen gültigen Stimmen – in Prozent	99,86
Zahl der gegen den Wahlvorschlag der Nationalen Front abgegebenen Stimmen – absolut	16613
Zahl der gegen den Wahlvorschlag der Nationalen Front abgegebenen Stimmen – in Prozent	0,14
Anzahl der zu besetzenden Mandate	500
Anzahl der aufgestellten Kandidaten	679
Anzahl der gewählten Abgeordneten	500
Anzahl der gewählten Nachfolgekandidaten	179

Das endgültige Ergebnis der Wahlen zur Volkskammer der DDR aus den 72 Wahlkreisen sowie das endgültige Ergebnis der Wahlen zur Stadtverordnetenversammlung Berlin, Hauptstadt der DDR, und zu den 14 Bezirkstagen veröffentlichen wir auf den Seiten 3, 4 und 5.

Titelseite der Parteizeitung der SED „Neues Deutschland" vom 17. Juni 1981

Werbeplakat für die Jugendweihe (DDR, 1956)

teressenvertretung gegenüber dem Arbeitgeber (im Falle der DDR wäre dies der „sozialistische Staat" gewesen), sondern in der Förderung der „kameradschaftlichen Gemeinschaftsarbeit und Zusammenarbeit der Werktätigen". Der vollständig von der SED gesteuerte FDGB beteiligte sich am Planerstellungsprozess und organisierte gesellschaftliche oder soziale Belange der Industriearbeiterschaft, wie z. B. Ferienanlagen. Der FDGB war die größte Massenorganisation. Bereits 1949 hatte er fast fünf Millionen Mitglieder.
Die Freie Deutsche Jugend (FDJ) war – als Untergliederung der SED – für die Erziehung und Mobilisierung der Jugendlichen (bis 25 Jahre) in enger Zusammenarbeit mit den Schulen verantwortlich. Zwar war die Mitgliedschaft bei der FDJ (14–25 Jahre) bzw. bei den „Jungpionieren (6–9 Jahre) und den „Thälmann-Pionieren" (10–13 Jahre) laut Statut freiwillig, galt aber als selbstverständlich. Die Mitgliedschaft in der FDJ war eine notwendige Voraussetzung für einen Studienplatz oder eine akademische Karriere – fast alle Personen in Führungspositionen der DDR waren Mitglieder der FDJ; auf dem Lande und unter Jugendlichen mit geringer Berufsqualifikation war der Organisationsgrad wesentlich niedriger. Pioniere und FDJler hatten eine einheitliche Uniform (blaues Hemd und Emblem), die zu offiziellen und feierlichen Anlässen getragen wurde. Seit 1954 war die „Jugendweihe" eine feste Einrichtung in der DDR: Damit wurden Jugendliche nach acht Jahren Schule feierlich in die Welt der Erwachsenen aufgenommen – eine quasi-religiöse Veranstaltung in direkter Konkurrenz zu den Institutionen der „Kommunion" bzw. „Konfirmation" der christlichen Kirchen. Aktivitäten und Rituale der FDJ sollten Kinder und Jugendliche weltanschaulich eng an die SED binden – ein Vorhaben, das teils gelang, teils aber auch als lästige Pflichtübung ohne innere Anteilnahme absolviert wurde.

Ministerium für Staatssicherheit (MfS). Zu einer tragenden Säule im politischen System der DDR wurde schließlich das 1950 gegründete Ministerium für Staatssicherheit (MfS) – im Volksmund „Stasi". Es verstand sich selbst als „Schild und Schwert der Partei" und vereinte unter einem Dach alle Funktionen eines Inlands-, Auslands- und militärischen Geheimdienstes. Im Laufe der Geschichte der DDR schwoll der Überwachungs- und Bespitzelungsapparat der Stasi immer weiter an und umfasste am Ende 91 000 hauptamtliche (HM) und 173 000 „inoffizielle" Mitarbeiter (IM). Das MfS war Ausdruck des Versuches der Partei- und Staatsführung, ihre eigene Bevölkerung flächendeckend zu observieren und zu kontrollieren. Schließlich wurde es zum tragenden Zentrum des Herrschaftssystems der SED.
Die Aktivitäten des MfS wurden von der Zentrale in Ost-Berlin, 15 Bezirksverwaltungen und über 200 Kreisdienststellen gesteuert. Unter der Leitung von Führungsoffizieren wurden alle gesellschaftlichen Organisationen – insbesondere Kirchen und Kulturvereinigungen – bis in die höchsten Führungsebenen überwacht. Andererseits reichte die Kontrolle bis in den engsten privaten Bereich von Freundeskreisen und Familien. Opfer der Stasi-Aktivitäten wurden alle Organisationen oder Personen, die im Verdacht standen, eine kritische Haltung gegenüber dem Regime einzunehmen.
Die Maßnahmen des MfS zur „Zersetzung der feindlich-negativen Kräfte" wurden bis ins Detail in Akten festgehalten. Nach dem Ende der DDR wurden im MfS über 200 Kilometer laufende Aktenordner, hunderttausende Bild- und Tonaufnahmen sowie 39 Millionen Karteikarten gefunden und gesichert. Heute sind diese Akten eine wesentliche Grundlage zur Aufarbeitung der Geschichte der DDR und vor allem der persönlichen Geschichte ihrer Bewohner, die auf Antrag „ihre" Akte einsehen können. In vielen Fällen wurde erst im Nachhinein das ganze Ausmaß der Stasi-Überwachung deutlich: In etwa jeder zehnten Akte wurden Kollegen oder Bekannte, Freunde oder gar Verwandte von ihren Opfern als „IM" enttarnt.

Planwirtschaft

Grundlagen. So wie auf der Ebene der Weltpolitik in der Konfrontation der Machtblöcke war auch die Konkurrenz der beiden deutschen Staaten von einem Wettkampf der Wirtschaftssysteme gekennzeichnet. Der kapitalistischen Marktwirtschaft und ihrer konkreten Ausformung als „soziale Marktwirtschaft" in der Bundesrepublik setzte die DDR – in enger Anlehnung an das sowjetische Vorbild – die „sozialistische Planwirtschaft" entgegen.

Dieses Modell beruhte – wie das politische Modell der „Volksdemokratie" – auf der Ideologie des Marxismus-Leninismus. Danach sollte der sozialistische Staat die Produktionsmittel besitzen und die Produktion selbst zum Wohle aller planmäßig verwalten. Anders als im Kapitalismus würde es keine Ausbeutung der Arbeiter geben und der gemeinsam erarbeitete Wohlstand würde gleichmäßig verteilt werden – eine wesentliche Voraussetzung zur Schaffung der klassenlosen Gesellschaft im Kommunismus.

Heute gilt die Planwirtschaft weithin als gescheitert, unmittelbar nach dem Zweiten Weltkrieg aber war diese Frage keineswegs entschieden. Seit der Weltwirtschaftskrise von 1929 im Westen und der gleichzeitig erfolgreichen Industrialisierung in der Sowjetunion hatte die Idee der Planwirtschaft erheblich an Popularität gewonnen.

Drei Grundpfeiler der Planwirtschaft:
(1) Unterordnung der Wirtschaft unter die Politik (Macht und Gestaltungsmonopol der Partei der Arbeiterklasse)
(2) Überführung der Produktionsmittel in den Besitz des Staates
(3) Leitung und Koordination des Wirtschaftsprozesses durch eine staatliche Planungsbehörde

Staatliche Plankommission. Die zentrale Leitung und Koordination des Wirtschaftsprozesses wurde in der DDR von der „Staatlichen Plankommission" vorgenommen. Sie erstellte den Wirtschaftsplan in einem zirkulären Prozess: Die unteren Produktionsebenen – „Volkseigene Betriebe" (VEB) und „Kombinate" – meldeten Informationen über Produktionsmengen, Lagerbestände, Arbeitskräfte etc. an die höheren Planungsbehörden. Nach den Vorgaben der politischen Führung und auf der Grundlage dieser Informationen legte die Staatliche Plankommission die Produktionsziele fest und übermittelte sie wieder an die Kombinate und VEBs, deren Meldungen über die tatsächliche Produktion dann zur Überwachung der Planerfüllung dienten.

In einer arbeitsteiligen Industriegesellschaft ist die Ausarbeitung eines zentralen Plans eine schwierige Aufgabe, die nur mithilfe eines komplexen Informations- und Bilanzierungssystems gelöst werden konnte. Ausgehend von den zentral gesetzten, politischen Zielvorgaben der Staats- und Parteiführung wurden in einem Bedarfsplan die Produktmengen für den inländischen Bedarf und den Export aufgelistet und mit den vorhandenen Beständen abgeglichen. Die Differenz zwischen Bedarf und Bestand für ein bestimmtes Produkt ergab die Menge der zu planenden Produktion dieses Produktes. Auf der Basis dieses Wertes mussten dann die benötigten Vorprodukte, die notwendige Energie etc. auf dieselbe Weise bilanziert und im Produktionsplan ausgewiesen werden. Im optimalen Fall wurden im Plan alle Produktionsmittel und Vorprodukte so eingesetzt, dass auf möglichst effektive Weise die Zielvorgaben erreicht werden konnten.

VEB: Volkseigener Betrieb
Kombinat: größere Verwaltungseinheit, bestehend aus mehreren VEBs
LPG: Landwirtschaftliche Produktionsgenossenschaft

Preise. Auch in der Planwirtschaft der DDR gab es Preise. Da sie allerdings administrativ von der Planbehörde festgelegt wurden, bildeten sie nur eine Art Recheneinheit. Die Funktionen der schwankenden Preise in der Marktwirtschaft, nämlich das Anzeigen des Knappheitsgrades eines Produktes und die entsprechende Lenkung der Produktion, übernahmen in der Planwirtschaft die Mengendifferenzen im Bedarfsplan und die entsprechenden Einträge im Produktionsplan.

Planerfüllung. Die Leistungsfähigkeit einzelner Arbeiter oder einzelner Produktionseinheiten – wie Betriebsabteilungen, Betriebe oder Kombinate – drückte sich im Grad der Planerfüllung aus. Diese Kennziffer bildete ein zentrales Motivations- und Sanktionsinstrument zur Steigerung der Leistungsbereitschaft in der Produktion: Blieb sie unter 100 Prozent, so war mit Sanktionen zu rechnen; erreichte sie mehr als 100 Prozent, so waren Belobigungen oder Vergünstigungen zu erwarten.

Die Hennecke-Bewegung: Der Bergmann Adolf Hennecke förderte in einer von der SED vorbereiteten Aktion am 13.10.1948 an einem Tag 24,4 Kubikmeter Kohle. Damit erfüllte er die Arbeitsnorm mit 387 Prozent. Auf dieser Normübererfüllung beruhte die Bewegung der sogenannten „Hennecke-Aktivisten", mit der die SED die Arbeiterschaft zu besonderen Anstrengungen motivieren wollte. Der 13. Oktober wurde in Erinnerung an die „bahnbrechende Tat Adolf Henneckes" in der DDR als „Tag der Aktivisten" gefeiert.

Funktionsprobleme. Tatsächlich unterschied sich die Realität der Planwirtschaft in allen Ländern des Ostblocks und auch in der DDR erheblich von diesen Modellvorstellungen. Im Nachhinein lassen sich eine Reihe von grundsätzlichen Mängeln und Problemen feststellen, die sich in einer abnehmenden Leistungsfähigkeit der Produktion, sinkenden Wachstumsraten und einem – relativ zur Bundesrepublik – unzureichenden materiellen Wohlstand der Bevölkerung ausdrückten und die letztlich wesentlich zum Scheitern der DDR beitrugen:

- Mit der Ausdifferenzierung der Produktion wuchsen die Anforderungen an die Planungsbehörde. Für eine korrekte Bilanzierung von Millionen von Produkten fehlten Planungskapazitäten und Informationen. Schließlich verschlang der große Planungsapparat selbst enorme volkswirtschaftliche Ressourcen.
- Solange in der Nachkriegszeit großer Mangel herrschte, konnte die Planbehörde die Grundbedürfnisse der Bevölkerung noch recht gut vorwegnehmen und in den Plan einarbeiten. Nach der Deckung des Grundbedarfs wurde es immer schwieriger, die sich ausdifferenzierenden Konsumbedürfnisse der Bevölkerung richtig vorauszusehen – Fehlplanungen und Versorgungsengpässe traten schon aus diesem technischen Grund immer häufiger auf. Hinzu kamen politisch motivierte Vorgaben der Staats- und Parteiführung, die zumindest in manchen Fällen nicht den Bedürfnissen der Bevölkerung entsprachen.
- Da das wirtschaftliche Sanktions- und Prämierungssystem im Kern an den Planerfüllungsgrad gekoppelt war, waren Arbeiter und Betriebe an leicht erfüllbaren Planvorgaben interessiert. Deshalb wurden die von den unteren Ebenen der Produktion, den Betrieben und Kombinaten, nach oben gemeldeten Produktionskapazitäten künstlich verkleinert, Probleme oder Hindernisse übertrieben dargestellt, Ressourcenanforderungen überhöht berechnet, um von den oberen Planbehörden niedrige Planvorgaben zu erhalten, die später leichter zu erfüllen sein würden. Außerdem ermutigte das System zur Hortung von Rohstoffen und Halbfertigprodukten, die der volkswirtschaftlichen Nutzung entgingen. Damit blieb das Produktionssystem tendenziell unterausgelastet, Effektivität und Leistungsbereitschaft wurden systematisch gedämpft.
- Trotz erheblicher Bemühungen der Planbehörde, die Produktionsmengen in möglichst differenzierten Kennziffern auszudrücken, blieben diese doch notwendigerweise oft unpräzise. Dadurch wurde aufseiten der Betriebe eine – im DDR-Jargon sogenannte und oft kritisierte – „Tonnen-Ideologie" gefördert: Man versuchte, gewisse Mengen (gemessen zum Beispiel in Gewicht oder Anzahl) eines Produktes herzustellen, und vernachlässigte dabei die Qualität dieser Produkte, zumindest solange sie nicht durch Plankennziffern gemessen werden konnte.
- Die Orientierung an Kennziffern honorierte die Neuerstellung von Produkten und vernachlässigte die Instandhaltung und Modernisierung von Produktionsanlagen, aber auch von Gebäuden und Infrastruktur.
- Die Mängel und Schwächen der Planwirtschaft führten zur Entwicklung einer florierenden „Schattenwirtschaft", in der die nicht produzierten, aber notwendigen oder erwünschten Güter gehandelt wurden. Solche Güter (z. B. ein Autoersatzteil, eine Tapete, eine Waschbeckenarmatur) wurden – im DDR-Jargon – „organisiert".
- Insgesamt führten diese Probleme zu einer – im Verhältnis zur Bundesrepublik – geringen Entwicklung der Arbeitsproduktivität; Wachstum beruhte eher auf einer Extensivierung der Produktion – mit negativen Auswirkungen auf Einkommen und Umwelt.

Ostintegration

Die Vorherrschaft der Sowjetunion bzw. der KPdSU über die kommunistischen „Bruderstaaten“ im Warschauer Pakt – und so auch über die DDR – war ideologisch und machtpolitisch begründet. Der allgegenwärtige Slogan „Von der Sowjetunion lernen, heißt siegen lernen“ wollte zwar – propagandistisch – die ideologische Vorbildfunktion der UdSSR betonen, macht aber zugleich sinnfällig, wie abhängig die DDR von ihrer Schutzmacht war.

Nikita Chruschtschow (1894–1971), 1953–1964 Erster Sekretär des Zentralkomitees (ZK) der Kommunistischen Partei der Sowjetunion (KPdSU). 1956 leitete Chruschtschow die „Entstalinisierung“ ein, die eine gewisse Liberalisierung mit sich brachte.

Entwicklung des sowjetischen Hegemonialanspruchs (1945–1985). Unmittelbar nach dem Zweiten Weltkrieg stand für Josef Stalin noch die Bildung eines Sicherheitsgürtels im Vordergrund, hinzu kam dann die geostrategische Absicherung der Sowjetunion im Kalten Krieg.
Stalins Nachfolger, Nikita Chruschtschow, brach zwar in der Wirtschafts- und Innenpolitik mit dem Stalinismus, behielt aber den sowjetischen Hegemonialanspruch gegenüber den Staaten des Warschauer Paktes bei und setzte ihn u. a. mit der Niederschlagung des Arbeiteraufstandes in der DDR am 17. Juni 1953 und des ungarischen Aufstandes 1956 militärisch durch.

Expansion des sowjetischen Machtbereichs und Blockbildung in Europa nach dem Zweiten Weltkrieg

Chruschtschows Nachfolger, Leonid Breschnew, bekräftigte diesen Anspruch erneut in seiner mehrfach proklamierten sogenannten „Breschnew-Doktrin“, die das Recht auf Intervention der UdSSR im Falle einer Gefährdung des Sozialismus in einem verbündeten Staat behauptete. Auf dieser Grundlage wurden der Reformsozialismus in der CSSR 1968 („Prager Frühling“) sowie die polnische Gewerkschaftsbewegung „Solidarnosc“ 1980 mit sowjetischen Panzern niedergeschlagen.

Leonid Breschnew (1906–1982), 1964–1982 Erster Sekretär des ZK der KPdSU. Seine Regierungszeit war durch Stagnation und Streben nach Machterhalt gekennzeichnet.

Sowjetisches Konzept des „Neuen Denkens“ (ab 1985). Diese sowjetische Hegemonialpolitik änderte sich ab 1985 mit dem Amtsantritt Michail Gorbatschows grundlegend. Sein Konzept des „Neuen Denkens“ löste die Breschnew-Doktrin ab und räumte den verbündeten Staaten das Recht auf eine eigenständige Entwicklung ein.
Nun zeigte sich – gewissermaßen mit umgekehrten Vorzeichen – die wirtschaftliche und machtpolitische Abhängigkeit der DDR vom „sowjetischen Brudervolk“ in den letzten Jahren der Republik. Als die Staatsführung der DDR sich zunächst weigerte, den sowjetischen Reformkurs nachzuvollziehen, war sie schließlich im Jahr 1989, der Unterstützung durch die UdSSR beraubt, zur Kapitulation gegenüber der „Friedlichen Revolution“ gezwungen.

Innere Abhängigkeit. Ostintegration – das bedeutete also zunächst die Anpassung von Wirtschaft, Gesellschaft und Politik an das sowjetische Modell und die innere Abhängigkeit der DDR von der Sowjetunion. Für die Machthaber in der DDR und in den anderen sowjetischen Bruderstaaten war diese Abhängigkeit zwar manchmal ärgerlich, zugleich aber in ihrem eigenen Interesse, denn sie sicherte – wie die sowjetischen Militärinterventionen bis 1985 zeigten – ihre Macht auch gegenüber dem eigenen Volk ab.

Äußere Integration. Parallel zur Westintegration der Bundesrepublik begann die formale politische und militärische Integration der DDR in den Warschauer Pakt. Die ökonomische Eingliederung in den Ostblock wurde durch den Beitritt der DDR zu dem im Januar 1949 gegründeten „Rat für gegenseitige Wirtschaftshilfe" (RGW) am 29.9.1950 vollzogen. Der RGW diente zur Abstimmung und Koordination der Wirtschaftspläne der beteiligten Planwirtschaften.
Die militärische Integration erfolgte im Jahr 1955 – zeitlich parallel zur Integration der Bundesrepublik in die NATO. Nachdem die Sowjetunion am 25.3.1955 die volle Souveränität der DDR proklamiert hatte, gehörte die DDR im Mai 1955 zu den Gründerstaaten der Warschauer-Pakt-Organisation (WPO). Am 18.1.1956 wurde von der Volkskammer die Schaffung der „Nationalen Volksarmee" (NVA) beschlossen. Damit war im Frühjahr 1956 die ökonomische, politische und militärische Integration der DDR in den Ostblock vollendet.

4. Die Geschichte der DDR (1949–1989)

Phasen der geschichtlichen Entwicklung im Überblick

Politikwechsel. Obwohl die Machtverhältnisse in der DDR zementiert waren, verlief die Entwicklung des Landes nicht gleichförmig oder gar statisch. Tatsächlich wechselten sich Phasen einer forcierten „Sowjetisierung" oder des Aufbaus sozialistischer Strukturen einerseits und der Verzögerung oder der Liberalisierung andererseits in zum Teil rascher Folge ab. Dafür gab es im Wesentlichen drei Gründe: Erstens mussten Widerstände in der Bevölkerung berücksichtigt und aufgenommen werden. Zweitens galt es immer, zumindest propagandistisch Rücksicht zu nehmen auf die Existenz des

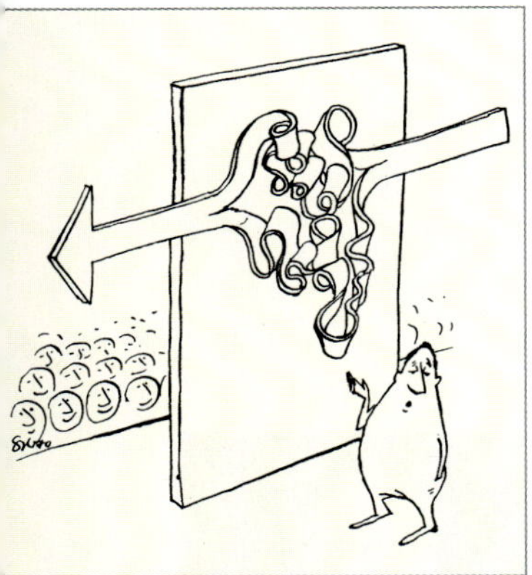

„Das Publikum muss nicht alles sehen!" (Karikatur von Szymon Kobylinski, Berlin/DDR 1980)

Eckdaten der DDR-Geschichte

7.10.1949: Verfassung der DDR
12.7.1952: Die SED beschließt auf ihrer 3. Parteikonferenz den „Aufbau des Sozialismus".
17.6.1953: Volksaufstand
Mai 1955: Die DDR gehört zu den Gründungsmitgliedern der Warschauer-Pakt-Organisation (WPO).
18.1.1956: Die Volkskammer beschließt den Aufbau der „Nationalen Volksarmee" (NVA).
13.8.1961: Beginn des Baus der Berliner Mauer („antifaschistischer Schutzwall")
15.7.1963: Einführung des „Neuen Ökonomischen Systems der Planung und Leitung" („NÖSPL")
19.3.1970: Treffen zwischen dem Ministerratsvorsitzenden Stoph und Bundeskanzler Brandt in Erfurt
3.5.1971: Entbindung Ulbrichts und Neuwahl Erich Honeckers zum Ersten Sekretär der SED
21.11.1971: Unterzeichnung des Grundlagenvertrages mit der Bundesrepublik
18.–22.5.1976: Der IX. Parteitag der SED beschließt die „Einheit von Wirtschafts- und Sozialpolitik".
5.–7.10.1989: Offizielle Feiern zum 40. Jahrestag der Gründung der DDR
9.10.1989: Montagsdemonstration in Leipzig mit 90 000 Teilnehmern verläuft friedlich.
18.10.1989: Rücktritt Erich Honeckers
9.11.1989: Öffnung der Mauer zwischen Ost- und Westberlin
18.3.1990: Erste freie Wahlen zur Volkskammer (vgl. S. 47)
3.10.1990: Beitritt der „neuen Länder" zur Bundesrepublik nach Art. 23 GG (vgl. S. 48)

westlichen „Gegenmodells“, der Bundesrepublik. Vor allem aber musste – drittens – die Entwicklung in der DDR die sich verändernden Machtverhältnisse – wie z. B. die „Entstalinisierung“ ab 1956 oder die Wendung hin zur Entspannungspolitik seit der zweiten Hälfte der 1960er-Jahre – in der Sowjetunion berücksichtigen und mehr oder weniger unmittelbar nachvollziehen.

Die Tatsache, dass offene politische Auseinandersetzungen nicht stattfinden konnten, sollte nicht darüber hinweg täuschen, dass es auch in der DDR vielfältige und zum Teil scharfe politische Auseinandersetzungen gab – nur eben hinter verschlossenen Türen. Das galt für die privaten Räume der Bevölkerung ebenso wie für die abgeschotteten Entscheidungsfindungen der Staats- und Parteiführung. Die Ergebnisse dieser Auseinandersetzungen lassen sich nicht an Wahlergebnissen ablesen, sondern an bestimmten Maßnahmen und an der Besetzung politischer Ämter mit bestimmten Personen. Die politisch mächtigste Position im DDR-Staat, das Amt des Ersten Sekretärs des ZK der SED, hatten im Verlauf der DDR-Geschichte zwei Personen inne: Walter Ulbricht von 1949 bis 1971 und Erich Honecker von 1971 bis 1989; Historiker sprechen deshalb von der „Ära Ulbricht“ und der „Ära Honecker“. Allerdings weisen diese beiden Epochen der Entwicklung der DDR jeweils in sich noch einmal einen deutlichen Bruch auf: die „Ära Ulbricht“ durch den Bau der Mauer im Jahre 1961 und die „Ära Honecker“ durch die Wirtschaftskrise und verstärkte repressive Maßnahmen seit der zweiten Hälfte der 1970er-Jahre. Nimmt man diese markanten Wendepunkte hinzu, so lassen sich insgesamt vier Phasen der Entwicklung der DDR unterscheiden (s. Randspalte).

Phasen der DDR-Geschichte
1949–1961: Aufbau des Sozialismus und innere Krisen
1962–1971: Reformen und innere Festigung
1971–1975: Anerkennung auf internationaler Ebene
1975–1989: Systemkrise und Zusammenbruch

Walter Ulbricht (1893–1973): Generalsekretär/Erster Sekretär des ZK der SED 1950/53–1971, Vorsitzender des Staatsrates der DDR 1960–1973.
W. Ulbricht war 1919 Gründungsmitglied der KPD und seit 1927 Mitglied im ZK. Seit 1933 war er im Moskauer Exil und kehrte 1945 wenige Tage vor Kriegsende mit der „Gruppe Ulbricht“ nach Deutschland zurück. Nach der Gründung der SED war er 1946–1950 deren stellvertretender Vorsitzender, bevor er 1950 auch offiziell an die Spitze der Partei trat. Nach seinem Sturz 1971 als Parteichef und Vorsitzender des Verteidigungsrates blieb Ulbricht Vorsitzender des Staatsrates und wurde Ehrenvorsitzender der SED. Er verstarb 1973 in Berlin.

Erich Honecker (1912–1994): Erster Sekretär/Generalsekretär des ZK der SED 1971/76–1989, Vorsitzender des Staatsrates der DDR 1976–1989.
E. Honecker trat 1929 der KPD bei, beteiligte sich am Widerstand gegen die NSDAP, wurde 1935 verhaftet und blieb bis Kriegsende im Zuchthaus Brandenburg inhaftiert. Nach Kriegsende war er 1946–1955 Vorsitzender der FDJ; seit 1950 Kandidat, dann Mitglied des Politbüros; seit 1971 Nachfolger von W. Ulbricht als Erster Sekretär des ZK der SED und Vorsitzender des Nationalen Verteidigungsrates; seit 1976 auch Vorsitzender des Staatsrates. 1989 wurde er im Verlauf der Revolution in der DDR gestürzt. Nach dem Beitritt der neuen Länder zur Bundesrepublik entzog er sich einem Strafverfahren durch Flucht in die UdSSR. Nach seiner erzwungenen Überstellung nach Deutschland wurde das Verfahren wegen seines schlechten Gesundheitszustandes im Januar 1993 eingestellt. Er übersiedelte zu Angehörigen nach Chile, wo er 1994 verstarb.

Filmtipp: Karsten Laske, „Damals in der DDR“ (3 DVDs), 2006. Informative, unterhaltsame und sehr anschauliche Dokumentation des Alltags in der DDR mit Originalmaterial, Zeitzeugenaussagen und Spielszenen. Die zehnteilige Fernsehserie erhielt den Adolf-Grimme-Preis.

Der „Aufbau des Sozialismus" und innere Krisen (1949–1961)

Aufbau des Sozialismus. Der Umbau von Staat, Gesellschaft und Wirtschaft nach dem Vorbild der Sowjetunion hatte bereits 1946 in der SBZ begonnen und war im Oktober 1949 zum Zeitpunkt der Gründung der DDR schon weitgehend abgeschlossen. Die neue Regierung setzte dies bruchlos fort: In der Wirtschaft wurde das sowjetische System der Fünf-Jahres-Pläne eingeführt, der erste Plan galt ab 1950. 1952 verkündete die SED auf ihrer 3. Parteikonferenz (9.–12.7.1952) den „Aufbau des Sozialismus". Sie forcierte die Verstaatlichung der Wirtschaft: Ende der 1950er-Jahre betrug der Anteil der „Volkseigenen Betriebe" (VEB) an der Industrieproduktion bereits mehr als 90 Prozent. Auch im Handel dominierte der staatliche Sektor, während das Handwerk noch weitgehend privat blieb. Zum „Aufbau des Sozialismus" gehörte auch die Kollektivierung der Landwirtschaft ab 1952: Die Kleinbauern, die ihr Land zu Teilen erst durch die Bodenreform von 1945 erhalten hatten, sollten sich zu Genossenschaften zusammenschließen. Durch rentablere Betriebsgrößen sollte die Produktivität der Landwirtschaft erhöht werden. Viele Bauern widersetzten sich allerdings dieser Politik, die ab 1958 noch einmal verschärft wurde. Durch Pressionen und Verhaftungen wurden die Bauern gezwungen, in „Landwirtschaftliche Produktionsgenossenschaften" (LPG) einzutreten. Auch in der Landwirtschaft erreichte die Führung der DDR ihr Ziel: 1960 betrug der Anteil der in LPG's hergestellten landwirtschaftlichen Produktion über 90 Prozent.

Plakat zum ersten Fünf-Jahres-Plan der DDR (1950–55), DDR 1951

Wirtschaftlicher Wiederaufbau. Die wirtschaftliche Erholung in der DDR brauchte lange, denn – im Unterschied zur Bundesrepublik – standen keine Wiederaufbaukredite zur Verfügung; im Gegenteil erschwerten sowjetische Demontagen und Reparationszahlungen bis 1953 den Wiederaufbau.
Nach dem stalinistischen Vorbild konzentrierte der erste Fünf-Jahres-Plan alle Ressourcen auf den Aufbau der Schwerindustrie. Da die DDR – ähnlich wie die Bundesrepublik – auf wissenschaftlich-technische Kompetenzen in der Bevölkerung zurückgreifen konnte, zeigte diese Konzentration im Laufe der 1950er-Jahre beachtliche Erfolge: Die Produktion der Schwerindustrie wuchs um durchschnittlich 10 % pro Jahr und übertraf schon 1955 das Vorkriegsniveau. Allerdings zahlte die Bevölkerung einen hohen Preis für den einseitigen Aufschwung: Konsumgüterindustrie und Wohnungsbau wurden vernachlässigt, die Arbeitsnormen für Arbeiter ebenso wie die Preise für Konsumgüter erhöht.

Unzufriedenheit und Abwanderung. Die zunehmende Einschränkung der persönlichen Freiheiten, die zunehmende Einengung des Spielraumes der evangelischen Kirche, der verschärfte politische Druck vor allem im Zusammenhang mit der Zwangskollektivierung, die hohen Arbeitsnormen und der Konsumgütermangel führten zu wachsender Unzufriedenheit in der Bevölkerung, zu einer Stimmung der Niedergeschlagenheit und Resignation, die durch den naheliegenden Vergleich mit den Lebensverhältnissen in der Bundesrepublik noch verstärkt wurde. Massenhaft verließen vor allem gut ausgebildete und junge Menschen die DDR in Richtung Bundesrepublik. Von 1949 bis zum 13. August 1961, dem Tag des Mauerbaus, verließen etwa drei Millionen Menschen die DDR.

Volksaufstand (17.6.1953). Aber die Unzufriedenheit äußerte sich auch in politischem Protest. Am 16. Juni 1953 legten Bauarbeiter in Ost-Berlin ihre Arbeit aus Protest gegen eine 10%ige Erhöhung ihrer Arbeitsnormen, die der Ministerrat am 28. Mai 1953 beschlossen hatte, ihre Arbeit nieder und zogen in einem Protestzug durch die Stadt. In Windeseile breiteten sich die Proteste aus und erfassten neben Ost-Berlin auch die anderen Industriestädte der DDR. Noch am selben Tag wurden Streikkomitees gebildet, die auch untereinander Kontakt aufnahmen; eine zentrale Streikleitung entstand jedoch nicht. Die Proteste richteten sich zunächst gegen die hohen Arbeitsnormen, nahmen aber schnell auch die politische Forderung nach freien Wahlen und der Wiedervereinigung der beiden deutschen Staaten auf. Doch die Hoffnungen der Demonstranten zerstoben schnell: In der Nacht zum 17. Juni zogen sowjetische Panzer auf und zerstreuten die Demonstrationszüge mit militärischer Gewalt. Über 50 Menschen wurden getötet, Tausende verhaftet, zwanzig Personen wurden standrechtlich erschossen, zwei in nachfolgenden Prozessen zum Tode verurteilt.

Ost-Berlin, 17. Juni 1953

Deutung des 17. Juni in Ost und West. Die Ereignisse des 17. Juni 1953 waren in ganz Deutschland ein Schock. Die nachfolgenden Interpretationen wirken heute wie ein Lehrstück über den ideologischen Kampf um die Deutungshoheit zwischen Ost und West. In der westlichen Bundesrepublik wurde der 17. Juni als Ausdruck der brutalen Unterdrückung der Deutschen in der DDR verstanden und zum „Tag der nationalen Einheit" erklärt. Die Führung der DDR versuchte, die Geschehnisse als „faschistische Provokation", gesteuert durch westliche Geheimdienste, darzustellen. Bezahlte Agenten hätten versucht, die DDR zu destabilisieren, dabei aber nur einige wenige Unzufriedene auf ihre Seite ziehen können. Die große Mehrheit der Arbeiter habe diesen Angriff jedoch erfolgreich abwehren können.
In der gegenwärtigen Forschung wird deutlicher als früher auch die internationale und politische Dimension des Aufstandes betont: Der 17. Juni 1953 war der erste offene Aufstand gegen den Stalinismus im Machtbereich der Sowjetunion.

Konsequenzen des 17. Juni in der DDR. Die Führung der DDR reagierte auf den 17. Juni mit einer doppelten Strategie: Einerseits begann eine Säuberungswelle in Staat und Partei gegen feindliche, „konterrevolutionäre" oder ideologisch unzuverlässige Elemente und der Überwachungsapparat der Stasi wurde ausgebaut. Andererseits wurde das Tempo des Ausbaus der Schwerindustrie reduziert und die Versorgungslage der Bevölkerung verbessert. Außerdem verzichtete die UdSSR auf weitere Reparationsleistungen.
Paradoxerweise hatte der 17. Juni 1953 eher eine Verknöcherung des Herrschaftssystems in der DDR zur Folge: Er stärkte den Einfluss Ulbrichts, der als Prototyp eines stalinistischen Politikers galt und dessen Position nach dem Tod Stalins und der beginnenden Entstalinisierung in der Sowjetunion eher geschwächt gewesen war. Vor dem Hintergrund des Volksaufstandes wollte die sowjetische Führung aber keine Schwäche zeigen, bevorzugte eine eher repressive Politik in der DDR und beließ Ulbricht im Amt.
Insgesamt bedeutete die Erfahrung des 17. Juni einen tiefen Einschnitt in der politischen Psychologie der DDR. Im Ergebnis hatte er offenkundig gezeigt, dass sich das Herrschaftssystem der SED nur mithilfe sowjetischer Truppen an der Macht halten konnte. Diese traumatische Erfahrung wirkte bei Herrschenden und Beherrschten bis 1989 nach. Viele Menschen gaben die Hoffnung auf Reformen und eine freie Entwick-

Entstalinisierung: Nach dem Tod Josef Stalins (5.3.1953) leitete dessen Nachfolger Nikita Chruschtschow auf dem XX. Parteitag der KPdSU (14.–26.2.1956) die „Entstalinisierung" ein, indem er den „Personenkult" um Stalin und seinen diktatorischen Führungsstil kritisierte. Die Entstalinisierung in der Sowjetunion erschütterte das Weltbild der seit ihrer Gründung stalinistisch geprägten SED.

lung auf. Allein im Jahr 1953 verließen 330 000 Menschen die DDR in Richtung Westen. In den folgenden Jahren nahm die Ausreisewelle immer größere Ausmaße an – auf dieses Problem musste die Staatsführung eine Antwort finden.

Bau der Berliner Mauer (13.8.1961). In der Nacht zum Sonntag, den 13. August 1961, begannen um Mitternacht Bauarbeiter unter dem Schutz von Soldaten der NVA die Verbindungsstraßen zwischen Ost- und West-Berlin abzuriegeln, zunächst mit Stacheldraht, dann mit einer provisorischen Mauer, die später durch eine ausgeklügelte Grenzanlage mit Wachtürmen und Selbstschussanlagen ausgebaut wurde.
Die Staatsführung der DDR bezeichnete die Mauer stets als „antifaschistischen Schutzwall", der das unkontrollierte Eindringen von Provokateuren und Agenten verhindern solle. Tatsächlich bestand – genau umgekehrt – die Aufgabe der Mauer darin, die massenhafte Abwanderung der eigenen Bevölkerung zu verhindern. Durch Konflikte bei der seit 1958 verschärften Kollektivierung der Landwirtschaft sowie aufgeschreckt durch Krisen um die Zufahrtswege und den Status von West-Berlin waren die Flüchtlingszahlen weiter angestiegen. Durch die Mauer wollte die Staatsführung ein Ausbluten des Staates und damit eine Destabilisierung mit unabsehbaren Folgen verhindern. Der Preis, den die Bevölkerung zahlen musste, war hoch: Über Nacht wurden Familien und Freundeskreise getrennt, die innerdeutsche Grenze war für lange Zeit ein unüberwindliches Hindernis.
Mit der Mauer riegelte die Staatsführung der DDR ihre eigene Bevölkerung ab. Damit war das Experiment, den Sozialismus in der DDR mit offenen Grenzen und in freier Konkurrenz zur Bundesrepublik aufzubauen, am Ende. Die Mauer galt und gilt bis heute als Symbol der deutschen Teilung ebenso wie die Öffnung der Mauer am 9. November 1989 die Überwindung dieser Teilung symbolisiert. Darüber hinaus steht die Mauer, die – nach den Worten Richard von Weizsäckers – „versteinerte Absage an die Menschlichkeit" für den menschenverachtenden Unrechtscharakter der SED-Diktatur. In das historische Gesamturteil muss allerdings die Frage einbezogen werden, ob eine offene Grenze zwischen den beiden deutschen Staaten und in der „Frontstadt" Berlin unter den weltpolitischen Bedingungen des Kalten Krieges überhaupt auf die Dauer möglich gewesen wäre. Nicht zufällig folgte der Mauerbau auf eine Fernsehansprache des amerikanischen Präsidenten John F. Kennedy vom 25.7.1961, in der er die Eckpfeiler der Berlin-Politik der USA skizziert hatte. Darin hatte er den Erhalt der Le-

Bei Fluchtversuchen über die innerdeutsche Grenze starben zwischen 1949 und 1989 insgesamt über 900 Menschen, davon mindestens 255 an der Grenze um Westberlin. Einer von ihnen war Peter Fechter. Durch Schüsse schwer verletzt, blieb er am 17.8.1962 eine Stunde ohne jede Hilfe und verblutete im Niemandsland der Grenzanlagen, bis NVA-Soldaten ihn abtransportierten.

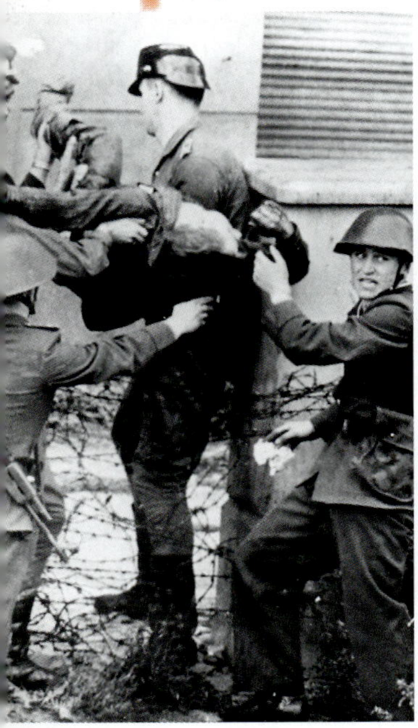

Bau der Berliner Mauer: In der Nacht zum 13. August 1961 riegelten Pioniereinheiten die Verbindungsstraßen zwischen Ost- und West-Berlin provisorisch mit Betonpfählen und Stacheldraht ab. Wenige Tage später begann der eigentliche Mauerbau.

bensfähigkeit West-Berlins, die Stationierung von Truppen der Westalliierten und deren freien Zugang nach West-Berlin als Kernelemente genannt, den Status von Ost-Berlin aber nicht ausdrücklich erwähnt. Damit hatte er die amerikanischen Garantien für West-Berlin bekräftigt, indirekt aber zugleich Ost-Berlin als Einflussbereich der Sowjetunion anerkannt. Die – im Wortsinne – Zementierung der deutschen Teilung durch die Grenzanlagen entsprach damit der Politik des Status quo im Kalten Krieg. Nur auf der Grundlage der gesicherten und de facto weder von der internationalen Politik infrage gestellten noch von der eigenen Bevölkerung überschreitbaren Grenze konnte die DDR ihre eigene Politik fortsetzen. Nicht zu Unrecht gilt deshalb der 13. August 1961 als „heimlicher Gründungstag" der DDR.

Reformen und innere Festigung (1962–1971)

Pressefest der SED-Parteizeitung „Neues Deutschland", Berlin 1967

„Wissenschaftlich-technische Revolution". Nach dem Mauerbau begann die DDR mit dem Versuch einer planmäßigen Modernisierung ihrer Wirtschaft auf der Basis einer „wissenschaftlich-technischen Revolution". Die Produktion sollte effektiver arbeiten, eine sozialistische Leistungsgesellschaft entstehen. Die Reform bestand im Wesentlichen aus drei Elementen: einer Umstrukturierung des Systems der Planwirtschaft, einem Ausbau des Bildungssystems und der Mobilisierung von Arbeitskraftreserven.

Wirtschaftsreform. Das am 15.7.1963 offiziell beschlossene „Neue Ökonomische System der Planung und Leitung" (NÖSPL) dezentralisierte die Planungs- und Leitungsvorgänge in der Planwirtschaft der DDR. Jüngere Fachleute wurden stärker an ökonomischen Entscheidungen beteiligt, stärker leistungsbezogene Elemente in die Entlohnung eingeführt. Als allerdings zunehmende Konflikte zwischen den neu aufgestiegenen Fachleuten und älteren Parteikadern das Machtmonopol der SED zu gefährden begannen, wurde das System ab 1968 wieder stärker zentralisiert.

Bildungsreform. 1965 wurde eine Reform des Bildungssystems beschlossen, um die Arbeitsproduktivität zu erhöhen. Mit dem „Gesetz über das einheitliche Bildungssystem" erhielten mathematisch-naturwissenschaftlich-technische Fächer einen hohen Stellenwert; die von allen Schülerinnen und Schülern besuchte „Allgemeinbildende

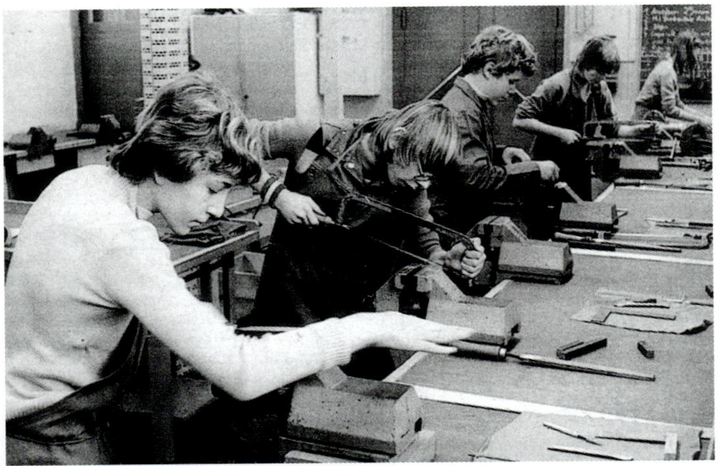

Polytechnische Oberschule in Berlin, Prenzlauer-Berg. Alle 14 Tage tauschten die Schülerinnen und Schüler ihre Schulbänke mit Werkbänken; auf die praktisch-technische Ausbildung wurde großer Wert gelegt.

polytechnische Oberschule" führte in die Grundlagen der Produktionstechnik ein. Auch im Bildungsbereich behielt allerdings die Systemloyalität als Bildungs- und Erziehungsziel die höchste Priorität; das Gesetz über das einheitliche Bildungssystem verpflichtete alle Schülerinnen und Schüler dazu, „bereit zu sein, alle Kräfte der Gesellschaft zur Verfügung zu stellen, den sozialistischen Staat zu stärken und zu verteidigen".

Der Mobilisierung von Arbeitskraftreserven diente auch die Familien- und Frauenpolitik: Die Berufstätigkeit von Frauen war in der DDR weit höher als in der Bundesrepublik. 1960 übten etwa 70% und 1989 etwa 90% aller Frauen im erwerbsfähigen Alter einen Beruf aus. Eine fundierte Berufsausbildung und ein sicherer Arbeitsplatz galten nicht nur in der DDR-Führung, sondern auch in weiten Teilen der Bevölkerung als die entscheidende Grundlage für die Emanzipation der Frau (vgl. Thema, S. 87–90).

Wirtschaftliche Erfolge. Auf der Grundlage dieser Modernisierungsmaßnahmen konnte die DDR in den 1960er-Jahren Erfolge erzielen. Die Produktivität der Wirtschaft nahm zu und lag deutlich über der der sozialistischen Nachbarstaaten. Auch Konsummöglichkeiten und Wohlstand der Bevölkerung nahmen zu, das „Neue Ökonomische System der Planung und Leitung" hatte neue Aufstiegsmöglichkeiten geschaffen und die soziale Mobilität erhöht. Diese Entwicklung steigerte die Akzeptanz der Staatsführung in der Bevölkerung, während auf der anderen Seite eine weitere traumatische Erfahrung die Grenzen der politischen Opposition deutlich machte.

Der „Prager Frühling" (1968). Nach massiven wirtschaftlichen Problemen hatten in der kommunistischen CSSR Reformkräfte immer mehr Anklang im Volk gefunden. Sie suchten nach einem „dritten Weg" zwischen Kommunismus und Kapitalismus und verfolgten die Vision einer „sozialistischen Marktwirtschaft". Die Kommunistische Partei spaltete sich und die Reformer gewannen gegenüber den Stalinisten die Überhand. Im Frühjahr 1968 vollzog sich in der CSSR ein radikaler Wandel: Presse und Kultur erlebten eine neue Blüte, der „Prager Frühling" erfasste das ganze Volk. Viele Bürger der DDR verfolgten das Geschehen durch westliche Medien und verknüpften damit eigene Hoffnungen, denn die Entwicklung in der CSSR ließ erkennen, dass es neben der diktatorischen Variante des Kommunismus auch eine demokratische Alternative gab.

Die SED attackierte die tschechische Reformpolitik aber von Anfang an. Für sie galt – ebenso wie für die sowjetische Führung – der Prager Reformkommunismus als Konterrevolution, die die Machtverhältnisse im gesamten Ostblock zu gefährden drohte. In der Nacht zum 21. August 1968 marschierten Truppen des Warschauer Paktes in die CSSR ein und schlugen die Reformbewegung gegen den erbitterten, aber hilflosen Widerstand der Bevölkerung nieder. Auch Truppen der Nationalen Volksarmee (NVA) der DDR rückten bis zur Grenze vor – dort aber ließ Breschnew sie stoppen, um keine unguten Erinnerungen an den Einmarsch der Wehrmacht in Prag 30 Jahre zuvor zu wecken.

Nach der gewaltsamen Niederschlagung der Reformbewegung reagierten viele Menschen in Ost und West mit ohnmächtiger Wut. Auch in der DDR schlug sich Protest in Flugblättern und Unterschriftenlisten sowie in nachts auf Hauswände gemalten Parolen nieder.

Nach dem 21. August 1968 registrierte das Innenministerium innerhalb einer Woche 1000 Fälle von „staatsgefährdender Hetze". Aber der Protest wurde schnell unterdrückt und in der Folge die Überwachung der Bevölkerung durch die Stasi intensiviert.

Die „Acht-Stunden-Ideologie". Mit der Niederschlagung der Reformbewegung in der CSSR waren Reformen in der DDR auf lange Zeit undenkbar geworden. Die Menschen waren gezwungen, sich mit dem System abzufinden und sich zu arrangieren. Die Staatsführung überwachte zwar die Bevölkerung durch das weitläufige Spitzelnetz der Stasi, ließ die Menschen aber – wenn sie sich konform verhielten – weitgehend in Ruhe. In weiten Teilen der Bevölkerung entwickelte sich ein gespaltenes Bewusstsein, die – so ein zeitgenössischer Begriff – „Acht-Stunden-Ideologie": In der Schule und im Betrieb sagte man, was Lehrer und Vorgesetzte hören wollten; im privaten Bereich fand das „wirkliche" Leben statt („Nischengesellschaft"). Neben den Fatalismus gegenüber dem System als Ganzem trat das Engagement im privaten Bereich und im engeren gesellschaftlichen Umfeld. So entstand eine weit verbreitete Verhaltensspaltung, die man – je nach Standpunkt und Einzelfall – als „Doppelmoral" oder rational-zweckmäßigen Umgang mit dem System beurteilen kann.

Willy Brandt in Erfurt, 19.3.1970. Trotz umfangreicher Absperrmaßnahmen hatte sich vor dem Hotel „Erfurter Hof", in dem Brandt während seines DDR-Besuches wohnte, eine große Menschenmenge versammelt, die den westdeutschen Kanzler begeistert feierte.

Anerkennung auf internationaler Ebene (1971–1975)

Führungswechsel (3.5.1971). Trotz wirtschaftlicher Erfolge und relativer innenpolitischer Stabilität musste Walter Ulbricht am 3. Mai 1971 als Erster Sekretär des ZK der SED zurücktreten. Der Grund: Ulbricht hatte sich dem von der UdSSR eingeschlagenen Weg hin zu einer Entspannungspolitik mit dem Westen widersetzt. Der begeisterte Empfang des westdeutschen Bundeskanzlers Willy Brandt durch die DDR-Bevölkerung während seines Besuches in Erfurt 1970 hatte die Instabilität der SED-Herrschaft und die Gefahr, die von einem allzu offenen Vergleich mit der Bundesrepublik ausging, erneut offenkundig gemacht. Die UdSSR war aber 1970 mit der Unterzeichnung des „Moskauer Vertrages" auf die „Neue Ostpolitik" der sozial-liberalen Koalition der Bundesrepublik eingegangen und drängte nun zur Absicherung ihrer Deutschlandpolitik auf einen Politikwechsel in Ost-Berlin.

Nachfolger Ulbrichts wurde Erich Honecker, der mit dem Berlin-Abkommen 1971 und dem Grundlagenvertrag 1972 die deutschlandpolitischen Vorstellungen der UdSSR vorbehaltlos für die DDR umsetzte. Durch diese Verträge verbesserte sich der internationale Status der DDR erheblich, sie wurde weltweit als souveräner Staat anerkannt und am 18.9.1973 vollwertiges Mitglied der UNO.

Die „Neue Ostpolitik"
12.8.1970: Moskauer Vertrag zwischen der BRD und Sowjetunion
7.12.1970: Warschauer Vertrag zwischen der BRD und Polen
3.9.1971: Viermächte-Abkommen über Berlin zwischen den vier alliierten Siegermächten
17.12.1971: Transit-Abkommen zwischen der BRD und der DDR
21.12.1972: Grundlagenvertrag zwischen der BRD und der DDR

Einheit von Wirtschafts- und Sozialpolitik. Zu seinem Amtsantritt verkündete Erich Honecker sein Konzept der „Einheit von Wirtschafts- und Sozialpolitik", das auf eine Verbesserung der alltäglichen Lebensverhältnisse zielte. Wirtschafts- und Gesellschaftspolitik in der DDR sollten nicht mehr primär auf ein fernes Ziel hin ausgerichtet sein, sondern den „real existierenden Sozialismus" gestalten. Das neue Konzept räumte der Konsumgüterproduktion Vorrang vor der Schwerindustrie ein. Um die noch immer dramatische Wohnungsnot zu lindern, wurde der Wohnungsbau durch die neuen „Plattenbausiedlungen" massiv angekurbelt. Die niedrigen Einkommensgruppen wurden angehoben und Familien finanziell gefördert. Dazu gehörte auch der weitere Ausbau der Kinderkrippenplätze; für Frauen mit Kindern verminderte sich die Wochenarbeitszeit auf 40 Stunden, 1976 wurde ein bezahltes „Baby-Jahr" eingeführt.

Liberalisierung. Dass die ersten Honecker-Jahre auch im Rückblick oft als die besten der DDR-Geschichte bezeichnet werden, lag neben diesen materiellen Verbesserungen auch an der innenpolitischen Liberalisierung, die vor dem Hintergrund der außenpolitischen Stabilität möglich wurde. „Wenn man von der festen Position des Sozialismus ausgeht, kann es meines Erachtens auf dem Gebiet von Kunst und Literatur keine Tabus

Straßenszene in Suhl (1983)

KSZE-Schlussakte (1.8.1975):
Die „Konferenz für Sicherheit und Zusammenarbeit in Europa" (KSZE) gilt als einer der wichtigsten Meilensteine der weltweiten Entspannungspolitik im Kalten Krieg. 35 Staaten aus Ost und West nahmen an der Konferenz in Helsinki teil. Die KSZE zielte auf ein Minimum an Sicherheit in Europa durch Verständigung und Kooperation über die Blockgrenzen hinweg. In der 1975 unterzeichneten Schlussakte wurden wichtige Prinzipien (z. B. Unverletzlichkeit der de facto bestehenden Grenzen, Gewaltverzicht, Achtung der Menschenrechte) vereinbart sowie Kooperationen (z. B. in der Wissenschaft) verabredet.

geben. Das betrifft sowohl Fragen der inhaltlichen Gestaltung als auch des Stils." Mit diesen Worten läutete Honecker auf der 4. Tagung des ZK der SED eine neue Kulturpolitik ein und forderte die Künstler und Intellektuellen des Landes auf, den Aufbau des Sozialismus auf vielseitigere und kritischere Weise zu unterstützen. Westliche Musik und westliche Mode waren nicht mehr verboten, insbesondere die Jugendlichen spürten weniger Bevormundung und Gängelung.

Systemkrise und Niedergang (1975–1989)

Schon in der zweiten Hälfte der 1970er-Jahre wurde diese Reformpolitik wieder weitgehend zurückgenommen – eine Reaktion auf eine Systemkrise, die sich sukzessive verschärfte und bis zum Zusammenbruch der DDR im Herbst 1989 nicht mehr überwunden werden konnte. Diese Systemkrise hatte außenpolitische, innenpolitische und ökonomische Ursachen.

Innenpolitische Wirkungen der KSZE-Schlussakte. Die innenpolitische Krise resultierte paradoxerweise aus einem der größten außen- und deutschlandpolitischen Erfolge der DDR. In der KSZE-Schlussakte von Helsinki (1975) war die Unverletzlichkeit der Grenzen in Europa und damit auch die innerdeutsche Grenze sowie die Souveränität der DDR anerkannt worden. Ebenso waren aber in der Schlussakte die Menschenrechte, unter anderem das Recht auf Freizügigkeit und ungehinderte Reisemöglichkeiten, bekräftigt worden. Diese im sogenannten „vierten Korb" der Schlussakte formulierten Menschenrechte entwickelten in der DDR – wie auch in den anderen Ländern des Ostblocks – eine von vielen Zeitgenossen ungeahnte Sprengkraft, denn einerseits widersprachen sie offensichtlich den Lebensrealitäten, während sie andererseits von den Regierungen selbst durch ihre Unterschrift unter die Schlussakte anerkannt worden waren. Je mehr sich Einzelpersonen, z. B. im Zusammenhang mit Ausreiseanträgen oder versuchter „Republikflucht", oder Oppositionsgruppen auf diese Rechte beriefen, desto größer wurde die Erklärungsnot der Machthaber in der DDR, die deshalb wieder verstärkt zu offenen Repressionsmaßnahmen übergingen. Menschenrechtsgruppen, Personen mit Westkontakten und überhaupt „feindlich-negative Kräfte" wurden wieder verstärkt überwacht und verfolgt, der Apparat der Staatssicherheit wurde weiter ausgebaut.

Ökonomische Probleme. Die zweite Ursache der Systemkrise war ökonomischer Natur. Obwohl die DDR einen Großteil ihres Energiebedarfs mit sowjetischem Erdgas zu festgelegten Preisen deckte, blieb auch sie von den Ölpreisschocks und den auf sie folgenden weltwirtschaftlichen Problemen der 1970er-Jahre nicht verschont. Hinzu kam, dass die Verbesserung der Einkommen und der Konsumchancen der Bevölkerung zu einem Teil mit Krediten finanziert war, deren Rückzahlung nur durch weitere Kredite geleistet werden konnte. Eine drohende Zahlungsunfähigkeit der DDR konnte 1982 nur durch einen vom damaligen CSU-Vorsitzenden Strauß vermittelten Milliardenkredit verhindert werden. Von der Sowjetunion, die selbst mit enormen wirtschaftlichen Problemen zu kämpfen hatte, war keine Hilfe mehr zu erwarten. Die zunehmenden ökonomischen Probleme zeigten sich überdeutlich auch in der Umweltzerstörung: Für Umweltschutz war kein Geld vorhanden und die angesichts fehlender Produktivi-

Chemiekombinat Bitterfeld (1979)

tät notwendige extensive Ausrichtung der Industrieproduktion führte vor allem im Braunkohletagebau und in der Chemieindustrie zu unübersehbaren Verwüstungen von Natur und Umwelt.

Wirkungen der sowjetischen Reformpolitik. Vielleicht hätte das DDR-System diese Krisen irgendwie überwinden können, wenn nicht ein dritter und letztlich wohl entscheidender Faktor hinzugekommen wäre: die Reformpolitik in der UdSSR unter Michail Gorbatschow.
Gorbatschows Politik ging davon aus, dass die innere Stabilität und äußere Macht der Sowjetunion angesichts der massiven volkswirtschaftlichen Probleme und des wachsenden äußeren Drucks nur durch umfassende innenpolitische Reformen zu sichern sein würde. Unter den Schlagworten „Perestroika" (Umbau) und „Glasnost" (Offenheit, Transparenz) versuchte Gorbatschow, Wirtschaft und Gesellschaft der UdSSR umfassend zu modernisieren. Der Umbau („Perestroika") von Staat und Gesellschaft zielte im Kern auf die Entbürokratisierung und Dezentralisierung der Planwirtschaft, die um marktwirtschaftliche Elemente ergänzt und auf diese Weise effektiver gestaltet werden sollte. Ein solcher Umbau konnte nur auf der Basis der Verantwortlichkeit und Transparenz von Entscheidungen verwirklicht werden: „Glasnost" sollte wirtschaftliche Entscheidungen durchsichtig und kalkulierbar machen, gleichzeitig aber weit über die ökonomische Sphäre hinaus Vorgänge in Staat und Gesellschaft für alle Bürgerinnen und Bürger öffnen. Auf diese Weise sollten die Reformen die Leistungsfähigkeit und -bereitschaft der einzelnen Bürgerinnen und Bürger fördern. Mit diesem freiheitlichen und individualistischen Element wollte Gorbatschow allerdings die sozialistische Gesellschaft und Staatsorganisation der Sowjetunion nicht ablösen, sondern sie im Gegenteil stärken und modernisieren.
Um sein innen- und wirtschaftspolitisches Reformprogramm umsetzen zu können, versuchte Gorbatschow, den Staat außenpolitisch zu entlasten und internationale Konfliktfelder abzubauen. Im April 1987 löste er öffentlich die „Breschnew-Doktrin" durch sein Konzept des „Neuen Denkens" ab. Darin lehnte er Expansions- und Machtansprüche der Sowjetunion ab und betonte den Vorrang des Weltfriedens sowie das Recht aller Staaten auf eine freie, selbstbestimmte Entwicklung.
Für die weitere Entwicklung in Osteuropa war entscheidend, dass die Politik des „Neuen Denkens" neue innenpolitische Freiräume in den Staaten des Warschauer Paktes eröffnete. Reformkräfte beriefen sich auf „Perestroika" und „Glasnost", die noch traditionell orientierten Regierungen konnten sich nicht mehr auf eine – letztlich militärische – Absicherung ihrer Herrschaft durch die UdSSR stützen.
Zwar begrüßte die DDR-Führung die neue außenpolitische Leitlinie des „Neuen Denkens" offiziell, lehnte aber die Übernahme der innenpolitischen Reformen in der DDR kategorisch ab. Damit geriet sie seit 1985 in einen der Bevölkerung kaum noch vermittelbaren Zweifrontenkrieg gegen das kapitalistische Ausland und die Reformpolitik des „sowjetischen Brudervolkes". Jetzt wurden sogar sowjetische Medien, wie die satirische Zeitschrift „Sputnik", in der DDR verboten. Als sozialistische Nachbarstaaten, wie Polen oder die CSSR, ihrerseits Reformen begannen und deren Grenzen nach Westen durchlässiger wurden, sahen sich die Machthaber in der DDR gezwungen, ihrer Bevölkerung nicht nur Reisen nach Westen, sondern auch in die östlichen Nachbarländer zu verbieten. Die offizielle DDR hatte sich kurz vor ihrem 40. Geburtstag nicht nur international, sondern auch im eigenen Lande vollständig isoliert.
Dass Gorbatschow Reformen in Polen und Ungarn nicht blockierte, bestärkte die Opposition in der DDR auf doppelte Weise: Einerseits verringerte sich die Angst vor einer Intervention der Sowjetunion zugunsten des Regimes, die in der Geschichte der DDR immer gegenwärtig gewesen war, und andererseits hatte man mit Michail Gorbatschow in ideologischer Hinsicht sogar einen mächtigen Verbündeten. Die sowjetische Reformpolitik bildete den entscheidenden machtpolitischen Hintergrund für das Erstarken der Oppositionsbewegung und die „Friedliche Revolution" in der DDR.

Gorbatschows Reformpolitik (1985–1991)
„Perestroika" (= Umbau): Entwicklung einer modernen Industriegesellschaft, Dezentralisierung der staatlichen Planwirtschaft
„Glasnost" (= Offenheit): Offenheit des politischen Prozesses, freie Meinungsäußerung

Michail Gorbatschow (sowjetischer Reformpolitiker, geb. 1931).
1950–1955: Jurastudium
1985–1991: Generalsekretär des ZK der KPdSU und Staatsoberhaupt der Sowjetunion; innen- und außenpolitische Reformen
1987: Ablösung der „Breschnew-Doktrin" durch das Konzept des „Neuen Denkens"
1990: Gorbatschow stimmt der deutschen Einheit zu.
1990: Friedensnobelpreis
1991: Nachdem eine ganze Reihe von Staaten ihre Unabhängigkeit von der Sowjetunion erklärt hat und nach einem missglückten Putsch gegen ihn, tritt Gorbatschow als Präsident zurück.

5. Die Opposition und die „Friedliche Revolution" von 1989

Oppositionsgruppen und ihre Ziele

„Schwerter zu Pflugscharen" – das Symbol der oppositionellen Friedensbewegung in der DDR

Flucht und Ausreise. Opposition, Widerstand oder Distanz zum Regime äußerten sich in der DDR in fünf verschiedenen, teils sich ergänzenden, teils aber auch sich widersprechenden Formen: Zuerst ist die nur auf den ersten Blick unpolitische Form des Weggehen-Wollens zu nennen. Die Ausreisewellen 1953, vor dem Mauerbau 1961 und dann wieder im Herbst 1989 waren Ausdruck tiefer Unzufriedenheit mit den Lebensverhältnissen in der DDR, eine Art Abstimmung mit den Füßen, die das gesamte System in seinen Grundlagen gefährdete. Von 1961 bis zum Sommer 1989 äußerte sich diese Haltung in vielen Fällen riskanter „Republikflucht" durch die Sperranlagen oder durch die Ostsee – an die tausendmal mit tödlichen Folgen für die Flüchtenden – oder in Form von „Anträgen auf die Entlassung aus der Staatsbürgerschaft", denen zwar manchmal nach langer Bearbeitungszeit aus familiären Gründen stattgegeben wurde, die aber zugleich immer ein hohes persönliches Risiko bedeuteten, denn die Antragsteller und ihre Familien wurden gesellschaftlich isoliert und gerieten unweigerlich ins Visier der Stasi. Die Motive derjenigen, die die DDR verließen oder verlassen wollten, waren verschieden; materielle und politische Motive spielten in unterschiedlichen Gewichtungen eine Rolle.

Opposition im Rahmen der Kirchen. Die zweite Oppositionsform entwickelte sich im Rahmen der christlichen Kirchen, die in der DDR – im Unterschied zur Sowjetunion – immer eine relative Eigenständigkeit bewahren konnten und über gesellschaftlichen Einfluss verfügten. Noch 1989 gehörte ein gutes Drittel der DDR-Bevölkerung einer christlichen, die große Mehrzahl von ihnen der evangelischen Kirche an. Obwohl der Preis dieser Eigenständigkeit die Zurückhaltung in politischen Fragen war und die meisten Gemeinden sich eher unpolitischen, religiösen und karitativen Aufgaben widmeten, entstanden doch immer wieder Distanz und Konfliktpotenzial mit dem Staat. Auf Intervention der Kirchen richtete die DDR 1964 mit der Institution der „Bausoldaten" eine Art Ersatzdienst für pazifistisch orientierte Christen ein. Seit den 1970er-Jahren engagierten sich immer mehr vor allem junge Menschen unter dem Dach der Kirchen in Umwelt-, Friedens- und Menschenrechtsgruppen; die Kirchengemeinden wurden zunehmend zu einem Kristallisationspunkt oppositioneller Strömungen.

Mitglieder der „Jungen Gemeinde", Jena. In der Jugendkultur der 1970er-Jahre mischten sich religiöse, kulturelle und politische Anliegen in vielfältiger Weise.

Kulturelle Opposition. Teils innerhalb, teils aber auch außerhalb der Kirchen entstand in den 1970er-Jahren eine breite, meist von Jugendlichen getragene Oppositionsbewegung, in der sich kulturelle und politische Anliegen mischten. Abseits des regulären FDJ-Kulturbetriebs trafen sich Intellektuelle und Künstler in losen Zirkeln, hielten Lesungen ab und organisierten die Herausgabe eigener Untergrundschriften. In den größeren Städten bildeten sich Szenetreffpunkte wie das „Cafe Burger", der „Arbeiter- und Studentenclub" oder das „Haus der jungen Talente" in Berlin. Ökologisch motivierte Jugendliche zogen auf das Land und gründeten auf verlassenen Bauernhöfen Wohngemeinschaften. Besondere Ausstrahlungskraft gewannen populäre Rockgruppen, die alleine durch die Übernahme westlicher Rockmusik einen Kontrapunkt zum sozialistischen Liedgut der FDJ bildeten. Die bekanntesten unter ihnen waren die „Puhdys“ und die „Klaus Renft Combo“. So entstand eine breit gefächerte Jugendbewegung, die sich in ihrem Lebensgefühl und ihrer politischen Haltung weit von der offiziellen DDR und ihrer Jugendorganisation, der FDJ, entfernt hatte. Sie bewegte sich in der Regel an der Grenze der Legalität, immer argwöhnisch von der Staatssicherheit beobachtet. Manchmal wurden Treffpunkte geschlossen, „antisozialistische“ Schriften beschlagnahmt oder Jugendlichen der Zugang zum Studium verwehrt. Insgesamt aber bekam die Staatsführung diese Bewegung nicht mehr unter Kontrolle.

Robert Havemann (1910–1982). Der Reformkommunist und Physikprofessor war Gründungsvater und Leitfigur der Oppositionsbewegung in der DDR. Das Foto zeigt ihn 1972 zusammen mit Wolf Biermann (re.) in seinem Haus.

Politische Opposition. Als vierte Form lassen sich die – im engeren Sinne – politischen Oppositionsgruppen bezeichnen, die sich oft im Umkreis von Intellektuellen und Künstlern bildeten. Einerseits war nach den Erfahrungen des 17. Juni 1953, aber auch der militärischen Unterdrückung der Reformbewegungen in Ungarn und Polen 1956 sowie in der CSSR 1968 klar, dass solche Gruppen nicht offen auftreten konnten; andererseits wurde politischer Widerspruch durch die kulturelle Liberalisierung ab 1971 in Grenzen möglich und durch die KSZE-Charta von 1975 provoziert. Zu den bekanntesten Personen des politischen Widerstandes gehörten in den 1970er-Jahren der Physikprofessor Robert Havemann, der Physiker Rudolf Bahro und der Liedermacher Wolf Biermann. Im „Krisenjahr“ 1976 spitzte sich die Auseinandersetzung um die politische Opposition zu: Havemann, der 1976 die Zulassung freier Zeitungen und von Oppositionsparteien gefordert hatte, wurde unter Hausarrest gestellt; Wolf Biermann wurde 1976 während einer Konzertreise im Westen ausgebürgert. Wenig später wurde Bahro, der in seinem im Westen veröffentlichten Buch „Die Alternative“ einen reformkommunistischen Weg vorgeschlagen hatte, zu acht Jahren Zuchthaus verurteilt. Diese Repressionsmaßnahmen sorgten für erhebliche Unruhe; die expandierende Staatssicherheit hatte alle Hände voll zu tun, Protestler aufzuspüren, zu verfolgen und zu unterdrücken. Offener Protest war sowieso verboten und wurde auf der Grundlage eines 1979 verschärften politischen Strafrechts hart bestraft.

Rudolf Bahro (1935–1997). 1968: Der „Prager Frühling“ bringt das Weltbild des SED-Mitglieds ins Wanken. 1977: Veröffentlichung des Buches „Die Alternative“; 1978 Verurteilung zu acht Jahren Gefängnis; 1979: Abschiebung in den Westen. 1980–85: Gründungsmitglied der „Grünen“. 1997: Tod in Berlin.

Ein besonderes Fanal im Krisenjahr 1976 bildete die öffentliche Selbstverbrennung des Pfarrers Oskar Brüsewitz vor der Michaeliskirche in Zeitz am 18. August 1976. Mit seiner Verzweiflungstat wollte Brüsewitz ein Zeichen gegen die Diktatur setzen. Obwohl die SED versuchte, Brüsewitz als krankhaft veranlagten Menschen zu denunzieren, löste sein Freitod allseits Bestürzung aus.

Sowohl die kirchlichen wie auch die im engeren Sinne politischen Oppositionsgruppen zielten in ihrer großen Mehrheit auf eine Art „dritten Weg“ zwischen Kapitalismus und Sozialismus, auf einen „freiheitlichen Sozialismus“ oder einen „Sozialismus mit menschlichem Antlitz“. Im Unterschied zu einem bedeutenden Teil der Ausreisewilligen befürwortete kaum jemand von ihnen eine vollständige Abkehr vom Sozialismus und die umstandslose Übernahme des westlichen Wirtschafts- und Gesellschaftsmodells.

Reformkräfte innerhalb der SED. Die vierte Oppositionsform entwickelte sich als gemäßigte Opposition innerhalb der SED oder der Massenorganisationen. Hier waren meist junge Idealisten am Werk, die sich an den marxistischen Klassikern und den so-

Wolf Biermann. 1936: Geburt in Hamburg. 1953: Übersiedlung in die DDR. 1961: Sein Theaterstück über den Mauerbau erregt das Missfallen der SED. 1965: Auftrittsverbot; Biermanns Lieder werden unter der Hand in Oppositionskreisen verbreitet. 1976: Ausbürgerung während einer Konzertreise in Westdeutschland. 1989: Nach der Revolution gibt Biermann ein gefeiertes Konzert in Leipzig.

Oppositionsgruppen:
- „Demokratie jetzt" (12.9.1989)
- „Neues Forum" (19.9.1989)

zialistisch-kommunistischen Idealen orientierten und sich an deren Diskrepanzen zur Realität in der DDR störten. Zwar blieben die Spielräume dieser Reformer immer eng gesteckt und ihre Zusammenhänge blieben wegen des in der SED herrschende Fraktionsverbotes lose und informell, aber nach 1985 veränderte sich ihre Situation deutlich: Einerseits erhielten sie durch das sowjetische Reformvorbild Aufwind und andererseits gerieten sie in immer deutlicheren Widerspruch zur Staats- und Parteiführung.
Alle vier Oppositionsformen entwickelten sich in den letzten Jahren der DDR unter dem Einfluss wachsender Repressionen und zunehmender Delegitimierung des Systems inhaltlich und organisatorisch schnell weiter, ohne dass allerdings weltanschauliche Unterschiede verschwunden oder einheitliche Organisationsstrukturen entstanden wären.

Der Beginn der Revolution

Kommunalwahlen (Mai 1989). Den Anlass für die Explosion der Unzufriedenheiten und Widerstände in der „Friedlichen Revolution" bildeten die auf den ersten Blick eher unbedeutenden Kommunalwahlen im Mai 1989. Wie immer hatten im Ergebnis dieser Wahlen über 99 % der Wahlberechtigten der Liste der „Nationalen Front" zugestimmt. Bei dieser Wahl allerdings war das Ergebnis ganz offenkundig gefälscht, denn viele hatten – ermuntert durch die Reformen in der UdSSR – mit „Nein" gestimmt oder den Wahlzettel, z. B. durch handschriftliche Kommentare, ungültig gemacht. Und deswegen erhoben Kirchengemeinden und oppositionelle Bürgerinnen oder Bürger Strafanzeige gegen die zuständigen Behörden.

Organisation der Opposition. Die Auseinandersetzungen um die Kommunalwahl wirkten als Katalysator für die immer mutiger werdende Opposition, die jetzt begann, sich in festeren und überregionalen Strukturen zu organisieren. Am 12. September wurde der Gründungsaufruf der Bürgerbewegung „Demokratie jetzt" veröffentlicht und am 19. September beantragte das „Neue Forum" die Zulassung als politische Organisation. Obwohl diese Zulassung vonseiten des Staates als Provokation aufgefasst und selbstverständlich abgelehnt wurde, bekamen sowohl das „Neue Forum" wie auch die anderen Oppositionsgruppen immer mehr Zulauf. Das Ziel dieser Gruppen bestand ausdrücklich (noch) nicht in der Ausarbeitung politischer Konzepte und Ziele, sondern (zunächst) in der Schaffung eines Rahmens für einen freien und offenen Austausch von Meinungen, Interessen und Zielen.

Leipziger Montagsdemonstrationen. Zeitgleich mit der Herausbildung dieser Oppositionsstrukturen begannen in Leipzig im Anschluss an das montägliche Friedensgebet in der Nikolaikirche die sogenannten „Montagsdemonstrationen", an denen Woche für Woche mehr Menschen teilnahmen.
Kurz vor den geplanten Feiern zum 40. Jahrestag der DDR am 7. Oktober 1989 reagierte die Staatsführung nervös und mit harten Repressionsmaßnahmen. Oppositionelle wurden verhaftet, Demonstrationen mit Gewalt aufgelöst. Während der Feierlichkeiten zum 40. Jahrestag geriet dann die Staatsführung in eine höchst pikante Situation. Ihr wichtigster Ehrengast, der sowjetische Staatspräsident Gorbatschow, forderte sie ziemlich unverblümt zu Reformen auf. Die von seinem Übersetzer zugespitzte und im Fernsehen der DDR verbreitete Formulierung „Wer zu spät kommt, den bestraft das Leben", wurde zu einer Art Schlachtruf, den ihr die Opposition entgegenhielt.

Montagsdemonstration in Leipzig am 9. Oktober 1989. Zwei Tage später, am Montag, den 9. Oktober 1989, brachte die von allen Seiten mit Spannung erwartete und symbolisch hoch aufgeladene Montagsdemonstration in Leipzig den Durchbruch für die Revolution. Am Montag zuvor war die Teilnehmerzahl an der Leipziger Demonstration bereits auf etwa 20 000 angestiegen. Angesichts der bevorstehenden Feierlichkeiten hatte die Staatsführung bewusst auf das, was die Zeitgenossen damals die „chi-

Montagsdemonstration in Leipzig, 9.10.1989

nesische Lösung" nannten, verzichtet. Am 3./4. Juni desselben Jahres hatte die chinesische Parteiführung mit einem Massaker auf dem Pekinger „Platz des Himmlischen Friedens" ihre oppositionelle Bürgerbewegung brutal niedergeschlagen. Niemand wusste, wie der Staat nun, nachdem die offiziellen Feiern vorbei waren, reagieren würde. Tatsächlich formulierte und unterzeichnete Erich Honecker als Einsatzbefehl des Tages für Polizei und NVA: „Die konterrevolutionären Demonstrationen mit aller Gewalt niederwerfen". Die Bürgerinnen und Bürger Leipzigs wurden aufgefordert, die Innenstadt am Montag zu meiden; Kinder und Jugendliche mussten bis 15 Uhr aus Kitas und Schulen abgeholt werden. In den Krankenhäusern der Stadt wurden Betten freigeräumt und Blutkonserven bereitgestellt. Die kasernierte Bereitschaftspolizei zog auf, scharfe Munition wurde ausgeteilt. Trotz oder gerade wegen dieser angespannten Situation nahmen 90 000 Menschen am Demonstrationszug teil; er verlief angespannt, meist in fast gespenstischer Stille. Immer wieder war der Ruf „Keine Gewalt" zu hören. Tatsächlich ging die Demonstration friedlich zu Ende. Heute gilt dieser Tag als „letzter Tag der DDR", denn mit dieser Montagsdemonstration hatte die Oppositionsbewegung ihr Demonstrationsrecht durchgesetzt. Bereits in der folgenden Woche demonstrierten schon über 100 000 Menschen in Leipzig; am 4. November 1989 erreichte die Demonstrationswelle in Ost-Berlin ihren Höhepunkt: Über eine halbe Million Menschen demonstrierten für Freiheit, Rechtsstaatlichkeit und freie Wahlen.

Sturz Erich Honeckers. Dass die „chinesische Lösung" ausblieb, ist einerseits dem disziplinierten Verhalten der Demonstranten zu verdanken und andererseits dem Verhalten der lokalen Befehls- und Machthaber, die die kasernierte Polizei zurückzogen. Damit hatten aufseiten der SED die gemäßigten Kräfte, die statt auf militärische Gewalt auf den politischen Dialog mit der Opposition setzen wollten, die Oberhand gewonnen. Dass dies wiederum so war, hatte sicher auch damit zu tun, dass die DDR – anders als 1953 – nicht mit einer Unterstützung durch sowjetische Truppen hätte rechnen können. Am 17. Oktober setzte das Politbüro Erich Honecker ab und wählte als Nach-

Internet-Tipps:
www.hdg.de/lemo/html/DieDeutscheEinheit/WandelimOsten/index.html
Internetseite der Stiftung „Haus der Geschichte der BRD" zur Friedlichen Revolution mit vielen Informationen und Materialien zu Hintergründen der Revolution und zu den Oppositionsgruppen.
www.ddr89.de
Private Homepage mit vielen Dokumenten zur Oppositionsbewegung in der DDR.

folger Egon Krenz, der als Einsatzverantwortlicher am 9. Oktober das Verdienst für den friedlichen Verlauf der Demonstration für sich in Anspruch nahm.

Botschaftsflüchtlinge. Neben den Demonstrationen der Opposition bedrohte eine massenhafte Fluchtwelle das DDR-Regime. Tausende DDR-Bürger besetzten im Sommer 1989 die Ständige Vertretung der Bundesrepublik in Ost-Berlin und ihre Botschaften in Budapest, Warschau und Prag. Besonders in der Prager Botschaft, in der Tausende Flüchtlinge alle Räume und den Garten beanspruchten, herrschten chaotische Zustände. Nach langen Verhandlungen am Sitz der UNO in New York konnte der westdeutsche Außenminister Genscher die Ausreisegenehmigung für die Botschaftsflüchtlinge erreichen. Diese mussten allerdings – um den Schein einer regulären Ausweisung aufrechtzuerhalten – in verplombten Zügen über das Gebiet der DDR in die Bundesrepublik fahren, was wiederum dazu führte, dass die Bahnstrecken und Bahnhöfe in der DDR militärisch gesichert werden mussten, weil viele versuchten, auf die Züge aufzuspringen.
Als die Republik Ungarn in der Nacht vom 10. zum 11. September 1989 ihre Grenze nach Österreich öffnete, begann ein Massenexodus von DDR-Bürgern über Ungarn in den Westen. Die Führung der DDR wusste sich nur mit einem Ausreiseverbot in die sozialistischen Nachbarländer zu helfen.

Ankunft der Flüchtlingszüge aus Prag in der westdeutschen Stadt Hof am 5.10.1989. Freude und Fassungslosigkeit mischen sich in den Gesichtern der zumeist jungen Flüchtlinge, die Eltern, Freunde und Arbeitskollegen in der alten Heimat zurückgelassen hatten und damit rechnen mussten, sie für Jahre nicht wiederzusehen.

Die Öffnung der Mauer

Prekäre Veränderungen im Alltag. Trotz unterschiedlicher Zielgewichtungen – die einen wollten der DDR den Rücken kehren, die anderen sie reformieren – verstärkten sich die Fluchtbewegung und die Demonstrationsbewegung gegenseitig. Das Alltagsleben in der DDR wurde immer prekärer und zum Teil auch gefährlich chaotisch: In den Betrieben fehlten plötzlich Ingenieure oder Betriebsleiter; ganze Krankenhausabteilungen konnten nicht mehr arbeiten, weil Ärzte und Krankenschwestern in den Westen geflohen waren.

9.11.1989. Unter diesem Druck sah die neue Staatsführung keinen anderen Ausweg als die Flucht nach vorne. Am 9. November 1989 kündigte das Politbüromitglied Günther Schabowski an, es werde bald eine Lösung für die Westreisen der DDR-Bürger geben. Daraufhin strömten Zehntausende zur Mauer, die – sicher schneller als geplant – noch in der Nacht des 9. November 1989 geöffnet wurde.

Die unerwartete Öffnung der Mauer war ein bewegender Moment für alle Zeitgenossen. Die Ost-Berliner feierten die ganze Nacht über in West-Berlin, das jahrzehntelang so nah gelegen und doch unerreichbar gewesen war. Die West-Berliner und die Westdeutschen feierten mit und merkten zugleich, dass die Friedliche Revolution in der DDR nun auch sie unmittelbar betraf. Am folgenden Tag sagte der ehemalige Regierende Bürgermeister von Berlin und Altbundeskanzler Willy Brandt auf einer Kundgebung in West-Berlin: „Nun wächst zusammen, was zusammen gehört". Das „Experiment DDR" war in seiner bisherigen Form zu Ende – wie die deutsche Geschichte aber weitergehen sollte, das war zu diesem Zeitpunkt umstritten und völlig ungeklärt.

Grenzübergang Helmstedt/Marienborn, 10.11.1989: Nach der Öffnung der Mauer am 9.11.1989 nutzten Millionen ostdeutscher Bürger die unverhoffte, seit Jahrzehnten undenkbare Möglichkeit zu einem Ausflug in den Westen, wo sie begeistert empfangen wurden.

Berlin, Brandenburger Tor, 10.11.1989

6. Der Weg zur Einheit (1989–1990)

Die Ausgangslage

Der Erfolg der Friedlichen Revolution und der Zusammenbruch der DDR trafen die Weltöffentlichkeit – und auch die Deutschen – weitgehend unvorbereitet. Damit hatte kaum jemand ernsthaft gerechnet. In die euphorische Freude über das Ende der Diktatur und die wiedergewonnene Freiheit mischten sich Sorgen. Wie sollte es nun weitergehen? Den Zeitgenossen in Deutschland – in beiden Staaten – war bewusst, dass man sich an einem ganz wichtigen Wendepunkt in der deutschen Geschichte befand. Jetzt kam es darauf an, die richtigen Entscheidungen zu treffen.

Das aber war nicht einfach: Die Situation in Deutschland im Herbst 1989 war ohne historisches Vorbild, an dem man sich hätte orientieren können. Zudem berührte sie eine Vielzahl höchst sensibler Fragen, denn die Entwicklung in Deutschland betraf nicht nur die Deutschen in der DDR und in der Bundesrepublik. Sie hatte zugleich eine riskante europäische und weltpolitische Dimension: Welche Entwicklungen würden die Weltmächte, würden die europäischen Nachbarn in der Mitte Europas, an der Grenze zwischen Ost und West zulassen? Einige Stimmen – so der ehemalige sowjetische Außenminister Schewardnadse – behaupteten sogar, man habe sich zeitweilig am Rande eines dritten Weltkrieges bewegt.

Vor dem Hintergrund vielfältiger Optionen in einer offenen historischen Situation wurden kontrovers diskutierte Entscheidungen getroffen. Es wurde „Geschichte geschrieben", die heute unsere Gegenwart prägt.

Innen- und Außenpolitik nach der Revolution

In der DDR: der Runde Tisch. Nach der erfolgreichen Revolution war die Stimmung in der Bevölkerung der DDR von grenzenloser Hoffnung erfüllt, während zugleich die staatlichen und wirtschaftlichen Strukturen im Land zusammenbrachen. Viele Menschen verließen das Land in Richtung Westen. Niemand hinderte sie mehr daran, ihre Freiheit auszukosten. Der Massenexodus von über 2000 Bürgerinnen und Bürgern täglich verschärfte die wirtschaftlichen Probleme im Land, dessen Industrieproduktion nicht konkurrenzfähig war und nun fast vollständig zum Erliegen kam.

Am 13. November 1989 wurde nach dem Rücktritt Willi Stophs Hans Modrow zum Ministerpräsidenten gewählt und vereidigt. Modrow stammte aus der Reformbewegung innerhalb der SED und galt als Anhänger Michail Gorbatschows. Mit dem Willen zu einer demokratischen Verständigung, aber auch um die chaotische Lage im Land in den Griff zu bekommen, suchte er die Verständigung mit den Bürgerrechts- und Oppositionsgruppen, die die Revolution getragen hatten. Am sogenannten „Runden Tisch" kamen Vertreter der Regierung und der Oppositionsgruppen zusammen, um ihr Vorgehen abzustimmen. In den folgenden Wochen und Monaten entwickelte sich der „Runde Tisch" zu einer Art Ersatzparlament. Er trug wesentlich dazu bei, dass die anstehenden Probleme und Fragen zwar nicht konfliktfrei, aber doch weitgehend gewaltlos angegangen und gelöst werden konnten.

Die wichtigsten Aufgaben des „Runden Tisches" waren die Bewältigung der akuten Folgen der SED-Diktatur, insbesondere die Auflösung des Ministeriums für Staatssicherheit, und die Organisation von freien Wahlen im Übergang zu einem demokratischen System. Und es ging um

Karikatur zur Massenflucht (August 1989)

den Fortbestand der DDR als Staat. Die Regierung Modrow wie auch eine Mehrheit unter den Bürgerrechtsbewegungen strebten einen reformierten und demokratischen, aber eigenständigen Staat an. In ihrer Perspektive war die Sorge vor einer Vereinnahmung durch die größere und wirtschaftlich ungleich stärkere Bundesrepublik groß. Während die Verhandlungen am „Runden Tisch" noch um die Gestalt des zukünftigen politischen Systems der DDR kreisten, wuchs in der Bevölkerung der Wunsch nach einer schnellen Vereinigung mit der Bundesrepublik, von der man sich Sicherheit und Wohlstand erhoffte.

In der Bundesrepublik: der Zehn-Punkte-Plan. Nach anfänglicher diplomatischer Zurückhaltung ergriff die westdeutsche Bundesregierung unter Bundeskanzler Helmut Kohl die Initiative. In einer Regierungserklärung vor dem Bundestag legte Kohl am 28. November 1989 – nur etwa drei Wochen nach dem Fall der Mauer – einen „Zehn-Punkte-Plan" zur „Wiedergewinnung der staatlichen Einheit Deutschlands" vor.
Der „Zehn-Punkte-Plan" sah eine stufenweise Annäherung der beiden deutschen Staaten ausgehend von einer Zusammenarbeit in wichtigen Fragen über eine Vertragsgemeinschaft und konföderative Strukturen hin zur staatlichen Vereinigung vor. Wesentlicher Bestandteil des Planes war die Einbettung dieses Prozesses in die Entwicklung der gesamteuropäischen Einigung nach dem Fall des Eisernen Vorhangs.

Helmut Kohl (geb. 1930), CDU-Vorsitzender und Bundeskanzler der Bundesrepublik Deutschland.
1950–1956: Studium der Staatswissenschaften
1969–1976: Ministerpräsident von Rheinland-Pfalz
1973–1998: Parteivorsitzender der CDU
1982–1998: Bundeskanzler
2000: CDU-Parteispendenaffäre und Rücktritt vom CDU-Ehrenvorsitz

Dieser Plan setzte mit seinem Ziel der deutschen Einheit ein mutiges Zeichen, das von nun an die Dynamik der Ereignisse bestimmten sollte. Außer mit seinem wichtigsten Bündnispartner, den USA, hatte der Bundeskanzler seinen Plan mit niemandem abgestimmt. Nicht einmal sein Koalitionspartner, die FDP, war vorab informiert worden.

Das Ausland: Die Politik der Siegermächte. Die Reaktion des Auslands auf den „Zehn-Punkte-Plan" Kohls war zunächst überwiegend skeptisch und von Vorbehalten bestimmt. Tatsächlich lag die Zukunft Deutschlands nicht allein in deutscher Hand, sondern oblag vielmehr den Siegermächten im Rahmen der Vorbehaltsrechte vom 6.6.1946 und der Pariser Verträge zwischen der Bundesrepublik und den Westmächten vom 23.10.1954. Hier war auf die „Rechte und Verantwortlichkeiten der Vier Mächte

Kohl und Gorbatschow im Kaukasus (Juli 1990)

in Bezug auf Deutschland als Ganzes einschließlich der Wiedervereinigung Deutschlands" ausdrücklich hingewiesen worden.

Aber auch abgesehen von diesen völkerrechtlichen Grenzen war die außenpolitische Situation prekär: Vorbehalten und Sorgen gegenüber einem allzu mächtigen Deutschland in der Mitte Europas und einem möglicherweise wiedererstarkenden Nationalismus waren weit verbreitet. Mit umfangreichen und vielfältigen diplomatischen Anstrengungen versuchte die westdeutsche Regierung, diesen Ängsten des Auslands zu begegnen und Wohlwollen für ihr Ziel der deutschen Einheit zu erzeugen. Sie verwies auf die gegenwärtige und zukünftige Einbindung Deutschlands in die Europäische Union und die westliche Allianz, auf den Charakter der deutschen Einheit als Teilprozess der europäischen Einigung nach dem Ende des Kalten Krieges. Nur die USA unterstützten den Weg zur deutschen Einheit von Anfang an; die Regierungen Frankreichs und Großbritanniens stimmten ihm schließlich – trotz kontrovers geführter Debatten in diesen Ländern – ebenfalls zu. Besonders schwierig – und letztlich entscheidend – war die Haltung der Sowjetunion. Mit seiner seit 1985 betriebenen Reformpolitik hatte Gorbatschow zwar die deutsche Einheit überhaupt erst in den Bereich des Möglichen gerückt. Nun drohte ihm aber mit der DDR ein wichtiger Einflussbereich verloren zu gehen. Schlimmer noch: Falls ein vereintes Deutschland – wie bisher die westliche Bundesrepublik – Mitglied der NATO bleiben sollte, würde die Grenze des westlichen Militärbündnisses deutlich nach Osten verschoben werden. Noch waren tausende sowjetische Soldaten in der DDR stationiert. Rein machtpolitisch betrachtet wäre die Sowjetunion also der deutlichste Verlierer einer deutschen Einheit.

Der Durchbruch gelang während eines Besuches Kohls in der Sowjetunion im Sommer 1990 (14.–16. Juli 1990). Kohl sicherte der Sowjetunion finanzielle Unterstützung für den Rückzug der sowjetischen Soldaten aus der DDR zu, unter anderem durch den Bau von Wohnungen für die heimkehrenden Offiziere. Bereits zuvor hatte der amerikanische Präsident Bush geholfen, indem er der Sowjetunion Abrüstungsschritte und Sicherheitsgarantien anbot, die Gorbatschow Argumente und Unterstützung gegen innenpolitische Widersacher lieferten. Letztlich aber war wohl entscheidend, dass Gorbatschow und seine engsten Mitarbeiter ihrer Grundhaltung treu blieben und den Deutschen – ebenso wie den anderen Völkern des ehemals von der Sowjetunion abhängigen Osteuropas – die freie Entscheidung über ihren historischen Weg zubilligten. Dieses „Wunder vom Kaukasus" war einerseits das Resultat gelungener westlicher Diplomatie und andererseits die Folge der Einsicht in historische Notwendigkeiten und einer fast selbstlosen Prinzipientreue aufseiten der sowjetischen Führung.

„Zwei-plus-Vier-Vertrag" – die wichtigsten Bestimmungen des 10 Artikel umfassenden Vertrages:
- Festlegung der Grenzen des deutschen Staates (Art. 1)
- Definition der Höchststärke der deutschen Streitkräfte (maximal 370 000 Soldaten)
- Regelung des Abzug der sowjetischen Soldaten aus dem Gebiet der DDR
- Wiederherstellung der vollen Souveränität Deutschlands (Art. 7)

Der „Zwei-plus-Vier-Vertrag". In den sogenannten „Zwei-plus-Vier-Verhandlungen" schufen die beiden deutschen Staaten und die vier Siegermächte (Großbritannien, Frankreich, USA und Sowjetunion) im Frühjahr und Sommer 1990 die außenpolitischen und völkerrechtlichen Grundlagen für die deutsche Einheit. Die Siegermächte gaben die ihnen verbliebenen Rechte in Bezug auf „Deutschland als Ganzes" auf, gaben damit den Deutschen ihre volle Souveränität zurück und stimmten der deutschen Einheit zu. Der „Zwei-plus-Vier-Vertrag" (offiziell: „Vertrag über die abschließende Regelung in Bezug auf Deutschland") wurde am 12. September 1990 in Moskau unterzeichnet.

Richtungsentscheidung in der DDR: die Volkskammerwahl vom 18. März 1990. Die wichtigste Grundlage für diese außenpolitische Entwicklung war wiederum die innenpolitische Entwicklung in der DDR im Frühjahr 1990. Angesichts der wirtschaftlichen Probleme und der Tragweite der anstehenden politischen Entscheidungen wurde immer deutlicher, dass weder die Übergangsregierung unter Hans Modrow noch der „Runde Tisch" über eine ausreichende demokratische Legitimation verfügten. Am „Runden Tisch" wurde deshalb beschlossen, die geplanten freien Volkskammerwahlen auf den 18. März 1990 vorzuziehen. Weil es in der Geschichte der SBZ und der DDR niemals freie Wahlen für das gesamte Territorium der DDR gegeben hatte, handelte es sich in diesem Teil Deutschlands um die ersten freien Wahlen seit der Zeit der Weimarer Republik, also seit etwa sechs Jahrzehnten (die genaue Datierung hängt davon ab, ob und inwiefern die Reichstagswahlen zur Zeit der Präsidialkabinette als freie Wahlen bezeichnet werden können). Die allermeisten Historiker sind der Ansicht, dass diese Wahl tatsächlich schnell erfolgen musste. Andererseits waren mit dieser Geschwindigkeit unübersehbare Schwierigkeiten verbunden: Parteien mussten sich in aller Eile neu gründen oder formieren, für eine ruhige Programmentwicklung blieb kaum Zeit, der Wahlkampf musste gewissermaßen aus dem Stand geführt werden. Die unübersichtliche Parteienlandschaft wurde noch dadurch weiter kompliziert, dass die Parteien einerseits aus der DDR-Tradition (SED, Blockparteien oder Oppositionsgruppen) stammten und andererseits zum Teil massiv von westlichen „Schwesterparteien" unterstützt wurden. Auch deshalb waren die finanziellen Voraussetzungen höchst ungleich: Die PDS konnte – als Nachfolgepartei der SED – ihren Wahlkampf aus Mitteln der SED finanzieren; die westlichen Unionsparteien CDU und CSU unterstützten ebenso wie die westliche SPD ihre östlichen Schwesterparteien. Dagegen blieben die aus den östlichen Oppositionsgruppen hervorgegangenen Parteien, wie das „Bündnis 90" oder der „Unabhängige Frauen-Verband" (UFV), weitgehend auf sich selbst gestellt.

Ergebnisse der ersten freien Volkskammerwahl in der ehemaligen DDR vom 18. März 1990 (Wahlbeteiligung: 93,39%)

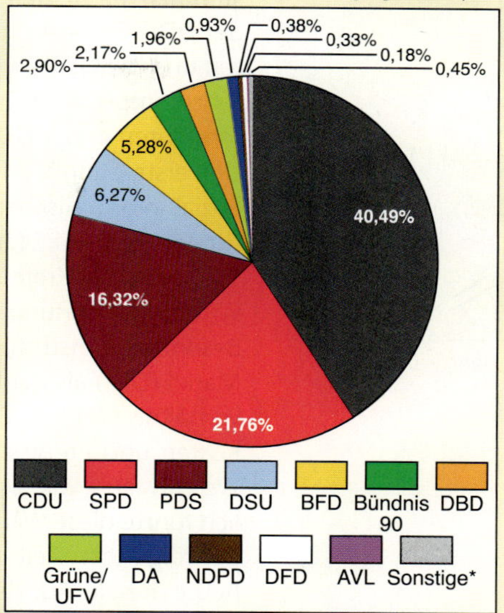

* Davon: AJL Alternative Jugendliste (0,13%), Christliche Liga (0,09%), DBU Deutsche Biertrinker Union (0,02%), Einheit Jetzt (0,02%), EFP Europäische Föderalistische Partei (0,03%), KPD Kommunistische Partei Deutschlands (0,08%), SpAD Spartakist-Arbeiterpartei Deutschlands (0,02%), USPD Unabhängige Sozialdemokratische Partei Deutschlands (0,03%), UVP Unabhängige Volkspartei (0,03%). Quelle: Das Parlament Nr. 14 vom 13. März 1990

DSU: Deutsche Soziale Union
BFD: Bund Freier Demokraten
DBD: Demokratische Bauernpartei Deutschlands
DA: Demokratischer Aufbruch
NDPD: National-Demokratische Partei Deutschlands
DFD: Demokratischer Frauenbund Deutschlands
AVL: Aktionsbündnis Vereinigte Linke

Trotzdem waren die Wahlalternativen deutlich. Der Wahlkampf polarisierte sich um die Frage, ob die DDR als eigenständiger Staat erhalten bleiben oder ob eine Vereinigung der beiden deutschen Staaten angestrebt werden sollte.
Die „Partei des Demokratischen Sozialismus" (PDS) plädierte als Nachfolgepartei der SED für einen „demokratischen Sozialismus" in einer fortbestehenden DDR. Das konservative Parteienbündnis „Allianz für Deutschland" strebte unter Führung der CDU nach einer möglichst raschen Vereinigung der beiden deutschen Staaten nach Art. 23 des Grundgesetzes. Die SPD und die Mehrzahl der aus der Oppositionsbewegung hervorgegangenen Parteien favorisierten eine eher langsame, stufenweise Vereinigung der beiden deutschen Staaten auf der Grundlage einer neu auszuarbeitenden Verfassung nach Art. 146 des Grundgesetzes.
Das Votum der DDR-Bürgerinnen und -Bürger am 18. März 1990 war eindeutig. Bei einer Wahlbeteiligung von über 93 % gewannen entgegen ursprünglicher Prognosen nicht die Sozialdemokraten die Wahl, sondern mit 48 % der abgegebenen Stimmen die „Allianz für Deutschland".
Mit der ersten und letzten freien Volkskammerwahl hatte die Bevölkerung der DDR eine Richtungsentscheidung getroffen: Sie hatte sich gegen einen – wie auch immer gearteten – eigenen oder besonderen Weg der DDR in die Zukunft und für eine möglichst rasche Vereinigung mit der Bundesrepublik entschieden.

Wege zur Einheit im Grundgesetz vom 23. Mai 1949

Grundgesetz, Art. 23 (Geltungsbereich): „Dieses Grundgesetz gilt zunächst in den Ländern [... westdeutsche Länder]. In anderen Teilen Deutschlands ist es nach deren Beitritt in Kraft zu setzen."

Grundgesetz, Art. 146 (Geltungsdauer): „Dieses Grundgesetz verliert seine Gültigkeit an dem Tage, an dem eine Verfassung in Kraft tritt, die von dem deutschen Volke in freier Entscheidung beschlossen worden ist."

Die Schritte zur Einheit

Karikatur von 1990

Die Währungs-, Wirtschafts- und Sozialunion. Die demokratisch legitimierte Volkskammer wählte den CDU-Politiker Lothar de Maizière zum neuen Ministerpräsidenten der DDR. Seine Aufgabe bestand nun darin, den Weg zur deutschen Einheit zu gestalten und die DDR – vor allem in ökonomischer Hinsicht – zu stabilisieren. Das war eine sehr komplexe Aufgabe, denn es galt, die rechtlichen, politischen, wirtschaftlichen Strukturen in der DDR denen in der Bundesrepublik anzupassen.
Der erste Schritt erfolgte mit dem „Vertrag über eine Währungs-, Wirtschafts- und Sozialunion zwischen der Bundesrepublik Deutschland und der Deutschen Demokratischen Republik" (Staatsvertrag), der am 18. Mai 1990 unterzeichnet wurde und am 1. Juli 1990 in Kraft trat. Mit diesem Vertrag übernahm die DDR praktisch die gesamte Wirtschaftsordnung („soziale Marktwirtschaft") der Bundesrepublik.
Besonders umstritten waren dabei die Modalitäten der Einführung der „Deutschen Mark" (DM) als Zahlungsmittel in der DDR. Ökonomen hatten vor einem Umtauschverhältnis von 1:1 (Ostmark gegen DM) gewarnt, denn auf diese Weise stiegen Löhne, Kosten und Preise der weitgehend maroden DDR-Produktion mit einem Schlag auf Westniveau – was sie, so die Befürchtung, konkurrenzunfähig machen würde. Tatsächlich führte diese Währungsumstellung zum Zusammenbruch der DDR-Industrie, die in der folgenden Zeit ganz neu wieder aufgebaut werden musste – ein Prozess, der bis heute anhält. Auf der anderen Seite hätte ein ungünstigerer Umtauschkurs die Sparguthaben der Bevölkerung der DDR entwertet und sie im Einigungsprozess – zumindest ökonomisch gesehen – zu Bürgern „zweiter Klasse" gemacht. Insbesondere der westdeutsche Bundeskanzler Helmut Kohl entschied sich deshalb gegen die ökonomischen Bedenken und sicherte noch vor der Volkskammerwahl zu, dass kleinere Sparguthaben im Verhältnis 1:1 umgetauscht würden.

Der Einigungsvertrag. Der zweite Schritt auf dem Weg zur staatlichen Einheit war der „Vertrag zwischen der Bundesrepublik Deutschland und der Deutschen Demokratischen Republik über die Herstellung der Einheit Deutschlands", dem der Bundestag und die Volkskammer am 20. September 1990 zustimmten. Mit diesem Vertrag traten die in der DDR neu gegründeten Länder nach Artikel 23 des Grundgesetzes zum 3. Oktober 1990 der Bundesrepublik Deutschland bei. An diesem Tag endete die Geschichte der Deutschen Demokratischen Republik.

7. Die Schatten der Diktatur

Wirtschaftliche Probleme und Entscheidungen

Die Umstellung der Wirtschaftsordnung. Die Umstellung von der alten sozialistischen Planwirtschaft der DDR zur „sozialen Marktwirtschaft" nach dem Modell der Bundesrepublik war mit gewaltigen Herausforderungen und Problemen verbunden. Die Produktivität der Industriebetriebe der DDR war so gering, dass sie dem westlichen Wettbewerbsdruck in aller Regel nicht standhalten konnten. Viele Betriebe mussten die Produktion einstellen, auf breiter Front gingen Arbeitsplätze verloren. Auf der anderen Seite war die Infrastruktur des Landes (z. B. Straßen- und Schienenwege) in schlechtem Zustand, die Gebäudesubstanz vielerorts marode und die Umweltverschmutzung hoch. All dies führte dazu, dass die Abwanderung von Bewohnern der DDR bzw. später der neuen Länder in das Gebiet der westlichen Bundesländer lange Zeit unvermindert anhielt. Auf der anderen Seite war die Hoffnung auf eine rasche Besserung der wirtschaftlichen Situation hoch. Während des Einigungsprozesses hatte der westdeutsche Bundeskanzler „blühende Landschaften" im Osten versprochen und damit zu völlig überzogenen Erwartungen an die produktiven Heilungskräfte der Marktwirtschaft beigetragen. Tatsächlich führte die Umstellung zunächst zu einer flächendeckenden De-

Industrialisierung des Landes und erst im Laufe der Jahre entstanden durch neue Investitionen sogenannte Industriekerne, vor allem um die großen Städte, während in der Fläche bis heute ganze Gebiete durch Abwanderung, hohe Arbeitslosigkeit und mangelhafte Entwicklungsmöglichkeiten geprägt sind.

Februar 1998: Protest gegen den geplanten Verkauf des „Hauses der Demokratie" in Berlin durch die Nachfolgeorganisation der Treuhand, die Bundesanstalt für vereinigungsbedingte Sonderaufgaben (BvS)

Die Treuhand. Eine besondere Herausforderung stellte die Privatisierung des ehemaligen Staatsvermögens der DDR dar. Dazu muss man sich vor Augen führen, dass fast alle ehemaligen Industriebetriebe, aber auch viele Wohn- und Geschäftshäuser, Grundstücke, Handelsgeschäfte usw. im Besitz des Staates gewesen waren. Um sie – gemäß den Prinzipien der Marktwirtschaft – in Privatbesitz zu überführen, war am 17. Juni 1990 eine eigene Behörde, die sogenannte „Treuhandanstalt", geschaffen worden. Sie übernahm sämtlichen Staatsbesitz der DDR und versuchte, die früheren VEBs und Kombinate, aber auch Grundstücke, Häuser und Anlagen entweder in Kapitalgesellschaften umzuwandeln oder sie an private Investoren zu verkaufen. Das war eine extrem schwierige und letztlich unlösbare Aufgabe. Obwohl die Treuhandanstalt in Einzelfällen beachtliche Erfolge erzielte und es ihr vor allem insgesamt gelang, die Privatisierung in einigermaßen geordnete Bahnen zu lenken, konnte sie den Bankrott vieler Firmen nicht verhindern. Als die Treuhandanstalt Ende 1994 aufgelöst wurde, hinterließ sie 204 Milliarden Mark (ca. 100 Milliarden Euro) Schulden, die aus Umweltsanierungen und Entschuldungen von Unternehmen resultierten. Von insgesamt vier Millionen Arbeitsplätzen waren mehr als die Hälfte (2,5 Millionen) verloren gegangen. Die Verkaufserlöse aus der Privatisierung des ehemals volkseigenen Vermögens hatten die wirtschaftlichen Folgelasten der Vereinigung nicht kompensieren können.
Vor dem Hintergrund dieser schwierigen und für viele Einzelschicksale folgenschweren Aufgabe wurde die Treuhand zeitweilig zum „Buhmann der Nation", zum Symbol für die vielfältigen Belastungen der wirtschaftlichen Umstellung in den neuen Ländern.

In der Verantwortung der Treuhand:
- 15 102 Unternehmen
- 2,22 Mio. Hektar landwirtschaftliche Nutzfläche
- 2,07 Mio. Hektar Forstfläche
- 4 Mio. Beschäftigte

Ungeklärte Eigentumsverhältnisse. Ein besonderes Problem im Zuge der deutschen Einheit war die Regelung der Eigentumsfrage. Der Einigungsvertrag enthielt die – später vom Bundesverfassungsgericht bestätigte – Regelung, dass die von der sowjetischen Besatzungsmacht vorgenommenen Enteignungen im Zuge der Boden- und Industriereform (1945–1949) Gültigkeit behalten sollten, während spätere Enteignungen in der Zeit der DDR zurückgenommen oder entschädigt werden sollten. Eine Fülle von Prozessen zur Rückgabe von widerrechtlich enteignetem Besitz war notwendig, um vergangenes Unrecht wiedergutzumachen, verunsicherte aber die Bevölkerung in Ostdeutschland, die ohnehin vielfach eine Abneigung gegen die aus ihrer Sicht arrogant auftretenden „Wessis" zu entwickeln begann.

Protest gegen ungeklärte Eigentumsverhältnisse in Ostdeutschland

Der Solidaritätszuschlag. Zur Unterstützung der staatlichen Aufgaben beim Wiederaufbau in den neuen Bundesländern wurde am 1. Juli 1991 eine zeitlich begrenzte Sondersteuer, der sogenannte „Solidaritätszuschlag", eingeführt. Er wird als Zuschlag auf die Einkommens- und Vermögenssteuer um anfangs 7,5 %, seit 1998 um 5,5 % erhoben. Der Solidaritätszuschlag wird in Ost- und Westdeutschland erhoben – dennoch galt und gilt er als Symbol für die finanziellen Lasten, die der Wiederaufbau in den neuen Bundesländern allen Deutschen abverlangt.

Die Aufarbeitung der Vergangenheit

Joachim Gauck in der nach ihm benannten Behörde zur Verwaltung der Stasi-Akten nach der Wiedervereinigung

Die Stasi-Akten. Mehr noch als von den wirtschaftlichen Problemen waren (und sind bis heute) viele Menschen von der Aufarbeitung des Spitzel- und Repressionssystems der ehemaligen Staatssicherheit der DDR erschüttert. Im Laufe der Jahre waren über sechs Millionen personenbezogene Akten über Bürgerinnen und Bürger der DDR angelegt worden, die der Staatsführung – aus welchen Gründen auch immer – suspekt erschienen. Diese Akten enthielten jede Menge Informationen über Aktivitäten der Stasi, über Haltungen, Handlungen und intimste Lebensumstände von beobachteten Personen sowie natürlich auch die Namen von Agenten und Spitzeln. Sie dokumentierten in beispielloser Breite Opfer und Täter der Repression in der DDR.
Wie sollte man nun mit diesen Akten umgehen? Diese Frage war höchst umstritten. Nicht wenige plädierten dafür, die Vergangenheit ruhen zu lassen und den Neuanfang nach der Revolution nicht mit einer umständlichen und schwierigen Aufarbeitung der Vergangenheit zu belasten. Schließlich setzte sich aber die Ansicht durch, dass ein wirklicher Neuanfang nur auf der Basis einer wahrhaftigen und schmerzlichen Auseinandersetzung mit der Vergangenheit erfolgen könne. Der Umgang mit den Stasi-Akten stand so im Zentrum des Weges der Ostdeutschen zur Bewältigung ihrer diktatorischen Vergangenheit.
In einer beispiellosen Aktion hatten Aktivisten der DDR-Opposition vom 4.12.1989 bis zum 15. Januar 1990 die Zentrale der Staatssicherheit in Ost-Berlin besetzt und auf diese Weise die Vernichtung der Akten verhindert. Am 3. Oktober 1990 übernahm die sogenannte „Gauck-Behörde" – benannt nach ihrem Leiter, dem Bürgerrechtler und ehemaligen Volkskammerabgeordneten für das „Neue Forum", Joachim Gauck – die Verantwortung für die Aufbewahrung, Sicherung und Sichtung der ehemaligen Stasi-Akten.
Seither stehen diese Akten auf Antrag für zeitgeschichtliche Forschungen zur Verfügung. Und: Auf Antrag konnten (und können bis heute) ehemalige Bürgerinnen und Bürger der DDR Einsicht in Akten erhalten, die über sie angelegt worden waren.
Das Resultat erschütterte nicht nur viele Einzelpersonen, sondern die ostdeutsche Gesellschaft insgesamt: Viele mussten erkennen, dass sie von Nachbarn, Freunden oder sogar Familienmitgliedern im Auftrag der Stasi bespitzelt worden waren. Persönliche Bekannte oder Prominente, denen man vertraut hatte und die als unbescholten galten, wurden als Täter entlarvt. Im öffentlichen Leben und im ganz privaten Bereich mussten widersprüchliche und schmerzhafte Gefühle wie Wut, Enttäuschung, Scham, Hass und Reue ausgetragen und bewältigt werden. Nicht selten endeten diese Auseinandersetzungen tragisch, wie im Falle des Historikers Karlheinz Schädlich, der seinen eigenen Bruder, den Schriftsteller Hans Joachim Schädlich, als IM „Schäfer" bespitzelt hatte und sich am 16.12.2007 das Leben nahm.

Internet-Tipps:
www.bstu.bund.de
Homepage der Bundesbeauftragten für die Unterlagen des Staatssicherheitsdienstes der ehemaligen Deutschen Demokratischen Republik: umfangreiche Informationen und Links zur Geschichte der DDR, zur Stasi und zum Umgang mit den Stasi-Akten nach dem Ende der DDR.
www.stasimuseum.de
Homepage des Berliner Stasi-Museums.
www.stiftung-aufarbeitung.de
Homepage der Bundesstiftung zur Aufarbeitung der SED-Diktatur.

Geschichtsbilder. Mit dem formalen Ende der DDR am 3. Oktober 1990 begann die Erinnerung: an die DDR als Staat und politisches System, an den Alltag und die Lebensumstände. Von Anfang an war diese Erinnerung geprägt von der Perspektive, aus der sie erfolgte.
Manche – wie viele Bürgerinnen und Bürger der Bundesrepublik – hatten die DDR nur von außen erlebt, andere von innen. Unter den Bürgerinnen und Bürgern der DDR hatte es überzeugte Verfechter und Gegner des Systems gegeben, aber auch Mitläufer und Menschen, die sich arrangiert hatten. Nach der Einheit haben manche in wirtschaftlicher Hinsicht profitiert, andere ihren Arbeitsplatz verloren. Manche Deutsche in Ost und West hatten das Gefühl, für die Einheit einen zu hohen Preis zahlen zu müssen; für andere standen die Vorteile, vor allem die politische Freiheit, im Vordergrund. Vor diesem Hintergrund ist es nicht erstaunlich, dass die Menschen sich auf sehr unterschiedliche Weise an die DDR erinnern und dass verschiedene Aspekte der vergangenen Wirklichkeit der DDR unterschiedlich akzentuiert werden. Solche Vorstellungen von der Vergangenheit nennen die Historiker „Geschichtsbilder".
Den Geschichtsbildern über die DDR ist in der Regel gemeinsam, dass die DDR als politische Diktatur mit einem hohen Maß an individueller Unfreiheit gesehen und die sozialistische Planwirtschaft als mängelbehaftetes, ineffektives Wirtschaftssystem beurteilt wird.
Aber schon das Ausmaß der politischen Unterdrückung wird unterschiedlich beurteilt: Für manche handelte es sich um brutale Repression; andere – wie der westdeutsche Schriftsteller und entschiedene Gegner der DDR, Günter Grass – sprechen von einer „kommoden Diktatur", also einer Diktatur, in der man trotz aller Unfreiheit ganz gemütlich leben konnte.
Die Enttäuschung über die Probleme des Wiederaufbaus und die Erfahrung individueller Not in der Marktwirtschaft führten vielfach zu einer stärkeren Betonung oder Wertschätzung der ökonomischen Sicherheit in der DDR, in der es keine Arbeitslosigkeit gab. Und die kulturellen Umbrüche durch die neue Konsumgesellschaft riefen vielerorts wehmütige Erinnerungen an die typischen Symbole und Produkte des DDR-Alltags hervor, sodass manche Beobachter von einer regelrechten „Ostalgie" sprechen.
Die Geschichtsbilder über die DDR sind – wie gesagt – unterschiedlich. Für die Geschichtswissenschaft ist es eine schwierige Aufgabe, durch die Sammlung von Fakten, die Auswertung von Quellen, die kritische Betrachtung von Zusammenhängen oder Strukturen und vor allem durch die selbstkritische Reflexion der eigenen Perspektiven und Intentionen so etwas wie eine gesicherte Rekonstruktion der Vergangenheit zu leisten.

Die Einheit der Nation. „Nun wächst zusammen, was zusammen gehört." Der berühmte gewordene Satz des ehemaligen Regierenden Bürgermeisters von Westberlin und Altbundeskanzlers Willy Brandt anlässlich des Falls der Mauer beschrieb treffend die Gefühle vieler Zeitgenossen. Wer den Satz genau ansieht, kann feststellen, dass Brandt keinen Zustand, sondern einen Anspruch und einen Prozess beschrieb: den Anspruch der Deutschen auf nationale Einheit und den Prozess, in dem dieser Anspruch Wirklichkeit werden würde.
War diese Wirklichkeit in den vorangegangenen Jahrzehnten der deutschen Teilung verloren gegangen?
Historiker antworten unterschiedlich auf diese Frage. Denn dass von 1949 bis 1990 zwei deutsche Staaten existierten, ist eine historische Tatsache. Ob sie aber dennoch über die 41 Jahre ihrer getrennten Existenz hinweg „eine Nation" bildeten, ist eine Frage des historischen Urteilens.
„Objektive" Kriterien sprechen angesichts des gemeinsamen historischen Erbes wohl unzweifelhaft für die These einer gemeinsamen Nation, während die eher „subjektiven" Kriterien zu unterschiedlichen Antworten führen. Denn mit der fortdauernden

Filmtipps: Nach dem Ende der DDR entstand eine Reihe von Filmen, die die Geschichte der DDR aus verschiedenen Perspektiven thematisieren.
Leander Haußmann, **„Sonnenallee"**, 1999: Die Komödie beschreibt das Leben Ost-Berliner Jugendlicher in den 1970er-Jahren.
Wolfgang Becker, **„Good bye, Lenin!"**, 2003: Tragikomödie über eine Familie, die ihrer erkrankten Mutter das Ende der DDR zu verheimlichen versucht.
Florian Henckel von Donnersmarck, **„Das Leben der Anderen"**, 2006: Das Drama über die Stasi erhielt den Deutschen Filmpreis sowie den Oscar für den besten fremdsprachigen Film.

1945: „Mein Bruder!" (oben)
1955: „Mein lieber Vetter!" (Mitte)
1965: „Ach ja, wir haben irgendeinen entfernten Verwandten im Ausland ..." (unten)

(Zeichnungen von H.E. Köhler, 1949)

getrennten gesellschaftlichen Entwicklung bildeten sich in beiden deutschen Staaten unterschiedliche Sozialisationsbedingungen und – jedenfalls in Teilbereichen – unterschiedliche Formen kulturellen und politischen Lebens aus. Schließlich nahm auch angesichts der in den Augen der Zeitgenossen zementierten Teilung, für die kein Ende abzusehen war, der Wille zur Einheit vor allem in den jüngeren Generationen ab.

Und heute?

Der Wille zur Einheit ist weit verbreitet, das Verständnis für die Besonderheiten der ost- und westdeutschen Eigenheiten gewachsen, die Bereitschaft, sich zu engagieren, weit verbreitet. Dennoch haben die unterschiedlichen Lebensbedingungen in beiden deutschen Staaten ihre Spuren hinterlassen. Auch die Erfahrungen nach der staatlichen Einheit sind unterschiedlich und zum Teil noch immer so von Vorurteilen geprägt, dass von einer „Mauer in den Köpfen" die Rede ist.

Das subjektive Gefühl nationaler Zusammengehörigkeit wird zugleich auf ganz andere Weise relativiert: Die europäische Integration und die Globalisierung mindern die objektive und subjektive Bedeutung der Nationalstaaten und werfen neue Fragen auf: nach einer europäischen Identität und den Möglichkeiten und Grenzen einer Weltbürgergesellschaft.

Ein Konflikt – zwei Perspektiven

Ideologie und Wahrnehmung im Kalten Krieg

Das historische Schicksal der Deutschen nach dem Zweiten Weltkrieg ist nur verständlich vor dem Hintergrund der weltumspannenden Konfrontation zwischen Ost und West im „Kalten Krieg".

Den Schlüssel zum Verständnis dieser Konfrontation bildet ein Blick in die Gedankenwelt der Zeitgenossen: Im Kern handelte es sich um unterschiedliche Weltbilder und verschiedene Wahrnehmungen der Realität. Aus diesem ideologischen Gegensatz erwuchsen alle Facetten des „Kalten Krieges", vom propagandistischen über den gesellschafts-, wirtschafts- und machtpolitischen Gegensatz bis hin zur militärischen Konfrontation in der Atomrüstung.

Im Mittelpunkt dieses Themas stehen die Perspektiven beider Lager auf den Weltkonflikt, der sich spätestens zu Beginn des Jahres 1947 in seiner bipolaren Struktur herauszubilden begann.

- **Welche Perspektiven standen sich im Kalten Krieg in Ost und West gegenüber?**
- **In welchem Verhältnis standen sie zueinander?**

Präsentieren und reflektieren Sie die Perspektiven der USA und der Sowjetunion in einem historischen Rollenspiel.

Historisches Rollenspiel

In einem historischen Rollenspiel wird vergangenes Denken und Handeln aus unterschiedlichen Perspektiven nachvollzogen. Dabei geht es nicht um schauspielerische Qualitäten, sondern darum, verschiedene Perspektiven der historischen Wirklichkeit möglichst exakt zu erfassen und zueinander in Beziehung zu setzen.

Methodische Hinweise und Anregungen für die Vorbereitung des historischen Rollenspiels:

1. Vorbereitungsphase

a) Bestimmen Sie aus Ihrem Kurs eine Sprecherin bzw. einen Sprecher (s. Durchführungsphase), deren Aufgabe es sein wird, das Rollenspiel zu moderieren. **Wichtig!** Sprecherin bzw. Sprecher sollten sich inhaltlich z. B. mithilfe des Infotextes auf ihre Rolle – Vorstellung der ereignisgeschichtlichen Zusammenhänge – vorbereiten.

b) Erarbeiten Sie die historischen Perspektiven arbeitsteilig, indem Sie in drei Gruppen die Quellen M 1 – M 3 unter der ersten Leitfrage interpretieren. Folgen Sie den methodischen Schritten der „Ideologiekritischen Quelleninterpretation" (s. S. 54).
- Halten Sie Ihre Ergebnisse in Stichworten auf Rollenkarten fest.
- Bestimmen Sie in jeder Gruppe einen Rollenspieler, der Ihre Perspektive im anschließenden Rollenspiel vorträgt.

2. Durchführungsphase

a) Das Rollenspiel wird von einem Sprecher eröffnet, der die historische Situation vorstellt.

b) Die Rollenspieler tragen ihre Sicht der weltpolitischen Lage vor. Sie verbleiben dabei in der historischen Perspektive. Die Vortragszeit beträgt maximal fünf Minuten.

c) Anschließend wird in der Gesamtgruppe unter Einbeziehung der Zuhörer nach Rednerliste diskutiert. Dabei sollen sich die Vertreter der beiden Perspektiven (USA und UdSSR) gegenübersitzen.

3. Auswertungsphase

In dieser Phase verlassen die Schülerinnen und Schüler die historische Perspektive.

a) Die Kursmitglieder beschreiben ihre Eindrücke und Wahrnehmungen zum abgelaufenen Rollenspiel. Sie geben Rückmeldungen, wie kompetent und überzeugend die Rollenspieler inhaltlich und darstellerisch ihre Rolle gespielt haben und in welchen Punkten sie kritische Anmerkungen haben.

b) Die Kursmitglieder werten zusammenfassend im Plenumsgespräch das historische Rollenspiel inhaltlich aus und sichern die Ergebnisse (Folie, Flipchart, Tafelbild, Plakat o. Ä.).

c) Abschließend wird aufbauend und anknüpfend an die Ergebnisse des Rollenspiels im gemeinsamen Kursgespräch die zweite Leitfrage diskutiert.

4. Abschlussreflexion

Der Kurs reflektiert Ergebnisse und Verfahren.

Methode

Ideologiekritische Quelleninterpretation

A. Ideologie und Ideologiekritik

Die ideologiekritische Quelleninterpretation untersucht, inwiefern die Deutung der Wirklichkeit (historische Perspektive) in einer Quelle durch eine zugrunde liegende Weltanschauung (Ideologie) geprägt wird.
Unter einer „Ideologie" versteht man ein verfestigtes System von Vorstellungen und Meinungen über die Wirklichkeit. Alle menschlichen Wahrnehmungen und Handlungen basieren auf solchen Vorstellungen von der Welt, die sich auf sehr komplexe Weise bilden, verändern und festigen. Sie wirken wie eine Brille, durch die hindurch wir auf die Welt schauen und sie deuten.
Die „Ideologiekritik" verfolgt im Grundsatz immer die Frage, inwieweit die Wirklichkeitsdeutung in einer Quelle die Realität angemessen oder – beeinflusst durch eine ideologische Grundhaltung – einseitig bzw. verfälschend wahrnimmt.

B. Schritte der ideologiekritischen Quelleninterpretation

1. Schritt – Leitfrage klären:

Die Leitfrage der Quelleninterpretation klären und festlegen.
Welche ideologischen Perspektiven standen sich im Kalten Krieg gegenüber?

2. Schritt – Analyse:

– Klärung und Beschreibung der äußeren formalen Merkmale der Quelle

- Die Quellengattung und die Textsorte bestimmen und charakterisieren.
- Den Autor vorstellen.
- Den engeren, situativen Kontext, in dem die Quelle steht, darstellen.
- Den Adressatenkreis der Quelle benennen.

– Strukturierte Textwiedergabe

- Das Thema der Quelle knapp und zusammenfassend benennen.
- Den Inhalt der Quelle (Deutung der Realität) zusammenfassend wiedergeben. Die Wiedergabe muss ohne eigene Wertungen oder Kommentare erfolgen, damit die historische Perspektive der Quelle möglichst unverfälscht deutlich werden kann.
  Welche eigenen Motive, Ziele und Handlungen werden dargestellt? Wie werden die Motive, Ziele und Handlungen der Gegenseite wahrgenommen und gedeutet?

3. Schritt – Interpretation:

– Kritische Erläuterung und Deutung im historischen Kontext

- Die Intention (Absicht) der Quelle aufzeigen.
  Der Autor will seine Adressaten von seiner Politik und seiner Deutung der Ereignisse überzeugen.
- Mögliche Einflüsse einer Ideologie auf die Wirklichkeitsdeutung in der Quelle herausarbeiten.
  Das ideologische Grundmuster klären: Selbstverständnis der Sowjetunion (Infotext S. 11 f.) bzw. Selbstverständnis der USA (Infotext S. 12 f.) und untersuchen, inwiefern es den Inhalt der Quelle (s. Schritt 2) beeinflusst.

– Beurteilung und Bewertung im historischen Kontext

- Die Deutung der Realität in der Quelle beurteilen: Nimmt sie die Realität angemessen oder ideologisch einseitig bzw. verfälschend auf?
  Z. B. M 1: Ist die Deutung der Errichtung der Volksdemokratien in Osteuropa als „aufgezwungene totalitäre Regimes" nachvollziehbar?

– Zusammenfassendes Resümee in Bezug auf die Leitfrage

Zusammenfassende Darstellung der ideologischen Perspektiven (1) der USA und (2) der Sowjetunion.

MATERIALIEN

M 1 Harry S. Truman: Rede vor dem Kongress (12.3.1947)

Harry S. Truman (1884–1972) war seit 1944 Vizepräsident der USA und trat nach dem Tode Franklin D. Roosevelts dessen Nachfolge als Präsident der USA an. Die folgende Rede, deren Kernaussage als „Truman-Doktrin" bekannt wurde, hielt er vor beiden Häusern des US-Kongresses.

Der Ernst der Lage, vor die sich die Welt heute gestellt sieht, machte mein Erscheinen vor einer gemeinsamen Sitzung des Kongresses notwendig.

Ein Gebiet der Gegenwartslage [...] betrifft Griechenland und die Türkei.

Die griechische Regierung hat an die Vereinigten Staaten einen dringenden Ruf nach finanzieller und wirtschaftlicher Unterstützung gerichtet. [...] Durch den Terror einiger tausend bewaffneter Männer, die von Kommunisten angeführt werden, wird der griechische Staat heute in den Grundlagen seiner Existenz bedroht. [...] Griechenland muss Unterstützung haben, wenn es eine auf eigenen Füßen stehende und auf Selbstachtung begründete Demokratie werden soll. Die griechische Regierung hat in einer Atmosphäre des Chaos und des Extremismus gewirkt. Sie hat auch Fehler gemacht. Wenn wir ihr Unterstützung gewähren, so bedeutet das nicht, dass die Vereinigten Staaten alles, was die griechische Regierung getan hat oder tun wird, für richtig halten und billigen. Wir haben in der Vergangenheit extremistische Maßnahmen der Rechten sowie der Linken verurteilt und verurteilen sie auch heute noch. Wir haben in der Vergangenheit zur Toleranz geraten und wir raten auch heute noch dazu.

Griechenlands Nachbar, die Türkei, verdient ebenfalls unsere Beachtung. [...] Wenn die Türkei die notwendige Unterstützung haben soll, so muss diese, ebenso wie im Falle Griechenlands, von den Vereinigten Staaten kommen. Wir sind das einzige Land, das Hilfe leisten kann.

Ich bin mir vollkommen bewusst, was es bedeutet, wenn die Vereinigten Staaten Griechenland und der Türkei ihre Unterstützung zukommen lassen, und das möchte ich jetzt mit Ihnen besprechen. Eins der ersten Ziele der Außenpolitik der Vereinigten Staaten ist es, Bedingungen zu schaffen, unter denen wir und andere Nationen uns ein Leben aufbauen können, das frei von Zwang ist. Das war ein grundlegender Faktor im Krieg gegen Deutschland und Japan. Wir überwanden mit unserem Sieg Länder, die anderen Ländern ihren Willen und ihre Lebensweise aufzwingen wollten.

Um die friedliche, ungezwungene Entwicklung der Nationen sicherzustellen, haben die Vereinigten Staaten sich an führender Stelle an der Errichtung der Vereinten Nationen beteiligt. Die Vereinten Nationen sollen dauernde Freiheit und Unabhängigkeit für alle ihre Mitgliedstaaten ermöglichen. Wir werden unser Ziel jedoch nicht verwirklichen, wenn wir nicht bereit sind, den freien Völkern zu helfen, ihre freien Einrichtungen und ihre nationale Integrität gegenüber aggressiven Bewegungen zu erhalten, die ihnen totalitäre Regime aufzwingen wollen. Das ist nichts weiter als ein offenes Zugeständnis der Ansicht, dass totalitäre Regime, die freien Völkern durch direkte oder indirekte Aggression aufgezwungen werden, die Grundlagen des internationalen Friedens und damit die Sicherheit der Vereinigten Staaten untergraben.

In einer Anzahl von Ländern sind den Völkern kürzlich gegen ihren Willen totalitäre Regime aufgezwungen worden. Die Regierung der Vereinigten Staaten hat mehrfach gegen Zwang und Einschüchterung bei der Verletzung des Jalta-Abkommens in Polen, Rumänien und Bulgarien protestiert. Und weiter muss ich feststellen, dass in einer Anzahl anderer Staaten ähnliche Entwicklungen stattgefunden haben.

Im gegenwärtigen Abschnitt der Weltgeschichte muss fast jede Nation ihre Wahl in Bezug auf ihre Lebensweise treffen. Nur allzu oft ist es keine freie Wahl.

Die eine Lebensweise gründet sich auf den Willen der Mehrheit und zeichnet sich durch freie Einrichtungen, freie Wahlen, Garantie der individuellen Freiheit, Rede- und Religionsfreiheit und Freiheit von politischer Unterdrückung aus.

Die zweite Lebensweise gründet sich auf den Willen einer Minderheit, der der Mehrheit aufgezwungen wird. Terror und Unterdrückung, kontrollierte Presse und Rundfunk, fingierte Wahlen und Unterdrückung der persönlichen Freiheiten sind ihre Kennzeichen.

Ich bin der Ansicht, dass es die Politik der Vereinigten Staaten sein muss, die freien Völker zu unterstützen, die sich der Unterwerfung durch bewaffnete Minderheiten oder durch Druck von außen widersetzen. Ich glaube, dass wir den freien Völkern helfen müssen, sich ihr eigenes Geschick nach ihrer eigenen Art zu gestalten.

Ich bin der Ansicht, dass unsere Hilfe in erster Linie in Form wirtschaftlicher und finanzieller Unterstützung gegeben werden sollte, die für eine wirt-

schaftliche Stabilität und geordnete politische Vorgänge wesentlich ist.
Die Welt steht nicht still und der Status quo ist nicht heilig. Aber wir können keine Veränderungen im Status quo zulassen, die eine Verletzung der Charta der Vereinten Nationen durch Zwangsmethoden oder durch vorsichtigere Maßnahmen wie eine politische Durchdringung bedeuten. Wenn wir freien und unabhängigen Nationen helfen, ihre Freiheit zu bewahren, so werden wir damit die Prinzipien der Charta der Vereinten Nationen verwirklichen.
Es wäre eine unbeschreibliche Tragödie, wenn diese Länder, die so lange gegen eine Übermacht angekämpft haben, verlieren sollten. Der Zusammenbruch freier Einrichtungen und der Verlust der Unabhängigkeit wären nicht nur für sie, sondern für die ganze Welt verheerend. Entmutigung und möglicherweise Fehlschläge würden bald die Nachbarvölker in ihrem Kampf für die Erhaltung von Freiheit und Unabhängigkeit treffen. [...]
Die Saat der totalitären Regimes gedeiht in Elend und Mangel. Sie verbreitet sich und wächst in dem schlechten Boden von Armut und Kampf. Sie wächst sich vollends aus, wenn in einem Volk die Hoffnung auf ein besseres Leben ganz erstirbt. Wir müssen diese Hoffnung am Leben erhalten. Die freien Völker der Erde blicken auf uns und erwarten, dass wir sie in der Erhaltung der Freiheit unterstützen.

(Zit. nach: Materialien für den Geschichtsunterricht, Frankfurt a. M. (Diesterweg) 1983, Bd. VI, Teil 1, S. 154ff.)

M 2 Rede des amerikanischen Außenministers George Marshall an der Harvard Universität (5.6.1947)

George Marshall (1880–1959) trug in der folgenden Rede die Grundgedanken des European Recovery Programm/ERP („Marshall-Plan") öffentlich vor.

Ich brauche Ihnen, meine Herren, nicht zu erzählen, dass die Weltlage sehr ernst ist. [...]
Bei unseren Erwägungen über die Bedürfnisse Europas für den Wiederaufbau wurden die Menschenverluste, die sichtbare Zerstörung der Städte, Fabriken, Bergwerke und Eisenbahnen richtig einkalkuliert, aber es hat sich in den letzten Monaten herausgestellt, dass diese sichtbare Zerstörung wahrscheinlich weniger schwerwiegend ist als die Tatsache, dass das gesamte europäische Wirtschaftssystem aus den Angeln gehoben wurde. [...]
In dem Erholungsprozess ist dadurch eine schwerwiegende Verzögerung eingetreten, dass man sich zwei Jahre nach Einstellung der Feindseligkeiten noch immer nicht auf eine Friedensregelung mit Deutschland und Österreich geeinigt hat. Aber selbst bei einer schnelleren Lösung dieser schwierigen Probleme würde die Gesundung der europäischen Wirtschaftsstruktur ganz offensichtlich eine sehr viel längere Zeitspanne und viel größere Anstrengungen fordern, als man anfangs angenommen hatte. [...]
Inzwischen leidet die Stadtbevölkerung unter dem Mangel an Nahrungsmitteln und Brennstoffen. Die Regierungen sind also gezwungen, ihre Devisen und ausländischen Kredite zum Einkauf dieser lebensnotwendigen Dinge aus dem Ausland zu benutzen. Durch diesen Vorgang werden die Geldmittel erschöpft, die für den Wiederaufbau dringend benötigt werden, und so entwickelt sich sehr bald eine ernste Lage, die der Welt nicht viel Gutes verheißt. Das moderne System der Arbeitsteilung, auf das sich der Warenaustausch gründet, steht vor dem Zusammenbruch. In Wahrheit liegt die Sache so, dass Europas Bedarf an ausländischen Nahrungsmitteln und anderen wichtigen Gütern – hauptsächlich aus Amerika – während der nächsten drei oder vier Jahre um so viel höher liegt als seine gegenwärtige Zahlungsfähigkeit, dass beträchtliche zusätzliche Hilfsleistungen notwendig sind, wenn es nicht in einen wirtschaftlichen, sozialen und politischen Verfall sehr ernster Art geraten soll.
Die Lösung liegt in einer Durchbrechung des Circulus vitiosus und in der Wiederherstellung des Vertrauens bei den europäischen Völkern auf die wirtschaftliche Zukunft ihrer Länder und ganz Europas. Der Fabrikant und der Landwirt in weiten Gebieten müssen gewillt und in der Lage sein, ihre Produkte für eine Währung in Tausch zu geben, deren fester Wert außer Zweifel steht. Abgesehen von der demoralisierenden Wirkung auf die ganze Welt und von der Möglichkeit, dass aus der Verzweiflung der betroffenen Völker sich Unruheherde ergeben könnten, dürfte es auch offensichtlich sein, welche Folgen dieser Zustand auf die Wirtschaft der Vereinigten Staaten haben muss.
Es ist nur logisch, dass die Vereinigten Staaten alles tun, was in ihrer Macht steht, um die Wiederherstellung gesunder wirtschaftlicher Verhältnisse in der Welt zu fördern, ohne die es keine politische Stabilität und keinen sicheren Frieden geben kann. Unsere Politik richtet sich nicht gegen irgendein Land oder irgendeine Doktrin, sondern gegen Hunger, Armut, Verzweiflung und Chaos. Ihr Zweck ist die Wiederbelebung einer funktionierenden Weltwirtschaft, damit die Entstehung politischer und sozialer Bedingungen ermöglicht wird, unter denen freie Institutionen existieren können. [...]

Jeder Regierung, die bereit ist, beim Wiederaufbau zu helfen, wird die volle Unterstützung der Regierung der Vereinigten Staaten gewährt werden [...]. Aber eine Regierung, die durch Machenschaften versucht, die Gesundung der anderen Länder zu hemmen, kann von uns keine Hilfe erwarten. Darüber hinaus werden alle Regierungen, politischen Parteien oder Gruppen, die es darauf abgesehen haben, das menschliche Elend zu einem Dauerzustand zu machen, um in politischer oder anderer Hinsicht Nutzen daraus zu ziehen, auf den Widerstand der Vereinigten Staaten stoßen. [...]
Es wäre weder angebracht noch zweckmäßig, wenn die Regierung der Vereinigten Staaten von sich aus ein Programm entwerfen würde, um die wirtschaftliche Wiederaufrichtung Europas durchzuführen. Das ist Sache der Europäer selbst. Die Initiative muss von Europa ausgehen, meine ich. Unsere Rolle sollte darin bestehen, den Entwurf eines europäischen Programms freundschaftlich zu fördern und später dieses Programm zu unterstützen, soweit das für uns praktisch ist. Es sollte ein gemeinsames Programm entworfen werden, hinter dem, wenn nicht alle, so doch eine Anzahl von europäischen Nationen stehen.

(Zit. nach: Materialien für den Geschichtsunterricht, a. a. O., S. 156 ff.)

M 3 Andrej Shdanov: Rede auf der Gründungsversammlung der Kominform (1.10.1947)

Andrej Shdanov (1892–1948), seit 1939 Mitglied des Politbüros der KPdSU, galt seit 1945 als führender Theoretiker der Sowjetunion.
In der „Kominform" waren die kommunistischen Parteien Osteuropas unter der Führung der KPdSU mit dem Ziel gegenseitiger Unterrichtung und Unterstützung vereinigt.

Die grundlegenden Veränderungen in der internationalen Lage und in der Lage der einzelnen Staaten nach dem Krieg haben das ganze politische Weltbild verändert. Es ist zu einer Neuaufteilung der politischen Kräfte gekommen. Je größer der Zeitraum wird, der uns von der Beendigung des Krieges trennt, desto schärfer heben sich zwei Grundtendenzen in der internationalen Nachkriegspolitik hervor, die der Teilung der politischen Kräfte in zwei Lager entsprechen: in das imperialistische und antidemokratische Lager einerseits und das antiimperialistische und demokratische Lager andererseits.
Die führende Hauptkraft des imperialistischen Lagers sind die USA. Mit Amerika verbündet sind England und Frankreich. Das imperialistische Lager unterstützen auch die Kolonialstaaten, wie Belgien und Holland, Länder mit reaktionären, antidemokratischen Regimes, wie die Türkei und Griechenland, Länder, die politisch und wirtschaftlich von den USA abhängen, wie die Staaten des Nahen Ostens, Südamerikas und China. Das Hauptziel des imperialistischen Lagers ist die Festigung des Imperialismus, die Vorbereitung eines neuen imperialistischen Krieges, der Kampf gegen den Sozialismus und die Demokratie und allerorts die Unterstützung der reaktionären und antidemokratischen, profaschistischen Regimes und Bewegungen.
Die antiimperialistischen und antifaschistischen Kräfte bilden das andere Lager. Die Grundlage dieses Lagers sind die UdSSR und die Länder der neuen Demokratie. Zu ihm gehören auch Länder, die mit dem Imperialismus gebrochen haben und festen Fuß auf dem demokratischen Entwicklungsweg gefasst haben, wie Rumänien, Ungarn und Finnland. An das antiimperialistische Lager schließen sich Indonesien und Vietnam an. Indien, Ägypten und Syrien sympathisieren mit ihm. Das antiimperialistische Lager stützt sich auf die Arbeiterbewegung in allen Ländern, auf die kommunistischen Bruderparteien, auf die Kämpfer der nationalen Befreiungsbewegungen in den kolonialen und abhängigen Ländern, auf die Unterstützung der in jedem Land vorhandenen progressiven, demokratischen Kräfte. Das Ziel dieses Lagers ist der Kampf gegen die Gefahr neuer Kriege und der imperialistischen Expansion, die Befestigung der Demokratie und die Ausrottung der Überreste des Faschismus. Das Ende des Zweiten Weltkrieges hat an alle freiheitsliebenden Völker die überaus wichtige Aufgabe der Gewährleistung eines stabilen demokratischen Friedens gestellt, der den Sieg über den Faschismus festigt. Bei der Lösung dieser Hauptaufgabe fällt die führende Rolle der UdSSR und ihrer Außenpolitik zu. Das ergibt sich aus dem Wesen des Sowjetstaates, dem jegliche aggressiven, ausbeuterischen Gelüste zutiefst fremd sind und der an der Schaffung der günstigsten Bedingungen für den Aufbau der kommunistischen Gesellschaft interessiert ist. Eine dieser Bedingungen ist der äußere Friede [...].
Die sowjetische Außenpolitik geht von der Tatsache aus, dass die beiden Systeme, das des Kapitalismus und das des Sozialismus, auch eine lange Periode gemeinsam bestehen werden. Daraus ergibt sich die Möglichkeit der Zusammenarbeit zwischen der UdSSR und den Ländern anderer Systeme, unter der Bedingung der Gegenseitigkeit und der Erfüllung der übernommenen Verpflichtungen. Eine ganz entgegengesetzte Politik betreiben England und

Amerika in der UNO. Sie machen alles, um sich von den früher übernommenen Verpflichtungen loszusagen und sich die Hände freizumachen für eine neue Politik, die nicht auf die Zusammenarbeit der Völker berechnet ist, sondern darauf, sie gegeneinander aufzuhetzen. Die Sowjetpolitik hält sich an den Kurs der Aufrechterhaltung loyaler, gutnachbarlicher Beziehungen zu allen Staaten, die den Wunsch nach Zusammenarbeit bekunden. Im Interesse der Aufrechterhaltung des Friedens lehnt die sowjetische Außenpolitik den Grundsatz der Rache gegenüber den besiegten Völkern ab.

Wie bekannt, ist die UdSSR für die Bildung eines einheitlichen, friedliebenden, demilitarisierten, demokratischen Deutschlands. Genosse Stalin wies darauf hin, als er die Sowjetpolitik in Bezug auf Deutschland formulierte, dass die Politik der Sowjetunion in der deutschen Frage auf die Demilitarisierung und Demokratisierung Deutschlands hinausläuft. Dies ist eine der wichtigsten Bedingungen für die Errichtung eines stabilen, langen Friedens. Doch diese Politik der UdSSR in Bezug auf Deutschland stößt auf den Widerstand der USA und Englands. Die Tagung des Rates der Außenminister im März und April 1947 in Moskau zeigte, dass die USA, England und Frankreich nicht nur bereit sind, auf die Sprengung der Demokratisierung und Demilitarisierung Deutschlands einzugehen, sondern sogar auf die Liquidierung Deutschlands als einheitlicher Staat, auf seine Zergliederung und auf eine Separatlösung der Frage des Friedens. Diese Politik wird unter den neuen Verhältnissen betrieben, da Amerika mit dem alten Kurs von Roosevelt gebrochen hat und zu einer neuen Politik übergeht, zur Politik der Vorbereitung neuer kriegerischer Abenteuer [...].

Die wirtschaftliche Expansion der USA bildet eine Ergänzung zum strategischen Plan. Der amerikanische Imperialismus trachtet, die Schwierigkeiten der Nachkriegszeit in den europäischen Ländern, den Mangel an Rohstoffen, Treibstoff und Lebensmitteln in den alliierten Ländern, die durch den Krieg am stärksten geschädigt wurden, auszunützen, um ihnen Bedingungen für die Hilfeleistung aufzuzwingen. In Voraussicht der bevorstehenden Wirtschaftskrise beeilen sich die USA, neue Monopolsphären ausfindig zu machen, wo sie ihr Kapital investieren und ihre Waren absetzen könnten. Die US-„Wirtschaftshilfe“ verfolgt das weitgesteckte Ziel, Europa mithilfe des amerikanischen Kapitals zu versklaven. Doch die wirtschaftliche Kontrolle zieht auch die politische Unterordnung nach sich [...].

Ihren Ausdruck haben die Bestrebungen in den USA gegenwärtig in der Truman-Doktrin und im Marshall-Plan gefunden. Dem Wesen nach bilden beide Dokumente den Ausdruck einer einheitlichen Politik, obwohl die gleiche Forderung nach Unterwerfung Europas in den beiden Dokumenten verschieden dargelegt ist. [...] Die Truman-Doktrin, die darauf berechnet ist, alle aktiv gegen die demokratischen Völker kämpfenden reaktionären Regime zu unterstützen, trägt unverhüllt aggressiven Charakter. Da die Truman-Doktrin eine so ungünstige Aufnahme fand, tauchte die Notwendigkeit des Marshall-Planes auf. Das Wesen der verschwommenen Formulierungen dieses Planes besteht darin, einen Block der Staaten zu schaffen, die durch Verpflichtungen den USA gegenüber gebunden sind, und den europäischen Staaten als Lohn für ihren Verzicht auf die wirtschaftliche und dadurch auch politische Selbständigkeit amerikanische Kredite zu gewähren. [...] Wie aus den Beratungen hervorgeht, besteht der Marshall-Plan darin, die Hilfeleistung in erster Linie nicht den verarmten Siegerländern, den Verbündeten Amerikas im Kampf gegen Deutschland, zu gewähren, sondern den deutschen Kapitalisten, um sich der für Europa und Deutschland wichtigsten Kohle- und Eisenerzgebiete zu bemächtigen. [...] Aus diesem Grund müssen sich die kommunistischen Parteien an die Spitze des Widerstandes gegen die imperialistischen Expansionspläne und gegen Aggressionen aller Arten – staatlicher, wirtschaftlicher und ideologischer Natur – stellen, sich zusammenschließen, ihre Kräfte auf einer allgemeinen antiimperialistischen und demokratischen Plattform vereinigen und alle demokratischen und patriotischen Kräfte des Volkes um sich sammeln. Auf den Schultern der kommunistischen Bruderparteien Frankreichs, Italiens, Englands und anderer Länder liegt eine besondere Aufgabe. Sie müssen das Banner der Verteidigung der nationalen Unabhängigkeit und Souveränität ihrer Länder in ihre Hände nehmen. Wenn die kommunistischen Parteien fest auf ihren Positionen stehen werden, wenn sie sich nicht einschüchtern lassen, wenn sie mutig auf der Wacht für einen festen Frieden und eine Volksdemokratie stehen werden, auf der Wacht der nationalen Souveränität, Freiheit und Unabhängigkeit ihrer Länder, wenn sie imstande sind, sich im Kampfe gegen die Versuche der wirtschaftlichen und politischen Versklavung ihrer Länder an die Spitze zu stellen, bereit sind, mit allen Kräften für die Ehre und nationale Unabhängigkeit einzustehen, dann können keinerlei Versklavungspläne Europas verwirklicht werden.

(Zit. nach: Keesing's Archiv der Gegenwart, 1946/47)

Am Anfang: Das Selbstverständnis der DDR

Die doppelte Verortung der DDR in der deutschen Geschichte und im zeitgenössischen Spannungsfeld des Kalten Krieges

Unmittelbar nach dem Zweiten Weltkrieg war die Zukunft Deutschlands zunächst noch ungewiss. In ihrer Gründungsphase (1945-1950) musste die DDR in ihrem eigenen Selbstverständnis ihren „Ort" in der Geschichte finden. Und zwar in doppelter Hinsicht: zum einen ihren Ort im Ablauf der deutschen Geschichte und zum anderen ihren Ort im sich herausbildenden Ost-West-Konflikt.

- **Blick zurück und Blick nach vorn: Wie verortete sich die DDR in der deutschen Geschichte?**
- **Im ideologischen Weltkonflikt: Wie verortete sich die DDR im Kalten Krieg?**

Präsentieren Sie im Plenum ein ausformuliertes schriftliches Statement zu den beiden Leitfragen und stellen Sie es zur Diskussion.

Vorschläge, wie Sie die Text- und Bildmaterialien in kleinen Arbeitsgruppen gezielt untersuchen und auswerten können:

1. Interpretieren Sie die Quelle M1 in arbeitsgleicher Gruppenarbeit unter der ersten Leitfrage, indem sie die grundlegenden Arbeitsschritte – Analyse der formalen Merkmale, inhaltliche Analyse, Interpretation (s. Basismethode „Sprachliche historische Quellen interpretieren", S. 137f.) – anwenden. Halten Sie als Ergebnis Ihrer Gruppendiskussion in Stichworten eine gemeinsame Gruppenlösung unter folgenden Gesichtspunkten fest:
   a) Blick zurück: Wie bewertet die KPD die Vergangenheit und die Gegenwart Deutschlands?
   b) Blick nach vorn: Welche Folgerungen werden daraus für die Zukunft gezogen?
   c) Wie sind die Deutung der Vergangenheit und die Strategie für die Zukunft aus heutiger Sicht zu beurteilen?
2. Interpretieren Sie in arbeitsgleicher Gruppenarbeit die Bildquelle M2 mit Blick auf die beiden Leitfragen. Nutzen Sie dazu die Hinweise und Schritte der Methode „Politische Plakate interpretieren" (S. 62). Halten Sie Ihr gemeinsames Untersuchungsergebnis in Stichworten unter folgenden Fragestellungen fest:
   a) Welches Selbst- und welches Feindbild vermittelt das Plakat?
   b) Welche Funktion sollten Selbst- und Feindbild vermutlich erfüllen?
   c) Wie sind Selbst- und Feindbild aus heutiger Sicht zu beurteilen und zu bewerten?
3. Formulieren Sie auf der Grundlage Ihrer Analyse- und Interpretationsergebnisse Ihr zusammenfassendes Gruppenstatement zu den beiden Leitfragen.
   ➡ **Präsentationstipp:** Ein kurz gefasstes Thesenpapier als Begleitmaterial für die Präsentation erleichtert es den Zuhörern, Ihren Ausführungen zu folgen und sie zu diskutieren.

MATERIALIEN

M 1 Aus dem Aufruf des ZK der Kommunistischen Partei Deutschlands (11.6.1945)

Am 11. Juni 1945 veröffentlichte das Zentralkomitee der KPD seinen „Aufruf" an das deutsche Volk – einen Tag nachdem die sowjetische Militäradministration (SMAD) am 10. Juni 1945 mit dem Befehl Nr. 2 die Bildung von Parteien erlaubt hatte.
Offensichtlich war der Text schon lange vorbereitet. Tatsächlich gibt er eine Strategie wieder, die schon lange zuvor im Moskauer Exil entwickelt worden war.
Obwohl weit vor der formellen Gründung der DDR verfasst, gilt der „Aufruf" des ZK der KPD vom 11. Juni 1945 als Schlüsseldokument zum Selbstverständnis der DDR.

Das Hitlerregime hat sich als Verderben für Deutschland erwiesen; denn durch seine Politik der Aggression und der Gewalt, des Raubes und des Krieges, der Völkervernichtung, hat Hitler unser eigenes Volk ins Unglück gestürzt und es vor der gesamten gesitteten Menschheit mit schwerer Schuld und Verantwortung beladen […].
Aber auf der Seite der Vereinten Nationen, mit der Sowjetunion, England und den Vereinigten Staaten an der Spitze, stand die Sache der Gerechtigkeit, der Freiheit und des Fortschritts. Die Rote Armee und die Armeen ihrer Verbündeten haben durch ihre

Opfer die Sache der Menschheit vor der Hitlerbarbarei gerettet […].
Gegen den Willen eines geeinten und kampfbereiten Volkes hätte Hitler niemals die Macht ergreifen, sie festigen und seinen verbrecherischen Krieg führen können. Wir deutschen Kommunisten erklären, dass auch wir uns schuldig fühlen, indem wir es trotz der Blutopfer unserer besten Kämpfer infolge einer Reihe unserer Fehler nicht vermocht haben, die antifaschistische Einheit der Arbeiter, Bauern und Intelligenz entgegen allen Widersachern zu schmieden, im werktätigen Volk die Kräfte für den Sturz Hitlers zu sammeln, in den erfolgreichen Kampf zu führen und jene Lage zu vermeiden, in der das deutsche Volk geschichtlich versagte.
Nach all dem Leid und Unglück, der Schmach und Schande, nach der dunkelsten Ära deutscher Geschichte, heute, am Ende des „Dritten Reiches", wird uns auch der sozialdemokratische Arbeiter recht geben, dass sich die faschistische Pest in Deutschland nur ausbreiten konnte, weil 1918 die Kriegsschuldigen und Kriegsverbrecher ungestraft blieben, weil nicht der Kampf um eine wirkliche Demokratie geführt wurde, weil die Antisowjethetze einiger demokratischer Führer Hitler den Weg ebnete und die Ablehnung der antifaschistischen Einheitsfront die Kraft des Volkes lähmte.
Daher fordern wir:
Keine Wiederholung der Fehler von 1918! Schluss mit der Spaltung des schaffenden Volkes!
Keinerlei Nachsicht gegenüber dem Nazismus und der Reaktion!
Nie wieder Hetze und Feindschaft gegenüber der Sowjetunion; denn wo diese Hetze auftaucht, da erhebt die imperialistische Reaktion ihr Haupt!
Die Kommunistische Partei Deutschlands war und ist die Partei des entschiedenen Kampfes gegen Militarismus, Imperialismus und imperialistischen Krieg. Sie ist nie von diesem Wege abgewichen. […]
Mit Stolz blicken wir Kommunisten auf diesen Kampf zurück, in dem unsere besten und treuesten Genossen fielen. Rechtzeitig und eindringlich haben wir gewarnt: Der imperialistische Weg, der Weg des Hitlerfaschismus, führt Deutschland unvermeidlich in die Katastrophe […].
Mit der Vernichtung des Hitlerismus gilt es gleichzeitig, die Sache der Demokratisierung Deutschlands, die Sache der bürgerlich-demokratischen Umbildung, die 1848 begonnen wurde, zu Ende zu führen, die feudalen Überreste völlig zu beseitigen und den reaktionären altpreußischen Militarismus mit allen seinen ökonomischen und politischen Ablegern zu vernichten.
Wir sind der Auffassung, dass der Weg, Deutschland das Sowjetsystem aufzuzwingen, falsch wäre, denn dieser Weg entspricht nicht den gegenwärtigen Entwicklungsbedingungen in Deutschland.
Wir sind vielmehr der Auffassung, dass die entscheidenden Interessen des deutschen Volkes in der gegenwärtigen Lage für Deutschland einen anderen Weg vorschreiben, und zwar den Weg der Aufrichtung eines antifaschistischen, demokratischen Regimes, einer parlamentarisch-demokratischen Republik mit allen demokratischen Rechten und Freiheiten für das Volk.
An der gegenwärtigen historischen Wende rufen wir Kommunisten alle Werktätigen, alle demokratischen und fortschriftlichen Kräfte des Volkes zu diesem großen Kampf für die demokratische Erneuerung Deutschlands, für die Wiedergeburt unseres Landes auf!
Die unmittelbarsten und dringendsten Aufgaben auf diesem Wege sind gegenwärtig vor allem:

1. Vollständige Liquidierung der Überreste des Hitlerregimes und der Hitlerpartei. […]
2. Kampf gegen Hunger, Arbeitslosigkeit und Obdachlosigkeit. […]
3. Herstellung der demokratischen Rechte und Freiheiten des Volkes. […]
5. Schutz der Werktätigen, gegen Unternehmerwillkür und unbotmäßige Ausbeutung. […]
6. Enteignung des gesamten Vermögens der Nazibonzen und Kriegsverbrecher. […]
7. Liquidierung des Großgrundbesitzes, der großen Güter der Junker, Grafen und Fürsten. […]

Erfüllt von der Erkenntnis des Ausmaßes der Katastrophe und der verhängnisvollen Folgen der bisherigen Spaltung des Volkes gegenüber Nazismus und Reaktion, bricht sich in Stadt und Land immer stärker der Drang zur Einheit Bahn. […] Notwendig ist die Schaffung einer festen Einheit der Demokratie für die endgültige Liquidierung des Nazismus und zum Aufbau eines neuen demokratischen Deutschlands!
Das Zentralkomitee der Kommunistischen Partei Deutschlands ist der Auffassung, dass das vorstehende Aktionsprogramm als Grundlage zur Schaffung eines Blocks der antifaschistischen, demokratischen Parteien (der Kommunistischen Partei, der Sozialdemokratischen Partei, des Zentrums und anderer) dienen kann.

(Zit. nach: Hermann Weber (Hg.), DDR – Dokumente zur Geschichte der Deutschen Demokratischen Republik 1945–1985, München (dtv) 1986, S. 32ff.)

M 2 „Werktag zweier Welten"

Politisches Plakat, DDR 1950

Methode

Politische Plakate interpretieren

A. Politische Plakate als historische Quellen

Politische Plakate sollen den Betrachter von einer politischen Botschaft überzeugen. Dazu bedienen Sie sich einer möglichst prägnanten Bildsprache. Deshalb sind politische Plakate eine wichtige Quelle, um etwas über das Selbstverständnis der Autoren oder ihrer Auftraggeber zu erfahren und Rückschlüsse auf Mentalitäten und Einstellungen der Zeitgenossen zu ziehen.

Politische Plakate gehören zur Kategorie der historischen Bildquellen. Ihre Interpretation folgt denselben Regeln und Schritten wie bei der Interpretation sprachlicher Quellen, legt allerdings ein besonderes Augenmerk auf grafische Elemente, ihre Gestaltung und ihren symbolischen Bedeutungsgehalt.

B. Schritte der Interpretation politischer Plakate

1. Schritt – Leitfrage:

Die Leitfrage der Interpretation klären und festlegen.

2. Schritt – Analyse:

– Klärung und Beschreibung der äußeren formalen Merkmale des Plakats

- Quellengattung und Bildsorte bestimmen und charakterisieren (z. B. Wahlplakat, Propagandaplakat etc).
- Auftraggeber und Zielgruppe bestimmen.
- Den engeren situativen Kontext, in dem das Plakat steht, bestimmen.

– Strukturierte Wiedergabe des Themas und der Bildinhalte

- Das Thema des Plakats benennen.
- Bildinhalte systematisch (z. B. vom zentralen Element zu den Einzelheiten) beschreiben. Dabei besonders achten auf: Schriftelemente, Bildelemente, Komposition und Strukturierung der Elemente, Gestik und Mimik von abgebildeten Personen, Farbwahl, Perspektive des Betrachters, Verwendung von Symbolen.

3. Schritt – Interpretation:

– Kritische Erläuterung und Deutung im historischen Kontext

- Die Intention des Plakates aufzeigen.

– Politische Aussagen des Plakates im historischen Kontext deuten

- Zentrale Aussagen oder Botschaften des Plakates herausarbeiten.

– Beurteilung im historischen Kontext

- Verhältnis der Plakataussage zur (politischen oder gesellschaftlichen) Realität beurteilen.

– Zusammenfassendes Resümee in Bezug auf die Leitfrage

- Auf der Grundlage der Ergebnisse belegbare Schlussfolgerungen im Blick auf die Leitfrage ziehen und tragfähige Antworten formulieren.

„Einheitsfront" oder „Blutspender"?

Die Debatte um die Gründung der SED

Der Händedruck zwischen Wilhelm Pieck (KPD) (links) und Otto Grotewohl (SPD) am 21. April 1949 während des Gründungsparteitages der „Sozialistischen Einheitspartei Deutschlands" im sowjetisch besetzten Teil Berlins bekräftigte den Zusammenschluss der beiden Arbeiterparteien in der sowjetischen Zone.
In beiden Parteien, insbesondere unter den Sozialdemokraten, war die Einheitspartei umstritten.
Bei einer Urabstimmung in Westberlin am 31. März 1946 über die Frage „Bist du für einen sofortigen Zusammenschluss der beiden Arbeiterparteien" stimmten 80 % der SPD-Mitglieder mit „Nein", in der sowjetischen Zone Berlins wurde die Urabstimmung durch die SMAD unterbunden.
Die kontroversen zeitgenössischen Positionen stehen im Mittelpunkt dieses Themas.

- **Welche Positionen wurden in der KPD und in der SPD zur Frage der Gründung einer Einheitspartei vertreten?**

Präsentieren Sie die zeitgenössischen Positionen zur Problematik der Bildung einer Einheitspartei auf Positionsplakaten und vergleichen Sie die Auffassungen im Kursgespräch.

So können Sie in Arbeitsgruppen Ihre Plakate erarbeiten:

1. Entscheiden Sie nach Lektüre der Materialien M1–M4, zu welcher der beiden Parteigruppierungen Sie ein Positionsplakat erstellen möchten.

2. Interpretieren Sie in Ihrer Arbeitsgruppe ausgehend von einer Analyse der formalen Merkmale die zugehörigen Quellen unter der Leitfrage, indem Sie die jeweils vertretene Position zur Bildung einer Einheitspartei aus SPD und KPD herausarbeiten.
   a) Beachten Sie dabei insbesondere die zeitliche (Zeitpunkt im Ablauf der Debatte) und die räumlich-politische Perspektive (Ost- oder Westdeutschland) der Quellen.
   b) Klären Sie, warum in einzelnen Punkten eine Zuordnung zu Pro und Contra ggf. nicht eindeutig möglich ist.

3. Gestalten Sie in Ihren Gruppen ein Positionsplakat, das die in Ihrer Quelle vertretene Position (Ergebnis und Argumente zur Begründung) sachlich differenziert und möglichst anschaulich zusammenfasst.

Positionsplakat

Auf einem Positionsplakat wird eine (historische) Position mit grafischen Mitteln inhaltlich und fachlich korrekt wiedergegeben. Es besteht aus diesen Elementen:
① Äußere Daten und historische Einordnung der Quelle (Autor, Datum, Textsorte, unmittelbarer historischer Kontext).
② Inhalt der Quelle:
- Ergebnis der Position (z. B. „Pro" oder „Contra").
- Argumentation zur Begründung der Position (z. B. in Form eines Flussdiagramms, einer Mindmap, einer Argumentliste).

MATERIALIEN

M 1 Wilhelm Pieck: Der Weg zum Wiederaufbau Deutschlands (19.7.1945)

Wilhelm Pieck (1876-1960) war Vorsitzender der KPD in der SBZ. 1946 wurde er zusammen mit Otto Grotewohl Vorsitzender der SED, 1949 Präsident der neu gegründeten DDR.
In einer Rede am 19.7.1945 führte er aus:

Um das Vertrauen wiederzugewinnen, den Platz unter diesen Völkern als ein gleichberechtigtes Volk einzunehmen, dazu wollen wir Kommunisten mit den drei anderen antifaschistischen Parteien und Gewerkschaften die Voraussetzungen schaffen. In dem Aufruf, den das Zentralkomitee der KPD am 11. Juni veröffentlichte, ist der Weg zu diesem Ziele gezeigt, der Weg zum Wiederaufbau Deutschlands, die Aufrichtung eines antifaschistisch-demokratischen Regimes, einer parlamentarisch-demokratischen Republik mit allen demokratischen Rechten und Freiheit für das Volk. Wir Kommunisten sind der Überzeugung, dass wir auf dem Wege der engsten Zusammenarbeit mit der Sozialdemokratischen Partei zur Durchführung dieser Aufgaben auch den Weg vorbereiten für die Verschmelzung dieser beiden Parteien zu einer einheitlichen Partei des werktätigen Volkes und damit die große Kraft zur Führung der demokratischen Bewegung, zur Schaffung des großen Bündnisses der Arbeiter, Bauern, Wissenschaftler und Künstler herbeiführen werden. Wir wissen, dass der Drang zu dieser Einheit besonders in der Arbeiterklasse sehr groß ist. Wenn heute die Stunde der Schaffung dieser Einheitspartei noch nicht gekommen ist, so deshalb, weil sich auch in der Arbeiterklasse noch erst eine große geistige Umwandlung vollziehen muss, um ein festes Fundament für diese Einheitspartei zu schaffen.

(Zit. nach: Hermann Weber (Hg.), DDR – Dokumente zur Geschichte der Deutschen Demokratischen Republik 1945–1985, München (dtv) 1986, S. 43)

M 2 Kurt Schumacher: Programmatische Erklärungen (5.10.1945, Auszüge)

Kurt Schumacher (1895–1952) war von 1945 bis 1949 an führender Stelle am Wiederaufbau der SPD in den westlichen Besatzungszonen beteiligt. Von 1946 bis 1952 war er Parteivorsitzender der SPD in Westdeutschland.

Die Klasse der Industriearbeiter im eigentlichen Sinne ist die Hausmacht der SPD. Sie muss als ganze Klasse um die Idee der Demokratie gesammelt werden. Ohne die Arbeiter kann die Sozialdemokratie keinen Schritt tun.
Entscheidende Erfolge freilich gibt es erst, wenn von dieser Plattform aus es gelingt, die mittelständischen Massen zu gewinnen. So war und ist es in allen Ländern, und dass in Deutschland der Großbesitz durch seinen Propaganda-Apparat den Mittelstand für sich engagieren konnte, ist das nationale Unglück geworden. Der demokratisch orientierte Mittelstand ist die Voraussetzung für die Stabilität der neuen Ordnung. […]
Die Sozialdemokratische Partei hat das größte Interesse an der friedlichen Zusammenarbeit der großen Siegermächte. Sie kann sich darum nur bekennen zu einer Politik des Ausgleichs und des Gleichgewichtes. […]
Aber eine Gleichgewichtsordnung wird nie funktionieren, wenn nicht Deutschland als Ganzes in diese Ordnung eingebaut ist. Wir Sozialdemokraten sind von tiefer Besorgnis erfüllt, wenn wir sehen, dass die Politik der Einflusszonen ihre Rückwirkung auf das innerdeutsche Leben zeigt. […]
Bei einer Auseinandersetzung, die uns durch das Verhalten einer Partei aufgezwungen wird, können wir nicht zurückweichen, wenn diese von uns nicht gesuchte Frontstellung die zwangsläufige Aufdeckung der außenpolitischen Abhängigkeit dieser Partei bedeutet. Im Grundsatz bekennen wir uns zur Einheitspartei aller Schaffenden. Aber wir sehen auch, dass nirgends sonst in der Welt sich dieser Gedanke durchgesetzt hat, sich unter den gegebenen Voraussetzungen dieser historischen Epoche auch nicht durchsetzen kann. Das hat bei uns wie in anderen Ländern seinen Grund darin, dass die Kommunistische Partei sich nicht nach den Bedürfnissen und Erkenntnissen der Arbeitenden ihres Landes richtet.
Wir deutschen Sozialdemokraten sind nicht britisch und nicht russisch, nicht amerikanisch und nicht französisch. Wir sind die Vertreter des deutschen arbeitenden Volkes und damit der deutschen Nation. Wir sind als bewusste Internationalisten bestrebt, mit allen internationalen Faktoren im Sinne des Friedens, des Ausgleichs und der Ordnung zusammenzuarbeiten. Aber wir wollen uns nicht von einem Faktor ausnützen lassen.
Im Sinne der deutschen Politik ist die Kommunistische Partei überflüssig. Ihr Lehrgebäude ist zertrümmert, ihre Linie durch die Geschichte widerlegt. Nachdem ihre Hoffnung, sich als führende Arbeiterpartei etablieren und zur einzigen Arbeiter-

partei entwickeln zu können, von den Tatsachen so völlig unmöglich gemacht wird, muss sie nach dem großen Blutspender suchen. Das Rezept ist die Einheitspartei, die einen Versuch darstellt, der Sozialdemokratischen Partei eine kommunistische Führung aufzuzwingen. Eine sozialdemokratische Partei unter kommunistischer Führung wäre aber eine kommunistische Partei. International wäre jeder Schritt auf diesem Wege eine außenpolitische Parteinahme und würde eine Gleichgewichtsstörung von deutscher Seite bedeuten. […]
So wird die Sozialdemokratische Partei zur schicksalsentscheidenden Kraft der deutschen Politik! […]

(Zit. nach: Materialien für den Geschichtsunterricht, Frankfurt a. M. (Diesterweg) 1983, Bd. VI, Teil 1, S. 111 ff.)

M 3 Otto Grotewohl: Rede auf der „Sechziger-Konferenz“ (20.12.1945)

Otto Grotewohl (1894–1964) war Vorsitzender des Zentralausschusses (ZA) der SPD in der SBZ. Von 1949 bis 1964 war er Ministerpräsident der neu gegründeten DDR.
Auf der „Sechziger-Konferenz“ im Dezember 1945 berieten je 30 Vertreter der SPD und der KPD über ein gemeinsames Vorgehen.

Nach sechs Monaten der Zusammenarbeit beim Aufbau eines neuen Deutschland stellt der ZA der SPD für die sowjetrussische Besatzungszone einschließlich Berlin Folgendes fest:
Ich betone nochmals: Der ZA hat es nur zur Kenntnis genommen und unterbreitet es nicht als Verhandlungsgrundlage. Nur wegen des materiellen Inhalts halte ich es für notwendig, sie hier vorzubringen!
1. Die KPD erfährt durch die sowjetrussische Besatzungsmacht eine wesentlich weitergehende und nachdrücklichere Förderung als die SPD. Das drückt sich aus in einer schnelleren und weitergehenden tatsächlichen Hilfsbereitschaft und Erleichterung beim organisatorischen Aufbau der KPD, ihrer Presse und sonstigen Publikationen. Das äußert sich vor allem auch in der Einräumung eines wesentlich stärkeren zahlenmäßigen und auch sonstigen Einflusses der KPD in allen Organen der sowjetrussischen Besatzungszone, wie z. B. in den Zentralverwaltungen, den Länder- und Provinzialverwaltungen sowie in den Verwaltungen der Kreise und Gemeinden.
2. Die KPD handelt vielfach nicht im Geiste der von ihr selbst bekundeten demokratischen Grundsätze und der vereinbarten guten Zusammenarbeit. Es mehren sich die Zeugnisse eines undemokratischen Drucks auf Sozialdemokraten.
3. Durch die unter 1 und 2 festgestellten Abweichungen von Geist und Buchstaben der Bekundungen der KPD und der gemeinsamen Vereinbarungen ist die vorbehaltlose Bereitschaft großer Teile der Funktionäre und Anhänger der SPD einem zunehmenden Zweifel an der Ehrlichkeit des Bekenntnisses der KPD zur Demokratie und des Willens zur Zusammenarbeit und Einheit ohne betonten Führungsanspruch der KPD gewichen.
4. Der ZA der SPD erklärt danach, dass erst nach voller Berichtigung der Vorzugsstellung der KPD und nach vorbehaltloser Aufgabe aller unzulässigen Einflussnahme auf die SPD und auf einzelne Sozialdemokraten eine gute Zusammenarbeit und die Vorbereitung der Einheit beider Parteien möglich sind. […]
8. Zur Frage eines gemeinsamen Wahlprogramms und gemeinsamer Wahllisten in der russischen Besatzungszone einschließlich Berlin erklärt der ZA Folgendes: Ohne seiner endgültigen Entscheidung vorzugreifen, die erst nach Erfüllung der dargelegten Voraussetzungen möglich ist, ist der ZA der Auffassung, dass es sich aus gewichtigen Gründen verbietet, für etwaige Wahlen gemeinsame Listen aufzustellen. Diese Frage kann ebensowenig zahlenmäßig entschieden werden wie die Herstellung der organisatorischen Einheit beider Parteien, ohne dass die politische Einheit Deutschlands und damit zugleich die Einheit der SPD im gesamten Reiche gefährdet würde. […]
9. Der ZA der SPD drückt erneut seinen Willen aus, auf der Basis absoluter Gleichberechtigung mit der KPD beim Aufbau einer parlamentarisch-demokratischen Republik aufs Engste zusammenzuarbeiten. Er ist dabei vorbehaltlos zu einer Politik entschlossen, die die Fehler und Schwächen der Vergangenheit vermeidet. Er verspricht und erwartet, dass die SPD und die KPD in ihrer öffentlichen Wirksamkeit, also auch bei der Vorbereitung von Wahlen, jede gegenseitige Bekämpfung unterlassen, insbesondere auf alle Angriffe und Auseinandersetzungen, die auf Differenzen der Vergangenheit beruhen, verzichten.
10. Der ZA wird sich bei allen seinen Beschlüssen und Maßnahmen von der Überzeugung leiten lassen, dass die Einheit der deutschen Arbeiterbewegung eine geschichtliche Notwendigkeit ist. Sie vorbereiten zu helfen, betrachtet er als seine besondere Verpflichtung. Er ist der Auffassung, dass die SPD und die KPD unablässig das Ziel verfolgen müssen, zum geeigneten Zeitpunkt sich selbst zugunsten einer neuen und geeinten, unabhängigen deutschen Arbeiterpartei, die auf dem Grundsatz der inneren Parteidemokratie beruht, aufzulösen.

Genossen! Warum habe ich diese 10 Punkte, die keine Verhandlungsgrundlage sind, vorgelesen? In diesen 10 Punkten kommen die Sorgen deutlich zum Ausdruck, die weiteste Kreise unserer Genossen bewegen, aber auch der unerschütterliche Wille, die Einheit der Arbeiterklasse zu einer tragfähigen Wirklichkeit zu machen.

(Zit. nach: Materialien für den Geschichtsunterricht, a. a. O., S. 134)

M 4 Anton Ackermann: „Gibt es einen besonderen deutschen Weg zum Sozialismus?" (Februar 1946)

Anton Ackermann (1905–1973) gehörte zur „Gruppe Ulbricht" und zu den Gründungsmitgliedern der KPD in der SBZ. Nach der Gründung der SED wurde er in den Parteivorstand gewählt.
In seiner öffentlichen Schrift „Gibt es einen besonderen deutschen Weg zum Sozialismus?" schrieb er im Februar 1946:

Die Stunde drängt zur Entscheidung und wir werden nicht viele Jahre zur Verfügung haben, bis wir wieder sagen müssen: Noch eine glänzende Situation, vielleicht die günstigste, ist verpasst. Das ist der tiefere Grund, weshalb die Vereinigung der KPD und SPD auf keinen Fall auf die lange Bank geschoben werden kann. Denn die spätere Entwicklung dürfte mir kaum unrecht geben, wenn ich feststelle: Auf welchem Wege und in welchem Tempo Deutschland künftig zum Sozialismus schreiten wird, das hängt ausschließlich davon ab, in welchem Tempo jetzt die Einheitspartei verwirklicht wird!
Damit ist die Antwort auf die Möglichkeit einer besonderen Entwicklung in Deutschland gegeben, soweit es die Grundzüge des Überganges vom Kapitalismus betrifft. Für Deutschland wie jedes andere Land gilt, dass es ohne die Aufrichtung der ganzen Macht der Arbeiterklasse keinen Aufbau des Sozialismus geben kann. Ob die Arbeiterklasse vom gegenwärtigen Ausgangspunkt auf friedlichem Wege und unter Beschränkung auf rein gesetzliche Mittel in den Besitz der ganzen Macht kommen kann, darüber entscheiden die nächsten Wochen und Monate. Und dies in dem Sinne, dass in dieser kurzen Zeitspanne die Entscheidung fallen wird, ob die demokratische Republik von Neuem Gewaltinstrument in den Händen reaktionärer Kräfte wird oder ein fortschrittlicher Staat, der für eine spätere Entwicklung zum Sozialismus kein unüberwindliches Hindernis bilden wird. Niemand wünscht sehnlicher als wir, dass neue offene Kämpfe, ein neues Blutvergießen vermieden werden kann.
In allen Dingen, die nicht die oben bezeichneten Grundfragen der Umwälzung zum Sozialismus betreffen, wird in diesem oder in jenem Falle die Entwicklung in Deutschland zweifellos einen weitgehend spezifischen Charakter tragen. Oder mit anderen Worten: Im Einzelnen werden sich die starken Besonderheiten der historischen Entwicklung unseres Volkes, seine politischen und nationalen Eigenheiten, die besonderen Züge seiner Wirtschaft und seiner Kultur, außerordentlich stark ausprägen.

(Zit. nach: Materialien für den Geschichtsunterricht, a. a. O., S. 134 f.)

Realität und Propaganda

Der 17. Juni 1953 in zeitgenössischen Dokumenten

17. Juni 1953: Sowjetische Panzer in der Leipziger Straße, Ost-Berlin (Foto, DDR 1953)

Der Volksaufstand vom 17. Juni 1953 gilt heute als erste Volkserhebung im stalinistischen Machtbereich und Vorläufer der Friedlichen Revolution von 1989. Allerdings waren die Machtverhältnisse 1953 noch ganz anders als 1989: Als der Aufstand dem Regime gefährlich zu werden drohte, griffen Panzer der sowjetischen Armee ein und schlugen den Aufstand gewaltsam nieder.
Im Mittelpunkt dieses Themas steht die Rekonstruktion dieser Ereignisse sowie ihrer Vor- und Nachgeschichte anhand zeitgenössischer Dokumente. Die allerdings stellen die Ereignisse und ihre Hintergründe sehr unterschiedlich dar.

- **Wie sahen Zeitzeugen den 17. Juni 1953?**
- **Wie stellte die SED-Führung den 17. Juni 1953 dar?**

Gestalten Sie ein Radiofeature über den 17. Juni 1953.

So können Sie mit mehreren Lernpartnern ein informatives Feature redaktionell vorbereiten:

1. Informieren Sie sich anhand des Infotextes (S. 30 ff.) und der Chronik über den Ablauf der Ereignisse.
2. Interpretieren Sie arbeitsteilig in Ihrer Gruppe die Materialien M1–M10 unter beiden Leitfragen (s. Basismethode S. 137 f.).
   a) Achten Sie besonders auf eine korrekte Analyse der äußeren Merkmale (Autor, Textsorte, Adressaten) sowie des situativen historischen Kontextes der Quellen, um ihre Perspektivität zu erfassen und fachlich korrekte Interpretationsergebnisse zu erzielen.
   b) Als Gliederungshilfe empfiehlt es sich, zwischen Ursachen, Anlass, Zielen, Verlauf und Folgen des Aufstandes zu unterscheiden.
3. Halten Sie für jede Quelle Ihre Ergebnisse auf Karteikarten fest und stellen Sie sie Ihrer Gruppe vor.
4. Formulieren Sie auf dieser Basis gemeinsam eine Gesamteinschätzung der Vorgänge vom 17. Juni.
5. Erstellen Sie gemeinsam ein stichwortartiges Manuskript für Aufbau und inhaltliche Anlage Ihres Radiofeatures, das Sie präsentieren möchten.
   ➧ Tipp: Bauen Sie an passenden Stellen Originalquellenzitate als Beleg oder zur Veranschaulichung ein.
6. Üben Sie das Einsprechen des Features in Ihrer Gruppe ein.

Chronik der Ereignisse
14.5.1952: ZK der SED beschließt die Erhöhung der Arbeitsnormen.
9.–12.7.1952: 2. Parteikonferenz der SED beschließt die „planmäßige Errichtung der Grundlagen des Sozialismus in der DDR“.
20.4.1953: Preiserhöhung für Lebensmittel
9.6.1953: Das Politbüro der SED verkündet den Beginn des „Neuen Kurses“, der eine vorsichtige Abkehr vom Stalinismus beinhaltet.
16.6.1953: Streik der Bauarbeiter in der Stalin-Allee (Ostberlin), Proteste gegen die Normerhöhung
16.6.1953: Aufhebung der Normerhöhung
17.6.1953: Ausweitung der Proteste auf die gesamte DDR, politische Forderungen
17.6.1953: Verhängung des Ausnahmezustandes
21.6.1953: 14. Tagung des ZK der SED
11.7.1953: Aufhebung des Ausnahmezustandes
24.–26.7.1953: 15. Tagung des ZK der SED, Ausschluss von Zaisser und Herrnstadt aus dem ZK
1.–4.10.1953: Hohe Haftstrafen in politischen Prozessen in Leipzig und Magdeburg

➧ **Tipp!** Weitere Informationen unter: http://www.hdg.de/lemo/html/DasGeteilteDeutschland/JahreDesAufbausInOstUndWest/ZweiStaatenZweiWege/17Juni1953.html

MATERIALIEN

M 1 Beschluss der 13. Tagung des ZK der SED (13./14.5.1952)

Das Jahr 1952 und das Frühjahr 1953 gelten als Höhepunkt des Stalinismus in der DDR. Die SED-Führung versuchte, den sozialistischen Umbau der Gesellschaft und die industrielle Entwicklung des Landes voranzutreiben. Im Frühjahr 1952 begann die Kollektivierung der Landwirtschaft; die Bauern wurden gedrängt, ihr Land, ihr Vieh und ihre Gerätschaften in die LPGs einzubringen. In der Folge geriet die Lebensmittelproduktion in einen Engpass; Lebensmittel mussten rationiert, die Preise erhöht werden. Zum Ausbau der Industrie sollte die Leistung der Arbeiterschaft angespornt werden. Vor diesem Hintergrund fasste das ZK der SED am 14.5.1952 folgenden Beschluss:

Die völlig unbefriedigende Bestimmung der Arbeitsnormen[1] in unseren sozialistischen Betrieben aller Wirtschaftszweige zeigt, dass der Verwirklichung dieser für unsere wirtschaftliche Entwicklung so bedeutungsvollen Erkenntnisse ungenügende Beachtung geschenkt wurde. Der Anteil der technisch begründeten Arbeitsnormen ist unbefriedigend niedrig und die bestehenden „erfahrungsstatistischen“ Normen stehen im Gegensatz zu der entwickelten Technik, zu den Erfahrungen und Leistungen der Aktivisten, zur Organisation des Arbeitsablaufs und zu der gewachsenen Qualifikation der Arbeiter. Sie sind ein ernstes Hemmnis unserer wirtschaftlichen und gesellschaftlichen Entwicklung in der Deutschen Demokratischen Republik geworden.

Die Leitungen der Betriebe und der Wirtschaftsorgane schenken der Ausarbeitung und Einführung technisch begründeter Arbeitsnormen ungenügende Aufmerksamkeit und überlassen diese bedeutungsvollen Fragen dem Selbstlauf. Dadurch entstehen Normen, die zu den Interessen der Erhöhung des Lebensstandards der Bevölkerung in Widerspruch stehen. Ohne entsprechende Leistungen zu erzielen, werden Normerfüllungen von 150 bis 200 Prozent erreicht.

Die Aufstellung von Arbeitsnormen auf falscher Grundlage wird begünstigt durch die in den vom Ministerium für Arbeit erlassenen Richtlinien über die Ausarbeitung und Einführung technisch begründeter Arbeitsnormen enthaltene Bestimmung, wonach bei Einführung neuer Arbeitsnormen eine Senkung des bisherigen Verdienstes nicht zulässig ist. Die Bestimmung hat sich als ein Fehler und als ein Hemmnis in der ganzen Entwicklung für die Ausarbeitung und Einführung technisch begründeter Arbeitsnormen erwiesen und muss korrigiert werden.

Das Zentralkomitee der Sozialistischen Einheitspartei Deutschlands steht auf dem Standpunkt, dass die Minister, Staatssekretäre sowie die Werkleiter alle erforderlichen Maßnahmen zur Beseitigung des schlechten Zustands in der Arbeitsnormung einleiten und durchführen mit dem Ziel, die Arbeitsnormen auf ein normales Maß zu bringen und eine Erhöhung der für die Produktion entscheidenden Arbeitsnormen um durchschnittlich mindestens 10 Prozent bis zum 1. Juni 1953 sicherzustellen. Unverzüglich sind die Arbeitsnormen mit dem Ziel ihrer Erhöhung zu überprüfen und die so erhöhten Normen nach gründlicher und gewissenhafter Aufklärungsarbeit durch Betriebsparteiorganisationen und die Genossen der Gewerkschaftsorganisationen vom Werkdirektor einzuführen.

(Zit. nach: Hermann Weber (Hg.), DDR – Dokumente zur Geschichte der Deutschen Demokratischen Republik 1945-1985, München (dtv) 1986, S. 331 f.)

[1] Arbeitsnorm: Festlegung des Arbeitsergebnisses pro Zeiteinheit

M 2 Beschluss des Ministerrates (28.5.1952)

Der Ministerrat, also die Regierung der DDR, fasste am 28.5.1952 folgenden Beschluss, der in der Parteizeitung „Neues Deutschland“ veröffentlicht wurde:

Die Regierung der Deutschen Demokratischen Republik begrüßt die Initiative der Arbeiter zur Erhöhung der Arbeitsnormen. Sie dankt allen Arbeitern, die ihre Normen erhöht haben, für ihre große patriotische Tat. Die Regierung [...] kommt gleichzeitig dem Wunsche der Arbeiter, die Normen generell zu überprüfen und zu erhöhen, nach. Diese generelle Erhöhung ist ein wichtiger Schritt zur Schaffung der Grundlagen des Sozialismus.

(Zit. nach: Ilse Spittmann/Wilhelm Fricke (Hg.), 17. Juni 1953 – Arbeiteraufstand in der DDR, Köln (Ed. Deutschland Archiv) 1982, S. 179)

M 3 Beschluss der 2. SED-Parteikonferenz (12.7.1952)

Die 1. Parteikonferenz (25.–28.1.1949) in Berlin hatte den Aufbau der SED als „Partei neuen Typs“ beschlossen. Dreieinhalb Jahre später fand die 2. Parteikonferenz statt. Sie verabschiedete den folgenden Beschluss (Auszug):

Die 2. Parteikonferenz stellt fest: […]
Sechstens: Die politischen und die ökonomischen Bedingungen sowie das Bewusstsein der Arbeiterklasse und der Mehrheit der Werktätigen sind so weit entwickelt, dass der Aufbau des Sozialismus zur grundlegenden Aufgabe in der Deutschen Demokratischen Republik geworden ist […].
Siebtens: Das Hauptinstrument bei der Schaffung der Grundlagen des Sozialismus ist die Staatsmacht. Deshalb gilt es, die volksdemokratischen Grundlagen der Staatsmacht ständig zu festigen […].
Zehntens: a) Die leitenden Parteiorgane haben die Pflicht, allseitig die führende Rolle der Partei zu verwirklichen, das Kampfbewusstsein in der Partei zu stärken, sich enger mit der Arbeiterklasse und den Volksmassen zu verbinden, die Vorschläge und Kritik der Massen sorgfältig zu beachten […].

(Zit. nach: Dokumente zur Geschichte der SED, Berlin (Dietz) 1986, Bd. 2. S. 168 ff.)

M 4 Beschluss des Politbüros der SED (9.6.1953)

Nach Protesten der Bevölkerung gegen Preis- und Normerhöhungen sowie einem massiven Anstieg der Ausreisewelle nach Westdeutschland veröffentlichte das Politbüro der SED am 9.6.1953 den folgenden Beschluss:

Wenn Geschäftseigentümer, die in letzter Zeit ihre Geschäfte geschlossen oder abgegeben haben, den Wunsch äußern, diese wieder zu eröffnen, so ist diesem Wunsche unverzüglich Rechnung zu tragen. Außerdem soll die HO[1] zur besseren Versorgung der Bevölkerung sofort Agenturverträge mit dem privaten Einzelhandel abschließen.
Das Politbüro schlägt ferner vor, dass die Verordnungen über die Übernahme devastierter[2] landwirtschaftlicher Betriebe aufgehoben werden und die Einsetzung von Treuhändern wegen Nichterfüllung der Ablieferungspflichten oder wegen Steuerrückständen untersagt wird. Die Bauern, die im Zusammenhang mit Schwierigkeiten in der Weiterführung ihrer Wirtschaft ihre Höfe verlassen haben und nach Westberlin oder Westdeutschland geflüchtet sind (Kleinbauern, Mittelbauern, Großbauern), sollen die Möglichkeit erhalten, auf ihre Bauernhöfe zurückzukehren.

(Zit. nach: H. Weber, a. a. O., S. 332)

---

[1] HO: Handelsorganisation, staatliche Einzelhandelsorganisation der DDR

[2] devastierter: verlassener

M 5 Erklärung des Politbüros der SED zur Normenfrage (16.6.1953)

Zum Hintergrund vgl. Einführung zu M 3.

Anlässlich von Anfragen der Arbeiter, einer Reihe von Betrieben und Baustellen zur Frage der Erhöhung der Arbeitsnormen hält es das Politbüro des ZK der SED für erforderlich, zu erklären:
1. Der Aufbau eines neuen Lebens und die Verbesserung der Lebensbedingungen der Arbeiter sowie der gesamten Bevölkerung sind einzig und allein auf der Grundlage der Erhöhung der Arbeitsproduktivität und der Steigerung der Produktion möglich. Nur die Verwirklichung der alten Losung unserer Partei: „Mehr produzieren – besser leben“ hat zur Wiederherstellung und zur schnellen Entwicklung der Volkswirtschaft der DDR nach dem Kriege geführt. Dieser Weg war und bleibt der einzig richtige Weg […].
2. Das Politbüro hält es zugleich für völlig falsch, die Erhöhung der Arbeitsnormen in den Betrieben der volkseigenen Industrie um 10 % auf administrativem Wege durchzuführen.
Die Erhöhung der Arbeitsnormen darf und kann nicht mit administrativen Methoden durchgeführt werden, sondern einzig und allein auf der Grundlage der Überzeugung und der Freiwilligkeit.
3. Es wird vorgeschlagen, die von den einzelnen Ministerien angeordnete obligatorische Erhöhung der Arbeitsnormen als unrichtig aufzuheben.

(Zit. nach: H. Weber, a. a. O., S. 332)

M 6 Aus dem Bericht des Zeitzeugen Heinz Brandt

Zum Zeitpunkt des Volksaufstandes war Heinz Brandt (1909–1986) Sekretär der Berliner SED. Nach dem Volksaufstand wurde er seines Postens enthoben. 1958 floh Brandt in die Bundesrepublik. 1961 wurde er vom Ministerium für Staatssicherheit in eine Falle gelockt, betäubt und in die DDR verschleppt, wo er 1962 zu 13 Jahren Zuchthaus verurteilt wurde. Nach einer weltweiten Kampagne von Amnesty International wurde er 1964 freigelassen und in den Westen abgeschoben. In seinen Lebenserinnerungen schrieb er 1967:

Am Morgen des 17. Juni stand Ostberlin, stand die DDR im Zeichen der Volkserhebung. Es kam zu tumultartigen Szenen in den Straßen Ostberlins. Ich sah, wie Funktionärsautos umgeworfen, Transparente und Losungen, auch Parteiabzeichen abgerissen und verbrannt wurden. In vielen Städten der DDR kam es zum Massensturm auf Gefängnisse, auf Partei- und Regierungsdienststellen, insbeson-

dere solche des Staatssicherheitsdienstes. Zentren der Generalstreik-Bewegung waren die traditionellen Industriegebiete Sachsen und Thüringen – von jeher Mittelpunkte der Arbeiterbewegung.
Als ich morgens zu dem mir zugeteilten volkseigenen Großbetrieb Bergmann-Borsig in Berlin-Wilhelmsruh kam, wurde dort keine Hand gerührt. Die Arbeiter diskutierten am Arbeitsplatz und führten in den Hallen kleine Versammlungen durch; Vertrauensleute nahmen von Abteilung zu Abteilung miteinander Verbindung auf, um eine Versammlung der gesamten Belegschaft herbeizuführen. Vor Kurzem war hier ein sogenanntes Kulturhaus mit einem riesigen Saal fertiggestellt worden, der allen Belegschaftsangehörigen Platz bot.
Interessant war meine Begegnung mit dem Parteisekretär des Betriebes. Er meinte, im Betrieb würde es „ruhig bleiben". An Arbeit sei allerdings kaum zu denken.
Ich veranlasste ihn, die gesamte Belegschaft durch den Lautsprecher in den großen Saal des Kulturhauses zu rufen. In wenigen Minuten war der Riesenraum von einem einzigen Brodeln erfüllt.
In diesem Moment, da die Arbeiter hier in Aktion versammelt waren, so fuhr es mir durch den Kopf, und nur für die Dauer dieser Aktion, gehört dieser Betrieb wahrhaft ihnen. Genau das sagte ich auch. „Heute ist dieser Betrieb euer Betrieb geworden, aber damit steht auch in eurer Verantwortung, was aus ihm wird. Erstens: nichts zerstören; zweitens: hier und sofort einen Betriebsausschuss wählen!"
Dieser Vorschlag wurde ohne Diskussion angenommen und unmittelbar verwirklicht. Zum Ausschussvorsitzenden wurde ein älterer, erfahrener sozialdemokratischer Arbeiter gewählt. In der Diskussion, die der Wahl des Betriebsausschusses folgte, sprachen etwa zwanzig Arbeiter.
Das war eine elementare, leidenschaftliche Auseinandersetzung, eine historische Abrechnung mit dem SED-Regime. All das, was sich bisher gestaut hatte, nie offen in Versammlungen ausgesprochen worden war, brach sich jetzt Bahn. Aus eigenem Erleben, in der drastischen, ungekünstelten Sprache des erregten Menschen, der von seinen persönlichen Erfahrungen ausgeht, wurden zahllose empörende Beispiele von Rechtswillkür angeführt. Namen von Arbeitskollegen aus dem Betrieb wurden genannt, die verhaftet, verurteilt, misshandelt worden waren, deren Angehörige nichts mehr von ihnen gehört hatten.
Es wurde eine Entschließung angenommen, die den gewählten Arbeitsausschuss bevollmächtigte, die wirtschaftlichen und politischen Interessen der Belegschaft zu vertreten und sich mit ähnlichen Ausschüssen in anderen Betrieben in Verbindung zu setzen. Als politisches Hauptziel wurde die Wiedervereinigung Deutschlands durch freie, demokratische Wahlen gefordert.
Am Schluss der Versammlung sprang ein Arbeiter auf das Podium und forderte die Belegschaft auf, sich mittags am Betriebstor zu versammeln, um im Stadtzentrum zu demonstrieren – überall wären bereits derartige Streikdemonstrationen im Gange [...].
Der Demonstrationszug kam nicht weit. Um 13 Uhr war der Ausnahmezustand eingetreten. General Dibrowa, der sowjetische Stadtkommandant, hatte ihn verhängt. Unmittelbar darauf kämmten sowjetische Truppen die Straßen durch. Die Bergmann-Borsig-Demonstration wurde aufgelöst, die „Rädelsführer" – darunter der sozialdemokratische Vorsitzende des soeben gewählten Betriebsausschusses – verhaftet. Welch glorreiche Aktion der Sowjet(Räte)macht gegen die Räte!

(Heinz Brandt, Ein Traum, der nicht entführbar ist, München (List) 1967; zit. nach: Hermann Weber, a.a.O., S. 197ff.)

Demonstrationszug von Arbeitern aus Henningsdorf ins Stadtzentrum von Ost-Berlin (17.6.1953)

M 7 Befehl über die Verhängung des Ausnahmezustandes (17.6.1953)

Für die Herbeiführung einer festen öffentlichen Ordnung im sowjetischen Sektor von Berlin wird befohlen:
1. Ab 13 Uhr des 17. Juni 1953 wird im sowjetischen Sektor von Berlin der Ausnahmezustand verhängt.
2. Alle Demonstrationen, Versammlungen, Kundgebungen und sonstigen Menschenansammlungen

über drei Personen werden auf Straßen und Plätzen wie auch in öffentlichen Gebäuden verboten.
3. Jeglicher Verkehr von Fußgängern und der Verkehr von Kraftfahrzeugen und anderen Fahrzeugen wird von 21 Uhr bis 5 Uhr verboten.
4. Diejenigen, die gegen diesen Befehl verstoßen, werden nach den Kriegsgesetzen bestraft.
Militärkommandant des sowjetischen Sektors von Groß-Berlin
gez. Generalmajor Dibrowa[1]
(Zit. nach: H. Weber, a. a. O., S. 199)

[1] General Dibrowa: Sowjetischer Kommandant des sowjetischen Sektors von Berlin (Ost-Berlin)

M 8 Aus der Entschließung des ZK der SED zum 17. Juni 1953 (26.7.1953)

Am 26. Juli 1953 veröffentlichte das ZK der SED die folgende Entschließung:

Der 17. Juni hat bewiesen, dass in der DDR eine von den Amerikanern organisierte und unterstützte faschistische Untergrundbewegung vorhanden ist. An diesem Tage traten in einigen Städten (Magdeburg, Halle, Görlitz u. a.) ganze Gruppen maskierter Volksfeinde aus der Anonymität hervor und provozierten Unruhen. Es wurden illegale faschistische Organisationen mit eigenen Zentren, eigener Disziplin und ständigen Verbindungen mit den Agentenorganisationen in Westberlin aufgedeckt […]. Außerdem bestanden in einigen Städten (Magdeburg, Leipzig u. a.) illegale Organisationen aus ehemaligen SPD-Mitgliedern, die noch immer den arbeiterfeindlichen Auffassungen des Sozialdemokratismus anhingen und darum leicht Opfer der Agenten des Ostbüros wurden, welche unter den Arbeitern faschistische Losungen verbreiteten und Streiks organisierten. Die ehrlichen Arbeiter, die früher Mitglieder der SPD waren und den Agenten Gehör schenkten, begriffen nicht, dass sie damit gegen ihre eigenen Klasseninteressen und gegen die alten Ideale der deutschen Arbeiterbewegung auftraten.
Es ist die Aufgabe unserer Parteiorganisationen, diesen schwankenden und irregeleiteten früheren Sozialdemokraten zu helfen, den Klassencharakter des Putschversuches zu erkennen, den Sozialdemokratismus zu überwinden und den Weg in die Reihen des klassenbewussten Proletariats zurückzufinden. Dies ist mit dem systematischen Kampf gegen die noch vorhandenen Agenturen des Ostbüros zu verbinden, um ihrem schädlichen Treiben ein Ende zu machen.
In einigen Städten waren auch verschiedene andere feindliche Gruppen konzentriert […]. Auch aus unserer Partei entfernte feindliche Elemente beteiligten sich aktiv an den Provokationen.
Die Betriebsorganisationen der Partei hatten verabsäumt, alle diese Feinde zu isolieren und aus den Großbetrieben zu entfernen. Daraus entsteht für die Partei die ernste Aufgabe, besonders in den Großbetrieben mithilfe der Arbeiter die feindlichen Elemente zu entlarven und für ihre Entlassung aus den Betrieben zu sorgen […].
Nach der Niederschlagung der Provokationen unternahm der Feind den Versuch, seine ans Licht getretenen Agenturen vor dem Zugriff der demokratischen Staatsorgane zu schützen. Der staatsfeindlicher Tätigkeit überführte frühere Justizminister Fechner[1] hat seine Position ausgenutzt, um die faschistischen Provokateure vor der verdienten Strafe zu schützen. Auf Anweisung Fechners wurde eine Reihe aktiver Organisatoren feindlicher Aktionen freigelassen. Die Justizorgane erhielten von ihm die Orientierung auf ausnahmslose Freisprechung von amerikanischen Agenten und Rädelsführern der Provokationen.
Dies war eine direkte und bewusste Hilfe für den Feind – die amerikanischen und westdeutschen Sabotageorganisationen und Faschisten.
Zur gleichen Zeit trug Fechner als Minister der Justiz die Verantwortung für zahlreiche Ungesetzlichkeiten und ungerechtfertigt hohe Strafen gegenüber den Werktätigen der Republik.
Das Zentralkomitee beschließt, Fechner als Feind der Partei und des Staates aus dem ZK der SED und aus den Reihen der SED auszuschließen.

Protestdemonstration in der Provinz (Jessen, DDR, 17. Juni 1953)

Der Versuch der Feinde des deutschen Volkes, die Partei und die Regierung durch die faschistische Provokation von der Durchführung des neuen Kurses abzubringen, ist gescheitert. [...] Diese Generallinie der Partei war und bleibt richtig.
Trotz dieser richtigen Generallinie hat die Partei in der letzten Zeit eine Reihe Fehler begangen. Diese Fehler waren folgende:
a) Die Partei, die den richtigen Kurs auf den Aufbau der Grundlagen des Sozialismus in der DDR genommen hatte, beschritt den falschen Weg der beschleunigten Lösung dieser Aufgabe ohne entsprechende Berücksichtigung der realen inneren und äußeren Voraussetzungen. Das führte zu einem überspitzten Entwicklungstempo der Wirtschaft, besonders in der Schwerindustrie, zu falschen Versuchen der Verdrängung und Liquidierung des städtischen Mittel- und Kleinbürgertums sowie der Großbauernschaft auf dem Lande, was nachteilige Folgen für die Versorgung der Bevölkerung hatte und in gewissem Maße zur Störung der richtigen Beziehungen zwischen der Partei und den werktätigen Massen und zur Anwendung von Methoden des Administrierens anstelle einer breiten und geduldigen Aufklärungsarbeit unter den Massen führte.

(Zit. nach: H. Weber, a.a.O., S. 200f.)

---

[1] Der Sozialdemokrat Max Fechner (1892–1973) war von 1949 bis Juli 1953 Minister für Justiz. Weil er sich in einem Interview mit dem „Neuen Deutschland" am 30. Juni 1953 gegen eine Strafverfolgung von Teilnehmern des Volksaufstandes ausgesprochen hatte, wurde er als „Feind des Volkes" abgesetzt, aus der SED ausgeschlossen und verhaftet.

M 9 Aus einer Erklärung Rudolf Herrnstadts an W. Ulbricht und W.S. Semjonow[1] (1953)

Rudolf Herrnstadt (1903–1966) war Mitglied des ZK der SED und Chefredakteur der Parteizeitung „Neues Deutschland". Zusammen mit Wilhelm Zaisser galt er als einer der führenden Reformer innerhalb der SED-Führung, die die Ablösung Walter Ulbrichts betrieben hatte. Nach dem 17. Juni 1953 wurde er beschuldigt, den Aufstand unterstützt zu haben, und seiner Ämter enthoben, ein Jahr später auch aus der SED ausgeschlossen. Angesichts der Beschuldigungen schrieb er:

Was wir gewollt haben ist: die deutsche Arbeiterklasse siegreich zu sehen [...]. Große Teile der Arbeiterklasse fühlten sich durch uns nicht angesprochen [...]. Sie waren also nicht gegen unsere Losungen, auch nicht gegen opferreiche eigene Leistungen, aber sie wollten aus eigenem Willen der Partei folgen können. Ich kam zu der Auffassung: Wenn die Partei versteht, ihnen diesen Willen zu vermitteln, hat sie gewonnen. Wenn sie das nicht versteht, kann sie die Löhne zehnmal hintereinander erhöhen und sprengt nicht den Unmut [...].
Ich liebe Walter Ulbricht, aber ich halte diktatorische Tendenzen eines Einzelnen in einer marxistisch-leninistischen Partei für schädlich, umso mehr, wenn ich ihre Auswirkungen vor mir sehe [...].

(Zit. nach: Nadja Stulz-Herrnstadt (Hg.), Das Herrnstadt-Dokument, Reinbek (Rowohlt) 1990, S. 228ff.)

---

[1] Semjonow: sowjetischer Botschafter in der DDR

M 10 Ein DDR-Schulbuch über den 17. Juni 1953

Die folgende Darstellung der Ereignisse stammt aus einem Geschichtsbuch, das in den Schulen der DDR seit den 1970er-Jahren benutzt wurde:

Am 17. Juni 1953 gelang es Agenten verschiedener imperialistischer Geheimdienste, die von West-Berlin aus zahlreich in die Hauptstadt und einige Bezirke der DDR eingeschleust worden waren, in der Hauptstadt und in verschiedenen anderen Orten der Republik einen kleinen Teil der Werktätigen zu zeitweiligen Arbeitsniederlegungen und Demonstrationen zu bewegen. In einigen Städten plünderten Gruppen von Provokateuren und Kriminellen. Sie legten Brände, rissen Transparente herunter, misshandelten und ermordeten Funktionäre der Arbeiterbewegung, holten verurteilte Kriegsverbrecher aus Gefängnissen und forderten den Sturz der Arbeiter- und Bauern-Macht.
Doch der junge sozialistische Staat bestand unter Führung der Partei auch diese Belastungsprobe. Die Mehrheit der Arbeiterklasse und der Bevölkerung stand zu ihrem Staat. In zahlreichen Großbetrieben, wie im Eisenhüttenkombinat Ost, in den Eisenwerken West (Calbe), im Bergbau sowie im Stahl- und Walzwerk Brandenburg wiesen Arbeiter die Provokateure entschieden zurück.

(Geschichte, Berlin (Verlag Volk und Wissen) 1974, Bd. 10, S. 170)

Was heißt hier Demokratie?

Das Demokratieverständnis der DDR in Theorie, Verfassung und Praxis

„Demokratie" ist kein eindeutiger Begriff. Wörtlich übersetzt bedeutet er „Volksherrschaft". Aber was bedeutet das genau?
Die Staatsführung der DDR präzisierte ihr Verständnis von Demokratie mit dem Begriff „sozialistische Demokratie". Damit grenzte sie sich bewusst von der – so der Wortgebrauch in der DDR – „formalen bürgerlichen Demokratie" der Bundesrepublik ab. Dieser Begriff von „sozialistischer Demokratie" kann helfen, die Entwicklung des nationalen Selbstverständnisses der DDR im Laufe ihrer Geschichte und ihre politische Praxis zu entschlüsseln.

- **Was bedeutete „sozialistische Demokratie" in der politischen Theorie der DDR?**
- **Inwiefern prägte dieser Begriff im Laufe der Zeit die Verfassungen und das nationale Selbstverständnis der DDR?**
- **Wie wirkte sich die „sozialistische Demokratie" im politischen Alltag der DDR aus?**

Halten Sie einen Kurzvortrag, in dem Sie anhand der drei Leitfragen den Begriff „sozialistische Demokratie" sowie seine Bedeutung für das sich wandelnde Staatsverständnis der DDR und für die politische Praxis erörtern.

Vorschläge zur Vortragsform und für die Erarbeitung der inhaltlichen Grundlagen:

1. Sie können sich für eine längerfristig vorbereitete Einzelarbeit, einen Vortrag zusammen mit einer Partnerin oder einem Partner oder auch für einen Gruppenvortrag entscheiden.

2. Erarbeiten Sie mit Blick auf die erste Leitfrage die charakteristischen Grundmerkmale und den Bedeutungsgehalt des Begriffes „sozialistische Demokratie", indem Sie die Materialien M 1 und M 2 inhaltlich aspektgeleitet analysieren. Der Vergleich mit dem Demokratieverständnis der Bundesrepublik (M 2) ist hilfreich, um die begriffsspezifischen Charakteristika herauszuarbeiten und zu schärfen.
   a) Wie wird die geschichtliche Entwicklung gesehen, wie ihr Ziel beschrieben?
   b) Wie wird das Verhältnis von individuellen Interessen und Gesamtinteressen (Gemeinwohl) gesehen?
   c) Wie wird mit besonderen oder abweichenden Meinungen bzw. Mehrheit und Minderheit umgegangen?
   d) Welche Kritik am jeweils anderen Demokratieverständnis wird formuliert?

3. Erarbeiten Sie, wie sich der Begriff der „sozialistischen Demokratie" in den Verfassungen der DDR niederschlug, indem Sie die Präambeln der drei Verfassungen (M 3) vergleichend unter der zweiten Leitfrage interpretieren.
   a) Arbeiten Sie heraus, ob bzw. inwiefern der Begriff der „sozialistischen Demokratie" in den Verfassungen Berücksichtigung findet.
   b) Arbeiten Sie heraus, inwiefern sich die Vorstellung von „Nation" und damit das Selbstverständnis der DDR als Nationalstaat im Laufe der Zeit verändert.
   c) Stellen Sie vor dem Hintergrund der Geschichte der DDR und wichtiger Schlüsselereignisse (Infotext, S. 28–37) begründete Schlussfolgerungen und Vermutungen über mögliche Ursachen des Wandels im staatlichen Selbstverständnis der DDR an.

4. Untersuchen Sie die praktische Bedeutung der „sozialistischen Demokratie" in den Diskussionen und Verlautbarungen rund um den V. Parteitag der SED im Jahr 1958, indem Sie die Materialien M 4 bis M 7 unter der dritten Leitfrage interpretieren.

➧ **Arbeitstipp:** Notieren Sie Ihre Untersuchungsergebnisse aus den Arbeitsschritten 2–4 in Stichworten auf Karteikarten.

5. Entwickeln Sie aus diesen Bausteinen ein strukturiertes inhaltliches Konzept für Ihren Vortrag. Legen Sie dabei auch fest, welche Visualisierung (z. B. Folien, Handout, kurz gefasstes Thesenpapier, einfache grafische Strukturskizzen) Sie begleitend einsetzen wollen, um Ihre Ausführungen zu veranschaulichen.

MATERIALIEN

„Sozialistische Demokratie" in der politischen Theorie

M 1 „Sozialistische Demokratie" – Definition in einem Wörterbuch der DDR (1978)

Sozialistische Demokratie: politische Machtausübung der von der Arbeiterklasse und ihrer marxistisch-leninistischen Partei geführten werktätigen Massen des Volkes, die mit der Errichtung der Diktatur des Proletariats die formale bürgerliche Demokratie überwindet und ablöst. Sie setzt voraus, dass die Arbeiterklasse ihre führende Rolle in der Gesellschaft verwirklicht und dass die wichtigsten Produktionsmittel gesellschaftliches Eigentum sind. Die Diktatur des Proletariats ist das politische Fundament der s. D., das sozialistische gesellschaftliche Eigentum an den Hauptproduktionsmitteln ihr ökonomisches. […]

Die s. D. unterscheidet sich von der formalen bürgerlichen Demokratie vor allem dadurch, dass sie für die arbeitenden Klassen und Schichten alle Möglichkeiten schafft und garantiert, ihre Interessen in der Form ihrer verfassungsmäßigen Rechte und Freiheiten praktisch zu verwirklichen; […] jeder Bürger vielfältige reale Möglichkeiten besitzt und wahrnehmen kann, seine Vorschläge, Hinweise, und Kritiken im staatlichen Leitungsprozess wirksam zur Geltung zu bringen; die gesamte staatliche Leitung auf allen Gebieten einer wirksamen und ständigen öffentlichen Kontrolle unterliegt. […]

Die bürgerliche Demokratie betrachtet den Menschen in erster Linie als isoliertes, auf sich gestelltes und auf sich bezogenes Individuum. Sie versucht, ihn gegen die Gemeinschaft abzuschirmen und erst in zweiter Linie, und dies vergeblich, die Gemeinschaftsbildung als unumgängliches Übel auf dem Wege der Abgrenzung, Abwägung und des Kompromisses gegensätzlicher Einzelinteressen, d. h. vornehmlich privater Profit- und Vorteilserwägungen, zu erreichen. […] Die s. D. abstrahiert keineswegs von den persönlichen Interessen des Einzelnen; aber sie kann davon ausgehen, dass diesen Interessen nicht mehr das gesellschaftliche Prinzip des egoistischen, privaten Profit- und Vorteilsstrebens, der Konkurrenz zugrunde liegt, sondern zwischen den persönlichen Interessen des Einzelnen, dem Streben der gesellschaftlichen Kollektive der Werktätigen und den Interessen der gesamten Gesellschaft grundlegende Übereinstimmung besteht. Der durch das sozialistische, gesellschaftliche Eigentum an den Produktionsmitteln hergestellten gemeinschaftsbildenden Wirkung der produktiven Tätigkeit des Menschen und der gesellschaftlich nützlichen Verwendung ihrer Ergebnisse entspricht die gemeinschaftsbildende Funktion der s. D. und fördert sie. Auftretende Widersprüche sind durch Beratung, gemeinsame Anstrengungen und Aktionen, durch die praktische und ständige Mitarbeit der Bürger an der staatlichen Leitung der gesellschaftlichen Angelegenheiten auf allen Ebenen und in allen Bereichen rechtzeitig lösbar.

Dabei kommt der ständigen Ausgestaltung der sozialökonomischen Grundlagen der sozialistischen Gesellschaft sowie der sozialistischen Erziehung und Bildung des Menschen große Bedeutung zu […]. Die Persönlichkeitsbildung wird durch die Überwindung der Ausbeuterklasse gefördert und ist ein wesentliches Merkmal der Gestaltung der entwickelten sozialistischen Gesellschaft. […] Diese Möglichkeiten sind durch die gesamte *politische Organisation der sozialistischen Gesellschaft*, in der die Partei der Arbeiterklasse die lenkende und leitende Kraft ist, durch ihren Gesellschafts- und Staatsaufbau gegeben und werden ständig erweitert. Im Mittelpunkt steht die Mitarbeit der Bürger in den gewählten Volksvertretungen und ihren Organen: den Räten, Kommissionen, Aktivs, Arbeitergruppen usw. Nicht nur die regelmäßigen Wahlen zu den Volksvertretungen, die Wahl ihrer Organe, die Rechenschaftspflicht der Staatsfunktionäre und Abgeordneten sind hier von Bedeutung, sondern vor allem die ständige Mitarbeit der Bürger an der Lösung wichtiger sachlicher Fragen der praktischen Leitungsarbeit.

(Kleines Politisches Wörterbuch, Berlin/DDR (Dietz) 1978, S. 808–812)

M 2 Das Demokratieverständnis des Grundgesetzes der Bundesrepublik Deutschland

Aus einem Urteil des Bundesverfassungsgerichts (1956):

Das Grundgesetz bezeichnet die von ihm geschaffene Staatsordnung als eine freiheitliche Demokratie. Es knüpft damit an die Tradition des „liberalen bürgerlichen Rechtsstaats" an, wie er sich im 19. Jahrhundert allmählich herausgebildet hat und wie er in Deutschland schließlich in der Weimarer Verfassung verwirklicht worden ist.

Diese freiheitliche demokratische Ordnung nimmt die bestehenden, historisch gewordenen staatli-

chen und gesellschaftlichen Verhältnisse und die Denk- und Verhaltensweisen der Menschen zunächst als gegeben hin. Sie sanktioniert sie weder schlechthin, noch lehnt sie sie grundsätzlich und im Ganzen ab; sie geht vielmehr davon aus, dass sie verbesserungsfähig und -bedürftig sind.
Die freiheitliche Demokratie lehnt die Auffassung ab, dass die geschichtliche Entwicklung durch ein wissenschaftliches Endziel determiniert sei und dass folglich auch die einzelnen Gemeinschaftsentscheidungen als Schritt zur Verwirklichung eines solchen Endzieles inhaltlich von diesem her bestimmt werden könnten. [...]
Das Gesamtwohl wird eben nicht von vornherein gleichgesetzt mit den Interessen oder Wünschen einer bestimmten Klasse; annähernd gleichmäßige Förderung des Wohles aller Bürger und annähernd gleichmäßige Verteilung der Lasten wird grundsätzlich erstrebt. Es besteht das Ideal der „sozialen Demokratie in den Formen des Rechtsstaates".
Die staatliche Ordnung der freiheitlichen Demokratie muss demgemäß systematisch auf die Aufgabe der Anpassung und Verbesserung und des sozialen Kompromisses angelegt sein; sie muss insbesondere Missbräuche der Macht hemmen. Ihre Aufgabe besteht wesentlich darin, die Wege für alle denkbaren Lösungen offenzuhalten, und zwar jeweils dem Willen der tatsächlichen Mehrheit des Volkes für die einzelnen Entscheidungen Geltung zu verschaffen, aber diese Mehrheit auch zur Rechtfertigung ihrer Entscheidungen vor dem ganzen Volke, auch vor der Minderheit, zu zwingen. [...]
Was die Mehrheit will, wird jeweils in einem sorgfältig geregelten Verfahren ermittelt. Aber der Mehrheitsentscheidung geht die Anmeldung der Forderungen der Minderheit und die freie Diskussion voraus, zu der die freiheitliche demokratische Ordnung vielfältige Möglichkeiten gibt, die sie selbst wünscht und fördert und deshalb auch für den Vertreter von Minderheitsmeinungen möglichst risikolos gestaltet. Da die Mehrheit immer wechseln kann, haben auch Minderheitsmeinungen die reale Chance, zur Geltung zu kommen. So kann in weitem Maße Kritik am Bestehenden, Unzufriedenheit mit Personen, Institutionen und konkreten Entscheidungen im Rahmen dieser Ordnung positiv verarbeitet werden. In die schließlich erreichte Mehrheitsentscheidung ist immer auch die geistige Arbeit und die Kritik der oppositionellen Minderheit eingegangen. Weil Unzufriedenheit und Kritik mannigfache, selbst drastische Ausdrucksmöglichkeiten besitzen, zwingt die Einsicht in die Labilität ihrer Position die Mehrheit selbst, die Interessen der Minderheit grundsätzlich zu berücksichtigen.
Dass diese Ordnung funktionieren, dass sie das Gesamtwohl schließlich in einer für alle zumutbaren Weise verwirklichen könne, wird durch ein System rechtlich gesetzter oder vorausgesetzter Spielregeln sichergestellt, die sich aufgrund der geschilderten Prinzipien in einer langen historischen Entwicklung ergeben haben. Die mannigfach gesicherte politische Meinungs- und Diskussionsfreiheit und die Vereinigungsfreiheit führen zum Mehrparteiensystem und zum Recht auf organisierte politische Opposition. Freie Wahlen mit regelmäßiger Wiederholung in relativ kurzen Zeitabständen sichern die Kontrolle des Volkes über die Benutzung der Macht durch die politische Mehrheit. Die Regierung ist der Volksvertretung gegenüber verantwortlich. Das Prinzip der Aufteilung der Staatsmacht auf verschiedene, sich gegenseitig kontrollierende und hemmende Träger dient der Vermeidung übermäßiger Machtkonzentration an einer Stelle im Staat.

(Zit. nach: Entscheidungen des Bundesverfassungsgerichts, 5. Band, Tübingen (Mohr-Siebeck) 1956, S. 197–200)

„Sozialistische Demokratie" in den Verfassungen der DDR

M 3 Aus den Verfassungen der DDR

Im Laufe ihrer Geschichte gab sich die DDR drei verschiedene Verfassungen: 1949, 1968 und 1974. In den Formulierungen der Präambeln (feierliche Vorworte) und des jeweils ersten Artikels spiegeln sich grundlegende Veränderung im staatlichen Selbstverständnis der DDR.

a) Die Verfassung der Deutschen Demokratischen Republik vom 7.10.1949 (Auszug)
Präambel: Vom Willen erfüllt, die Freiheit und die Rechte des Menschen zu verbürgen, das Gemeinschafts- und Wirtschaftsleben in sozialer Gerechtigkeit zu gestalten, dem gesellschaftlichen Fortschritt zu dienen, die Freundschaft mit allen Völkern zu fördern und den Frieden zu sichern, hat sich das deutsche Volk diese Verfassung gegeben.
Art. 1: Deutschland ist eine unteilbare demokratische Republik; [...]

b) Die Verfassung der Deutschen Demokratischen Republik vom 6.4.1968 (Auszug)
Präambel: Getragen von der Verantwortung, der ganzen deutschen Nation den Weg in eine Zukunft des Friedens und des Sozialismus zu weisen,

in Ansehung der geschichtlichen Tatsache, dass der Imperialismus unter Führung der USA im Einvernehmen mit Kreisen des westdeutschen Monopolkapitals Deutschland gespalten hat, um Westdeutschland zu einer Basis des Imperialismus und des Kampfes gegen den Sozialismus aufzubauen, was den Lebensinteressen der Nation widerspricht,
hat sich das Volk der Deutschen Demokratischen Republik,
fest gegründet auf den Errungenschaften der antifaschistisch-demokratischen und der sozialistischen Umwälzung der gesellschaftlichen Ordnung,
einig in seinen werktätigen Klassen und Schichten das Werk der Verfassung vom 7. Oktober 1949 in ihrem Geiste weiterführend,
und von dem Willen erfüllt, den Weg des Friedens, der sozialen Gerechtigkeit, der Demokratie, des Sozialismus und der Völkerfreundschaft in freier Entscheidung unbeirrt weiterzugehen,
diese sozialistische Verfassung gegeben.
Art. 1: Die Deutsche Demokratische Republik ist ein sozialistischer Staat deutscher Nation. Sie ist die politische Organisation der Werktätigen in Stadt und Land, die gemeinsam unter Führung der Arbeiterklasse und ihrer marxistisch-leninistischen Partei den Sozialismus verwirklichen.

c) Die Verfassung der Deutschen Demokratischen Republik vom 7.10.1974 (Auszug)
Präambel: In Fortsetzung der revolutionären Traditionen der deutschen Arbeiterklasse und gestützt auf die Befreiung vom Faschismus hat das Volk der Deutschen Demokratischen Republik in Übereinstimmung mit den Prozessen der geschichtlichen Entwicklung unserer Epoche sein Recht auf sozialökonomische, staatliche und nationale Selbstbestimmung verwirklicht und gestaltet die entwickelte sozialistische Gesellschaft.
Erfüllt von dem Willen, seine Geschicke frei zu bestimmen, unbeirrt auch weiter den Weg des Sozialismus und Kommunismus, des Friedens, der Demokratie und Völkerfreundschaft zu gehen, hat sich das Volk der Deutschen Demokratischen Republik diese sozialistische Verfassung gegeben.
Art. 1: Die Deutsche Demokratische Republik ist ein sozialistischer Staat der Arbeiter und Bauern. Sie ist die politische Organisation der Werktätigen in Stadt und Land unter Führung der Arbeiterklasse und ihrer marxistisch-leninistischen Partei. […]

(Zit. nach: Deutsche Verfassungen, München (Goldmann) 1985, S. 189, 217f., 243)

Ein Fallbeispiel: Über den Umgang mit Reformvorschlägen in den Jahren 1956–1958

M 4 Der V. Parteitag der SED (1958)

Zeitgenössisches Foto, DDR 1958 (2.v.l.: Chruschtschow, rechts daneben Ulbricht und Grotewohl)

Vor und rund um den V. Parteitag der SED vom 10.–16. Juli 1958 in der Werner-Seelenbinder-Halle in Berlin gab es eine ganze Reihe parteiinterner und auch öffentlicher Verlautbarungen zum Thema Demokratie. Hintergrund war, dass sich die DDR zu den Ergebnissen des XX. Parteitags der KPdSU verhalten musste, der zwei Jahre zuvor (1956) in Moskau stattgefunden hatte. In dessen Verlauf hatte der neue sowjetische Parteichef Chruschtschow nach dem Tode Stalins (1953) mit dem Stalinismus gebrochen und die „Entstalinisierung“ eingeleitet. Die SED-Führung vollzog die Entstalinisierung nur zögerlich nach, indem sie zwar den „Personenkult“ Stalins verurteilte, die politischen Grundstrukturen im eigenen Land aber unangetastet ließ.
Die Entstalinisierung in der Sowjetunion führte in der DDR zu neuen oppositionellen Bewegungen, die sich selbst als antistalinistisch, aber nicht als antikommunistisch verstanden und die einen „menschlichen Sozialismus“ forderten. Die führende Köpfe dieser Bewegung waren Ernst Bloch und Robert Havemann. Bloch emigrierte 1961 in die Bundesrepublik, Havemann wurde 1964 aus der SED ausgeschlossen und 1976 unter Hausarrest gestellt.
Eine andere Reformgruppe innerhalb der SED um den Philosophen Wolfgang Harich (1923–1995) wurde im März 1957 zu hohen Haftstrafen verurteilt.

M 5 Hermann Matern (1958)

Hermann Matern (1893–1971), ein Mitglied des Politbüros der SED, sagte 1958 in Leipzig:

Die Staatsmacht in den Händen zu haben, das ist eine große Sache [...]. Wir denken nie daran, die Arbeiter- und Bauernmacht wieder aufzugeben. Bei uns lassen wir nicht zu, dass jemand bei den Wahlen kandidiert, der den Kapitalismus wieder aufbauen will.
Es geht doch um die Macht, und die Macht ist keine Kleinigkeit, versteht ihr? Ich kenne keinen Fall in der Geschichte der Arbeiterbewegung, wo die Arbeiterklasse durch den Stimmzettel die Macht erobert hat [...].
Da wären wir doch rückständige Menschen, wenn wir zulassen würden, die Macht mit dem Stimmzettel zu verlieren. Was wären wir denn dann für Politiker und Arbeiterfunktionäre. Nein, das dürft ihr von uns nicht erwarten.
Und es gibt bei uns auch keine Partei, die den Standpunkt vertritt, bei uns den Kapitalismus wiederherzustellen. Deshalb gibt es also auch keine Opposition nach bürgerlichen Vorstellungen. Das ist unsere sozialistische Demokratie, und darüber muss man sich klar sein.

(Zit. nach: Dokumente zur Geschichte der SED, Bd. 2, Berlin (Dietz) 1986)

M 6 Aus einem Artikel der SED-Parteizeitung „Neues Deutschland" (1957)

Manche Bürger fragen, warum es bei uns keine Opposition gibt, und meinen, zu einer richtigen Demokratie gehöre doch auch eine Opposition. Demokratie herrscht aber nicht dort, wo verschiedene Parteien gegeneinander auftreten, wo die Kraft der Arbeiterklasse gespalten ist und eine Opposition besteht. Im Gegenteil, das Vorhandensein oppositioneller Kräfte in bürgerlich-kapitalistischen Staaten offenbart den immer schärfer hervortretenden Interessengegensatz zwischen den sich an der Macht befindenden Monopolisten und Militaristen und der von der Macht ausgeschlossenen unterdrückten Bevölkerung. Opposition ist nur der Beweis dafür, dass die Volksmassen gegen die herrschende Klasse für ihr Recht kämpfen müssen.
Die Bourgeoisie kann die aus den unversöhnlichen Klassengegensätzen hervorwachsende Opposition nicht leugnen. Deshalb versucht sie, diese zu einem „Charakteristikum wahrer Demokratie" für jeden Staat umzufälschen.
Auch von der rechten Sozialdemokratie wurde und wird diese Ansicht verbreitet. Der ehemalige Vorsitzende der SPD, Schumacher, formulierte z. B. wie folgt: „Das Wesen des Staates ist nicht die Regierung, und das Wesen des Staates ist nicht die Opposition. Das Wesen des Staates ist die Regierung und die Opposition."
Aus solchen Auffassungen wird dann die absurde Behauptung abgeleitet, dass unser sozialistischer Staat der Arbeiter und Bauern nicht demokratisch sei, weil es bei uns „keine Opposition gebe".
In unserer Deutschen Demokratischen Republik sind die Kriegsverbrecher, Monopolisten und Junker[1] entmachtet. Hier gehören die Fabriken und Banken dem Volk. Die Armee, Polizei und Justiz – die Machtmittel des Staates – sind Instrumente der Werktätigen. Es gibt keinen Gegensatz zwischen der Politik unserer Regierung und den Interessen der gesamten Bevölkerung.
Eine Opposition in der DDR könnte doch nur gegen die Politik unserer Regierung gerichtet sein. Sie müsste sich also gegen die Einführung der 45-Stunden-Woche, gegen den Bau von zusätzlich hunderttausend Wohnungen, gegen unsere niedrigen Mieten, gegen die Stabilität unserer Preise, gegen die niedrigen MTS-Tarife, gegen die hohen Ausgaben für Wissenschaft und Kultur und gegen unsere Friedenspolitik richten. Sie müsste sich gegen die Einheit der Arbeiterklasse, gegen unseren Arbeiter- und Bauern-Staat richten. Sie müsste für den Einsatz von Militaristen und Faschisten in hohe Machtpositionen, für den NATO-Kriegspakt und für die Vorbereitung eines Atomkrieges sein. Solch eine Opposition zu dulden, wäre verbrecherisch.

(Neues Deutschland, 12. Jg./Nr. 116 vom 17.5.1957; zit. nach: Hermann Weber (Hg.), DDR – Dokumente zur Geschichte der Deutschen Demokratischen Republik 1945–1985, München (dtv) 1986, S. 229f.)

[1] Junker: adelige Großgrundbesitzer

M 7 Aus einer Information des Politbüros der SED an die Gliederungen der Partei (Mai 1958)

Unter diesen Bedingungen begannen die grundlegenden Differenzen zwischen der Parteiführung und der Gruppe Schirdewan[1], Wollweber[2] und andere. Bei dieser Gruppe gab es eine opportunistische Auslegung des XX. Parteitages der KPdSU[3] in der Frage der Diktatur des Proletariats. Sie orientierte sich einseitig auf eine breite Demokratisierung im Sinne einer liberalen Entwicklung. Demgegenüber unterschätzten sie die Notwendigkeit des ständigen Kampfes gegen die Feinde des sozialistischen Aufbaus. Statt die Demokratie zu entwickeln und auch alle Sicherungsmaßnahmen zu treffen, um Provokationen gegen die Arbeiter- und Bauern-Macht zu verhindern, waren sie der Meinung, weil die Sowjetunion und die DDR eine Politik der Entspannung durchführen, müsse man auch unsere staatlichen Machtorgane „entspannen"; das bedeutete, den feindlichen Kräften in der DDR Tür und Tor zu öffnen. Das zeigt, dass die fraktionelle[4] Gruppe Schirdewan, Wollweber und andere der richtigen Generallinie der Partei eine opportunistische[5] Linie entgegensetzen wollte. Wohin es führt, wenn die Partei solche Schwankungen in den Grundfragen der Politik zulässt, zeigen die Ereignisse in Polen und Ungarn im Herbst 1956 [...].

Es ist völlig klar, dass es sich bei dem Auftreten der Gruppe Schirdewan, Wollweber und andere um eine fraktionelle Gruppierung handelt, deren politische Konzeption sich auf alle Grundfragen der Politik und der Arbeit der Partei bezog und die auf der Grundlage ihrer opportunistischen Plattform um die Änderung der Generallinie der Partei sowie um die Änderung der Parteiführung und der Staatsführung kämpfte. Sie tarnte ihre opportunistische Politik mit dem angeblichen Kampf gegen den Arbeitsstil des Genossen Ulbricht. In Wirklichkeit sahen die opportunistischen Kräfte in dem marxistisch-leninistischen Arbeitsstil des Genossen Ulbricht eine Gefahr für ihre fraktionelle Tätigkeit; denn dieser Arbeitsstil war und ist seinem Inhalt nach darauf gerichtet, jede fraktionelle Tätigkeit zu unterbinden, die Kollektivität der Führung zu festigen, die Reihen der Partei zu stärken und die Einheit und Reinheit der Partei zu sichern.

Auf dem Plenum[6] wurde eine richtige Einschätzung der politischen Lage gegeben und die sozialistische Perspektive hervorgehoben, die Politik der Wiedervereinigung Deutschlands breit entwickelt und gezeigt, wie die Wiedervereinigung auf dem Weg über die Bildung der Konföderation vor sich gehen muss.

Es wurde betont, dass die Stärkung der Deutschen Demokratischen Republik die Grundbedingung ist, um den Frieden zu sichern und später die Wiedervereinigung herbeizuführen. Wir haben die in der Moskauer Erklärung der kommunistischen und Arbeiterparteien dargelegte wissenschaftliche Konzeption[7] entsprechend den Entwicklungsbedingungen in Deutschland richtig angewandt.

Auf dem 30. Plenum des ZK, also etwa vor einem Jahr, wurde die Gruppe Schirdewan, Wollweber und andere ideologisch geschlagen [...].

(Brief des ZK der SED an alle Grundorganisationen der SED, Berlin 1958; zit. nach: H. Weber, a. a. O., S. 235 f.)

---

1 Karl Schirdewan (1907–1998) war während des Nationalsozialismus als Kommunist KZ-Häftling in Sachsenhausen und Flossenbürg. Seit 1945 war er Mitglied des ZK, erst der KPD, dann der SED. Zusammen mit Ernst Wollweber wurde er im Februar 1958 entmachtet. Unter anderem wurde ihm vorgeworfen, die Vorgänge in Ungarn 1956 (Niederschlagung des Volksaufstandes) zu „verharmlosen".

2 Ernst Wollweber (1898–1967) organisierte während des Nationalsozialismus Widerstands- und Sabotageakte aus dem schwedischen Exil heraus. Seit 1954 war er Mitglied des ZK der SED. Zusammen mit Karl Schirdewan wurde er 1958 entmachtet.

3 Siehe Text zu M 4.

4 „fraktionell": eine Fraktion, Abspaltung innerhalb der SED bildend

5 „opportunistisch": sich anbiedernd, keine klare Linie verfolgend

6 35. Plenum des ZK der SED im Februar 1958

7 „wissenschaftliche Konzeption": Im Verständnis der DDR war der Marxismus-Leninismus eine „Wissenschaft".

Unrecht anerkennen?

Die Deutschlandpolitik der beiden deutschen Staaten am Beispiel der Debatte um die „Neue Ostpolitik"

7.12.1970: Der Bundeskanzler der Bundesrepublik Deutschland kniet vor dem Mahnmal für die Opfer des Aufstandes im ehemaligen Warschauer Getto nieder. Diese Geste erregte weltweites Aufsehen. Sie war ein Symbol der Anerkennung deutscher Schuld und des Willens zur Aussöhnung.

Das Foto ging um die Welt – auch als Symbol der „Neuen Ostpolitik" der sozial-liberalen Koalition (SPD und FDP), die nach den Bundestagswahlen von 1969 die Große Koalition abgelöst hatte. Die Ostpolitik, für die Willy Brandt als erster Deutscher nach dem Zweiten Weltkrieg den Friedensnobelpreis erhielt, war im Bundestag und in der deutschen Öffentlichkeit umstritten und wird bis in die Gegenwart unterschiedlich bewertet. Im Kern ging es damals um die Frage, ob die Bundesrepublik die DDR als Staat anerkennen dürfe. Die zeitgenössische Debatte steht – exemplarisch für die Sicht der Bundesrepublik auf die DDR – im Mittelpunkt dieses Themas.

- **Welche Argumente standen sich in der zeitgenössischen Debatte gegenüber?**

Gestalten und reflektieren Sie eine Podiumsdiskussion zur „Neuen Ostpolitik", die zu Beginn der 1970er-Jahre hätte stattfinden können, als historisches Rollenspiel.

Zur Vorbereitung, Durchführung und Reflexion der Podiumsdiskussion:

Vorbereitungsphase

In der Vorbereitungsphase geht es darum, die Podiumsdiskussion organisatorisch und inhaltlich vorzubereiten.

1. Bestimmen Sie aus Ihrem Kurs einen Diskussionsleiter oder eine Diskussionsleiterin sowie Beobachter, deren Aufgabe es sein wird, die zentralen Aussagen während der Podiumsdiskussion in Stichworten zu protokollieren.
   ➧ **Tipp:** Diskussionsleiter(in) und Beobachter sollten sich durch eine eingehende inhaltliche Lektüre der vier Positionen (Kenntnis der Hauptaussagen) auf ihre Aufgabe vorbereiten.

2. Gehen Sie bei der inhaltlichen Vorbereitung arbeitsteilig in Gruppen vor und erarbeiten Sie jeweils eine der vier hier vorgestellten zeitgenössischen Positionen zur „Neuen Ostpolitik". Entscheiden Sie sich dazu für eine der vier Quellen (M 1 – M 4) und interpretieren Sie sie unter der Leitfrage.
   a) Bestimmen Sie die äußeren, formalen Merkmale der von Ihnen untersuchten Quelle.
   b) Arbeiten Sie die jeweils vertretene Position sowie die zur Begründung genannten Argumente heraus. Halten Sie Position und Argumente in schriftlichen Stichworten fest.
   c) Erörtern Sie in Ihren Gruppen, inwieweit Ihnen Position und Argumente überzeugend erscheinen.

3. Bestimmen Sie in jeder Gruppe einen Sprecher oder eine Sprecherin, die „Ihre" zeitgenössische Position auf dem Podium vertreten soll.
   Bereiten Sie auf der Grundlage Ihrer Interpretationsergebnisse ein pointiertes einleitendes Statement vor, mit dem Ihre Vertreterin bzw. Ihr Vertreter in die Diskussion auf dem Podium einsteigen soll.

Durchführungsphase

In der Durchführungsphase werden die zeitgenössischen Positionen in spielerischer Form (als historisches Rollenspiel) präsentiert und im zeitgenössischen Horizont debattiert.

a) Der Diskussionsleiter oder die Diskussionsleiterin eröffnet die Podiumsdiskussion.
b) Der Sprecher der Gruppe „Konzept der Neuen Ostpolitik" (M 1) eröffnet die Diskussion.
c) Danach nehmen die anderen Teilnehmer (M 2 – M 4) in jeweils einem Statement Stellung.

d) Die Teilnehmer auf dem Podium diskutieren mit dem Publikum (dem Kurs) nach Rednerliste. **Wichtig!** Alle Teilnehmer verbleiben dabei in der historischen Perspektive.

Auswertungsphase

In der Auswertungsphase verlässt der Kurs die historische Perspektive, wertet das historische Rollenspiel aus heutiger Sicht aus und sichert die Ergebnisse.

a) Die Beobachter fassen die Ergebnisse der Podiumsdiskussion zusammen und beschreiben das Verhalten der Rollenspieler auf dem Podium.
b) Der Kurs setzt sich – in Kleingruppen oder im Plenum – aus heutiger Perspektive mit den zeitgenössischen Positionen kritisch auseinander.

Abschlussreflexion

Der Kurs reflektiert Ergebnisse und Verfahren.

Die Politik der Bundesrepublik gegenüber der DDR

Mit der Vollendung der deutschen Einheit am 3.10.1990 hat die Deutschlandpolitik der Bundesrepublik ihr Kernanliegen verwirklicht, das in den Jahrzehnten zuvor in weite Ferne gerückt zu sein schien.

Von 1949 bis 1989 stand die Politik der Bundesrepublik gegenüber der DDR in einem unauflöslichen Spannungsfeld: Einerseits konnte und wollte man die DDR als Unrechtsstaat nicht anerkennen; die Bundesrepublik sah sich selbst als einzige demokratisch legitimierte Vertretung des deutschen Volkes. Andererseits existierte die DDR de facto und daran war angesichts der weltweiten Machtverhältnisse im Kalten Krieg auch auf absehbare Zeit nichts zu ändern.

Die Leugnung der DDR zeigte sich schon sprachlich: Im Westen sprach man von „Ostdeutschland" oder der „Zone", später von der sogenannten „DDR" in Anführungszeichen.

In einer ersten Phase (1949–1963) legten die CDU-geführten Bundesregierungen unter Bundeskanzler Adenauer Wert darauf, keinerlei offizielle Beziehungen zur DDR zu unterhalten, um den Alleinvertretungsanspruch der Bundesrepublik zu unterstreichen und die DDR international zu isolieren. Die sogenannte „Hallstein-Doktrin" (1955–1969) drohte allen Staaten, die offizielle Beziehungen zur DDR aufnahmen, mit einem Abbruch der diplomatischen Beziehungen.

Nach der Kuba-Krise (1962), dem Höhepunkt des Kalten Krieges, setzten weltweit Versuche einer Regulierung und Entspannung des Konfliktes ein. Vor diesem Hintergrund begann eine vorsichtige Neuorientierung der Deutschlandpolitik der Bundesregierung, die schließlich in die „Neue Ostpolitik" der sozial-liberalen Koalition mündete (1969–1982).

Die christlich-liberale Koalition unter Bundeskanzler Kohl setzte diese Politik in den 1980er-Jahren (1982–1989) fort und intensivierte die Beziehungen zur DDR weiter, bis die Friedliche Revolution in der DDR im Jahr 1989 zum Zusammenbruch der DDR führte und die Wiedervereinigung einleitete.

MATERIALIEN

M 1 Egon Bahr: Das Konzept (1963)

Als eigentlicher Architekt der Ostpolitik gilt der langjährige Mitarbeiter Willy Brandts und spätere „Bundesminister für besondere Aufgaben" (1972–1974) Egon Bahr (SPD). In einer Denkschrift skizzierte er schon 1963 die Grundelemente seines Konzeptes:

Die Voraussetzungen zur Wiedervereinigung sind nur mit der Sowjetunion zu schaffen. Die Wiedervereinigung ist ein außenpolitisches Problem. […] Die amerikanische Strategie des Friedens lässt sich durch die Formel definieren, dass die kommunistische Herrschaft nicht beseitigt, sondern verändert werden soll. Die Änderung des Ost/West-Verhältnisses […] dient der Überwindung des Status quo, indem der Status quo zunächst nicht verändert werden soll. Das klingt paradox, aber es eröffnet Aussichten, nachdem die bisherige Politik des Drucks und Gegendrucks zu einer Erstarrung des Status quo geführt hat.

Es […] gibt in diesem Rahmen Aufgaben, die nur die Deutschen erfüllen können, weil wir uns in Europa in der einzigartigen Lage befinden, dass unser Volk geteilt ist. Die erste Folgerung ist, dass die Politik des Alles oder Nichts ausscheidet […]. Heute ist klar, dass die Wiedervereinigung nicht ein einmaliger Akt ist […], sondern ein Prozess mit vielen Schritten und vielen Stationen.

Wenn es richtig ist, […] dass man auch die Interessen der anderen Seite anerkennen und berücksichtigen müsse, so ist es sicher für die Sowjetunion unmöglich, sich die Zone zum Zwecke der Stärkung des westlichen Potenzials entreißen zu lassen. Die Zone muss mit Zustimmung der Sowjets transformiert werden. Wenn wir so weit wären, hätten wir einen großen Schritt zur Wiedervereinigung getan […]. Das ist eine Politik, die man auf die Formel bringen könnte: Wandel durch Annäherung.

(Zit. nach: Heinrich v. Siegler, Dokumentation zur Deutschlandfrage, Hauptband III, Bonn/Wien/Zürich (Siegler) 1966, S. 256 ff.)

M 2 Willy Brandt: Regierungserklärung (Auszüge) vor dem Bundestag (28.10.1969)

Der SPD-Politiker Willy Brandt (1913–1992) war Regierender Bürgermeister von Berlin (1957–1966), Bundesaußenminister in der Großen Koalition (1966–1969) und von 1969–1974 Bundeskanzler der sozial-liberalen Koalition. Für seine Ostpolitik erhielt er 1971 den Friedensnobelpreis.

Diese Regierung geht davon aus, dass die Fragen, die sich für das deutsche Volk aus dem Zweiten Weltkrieg und aus dem nationalen Verrat durch das Hitlerregime ergeben haben, abschließend nur in einer europäischen Friedensregelung beantwortet werden können. Niemand kann uns jedoch ausreden, dass wir Deutschen ein Selbstbestimmungsrecht haben, wie alle anderen Völker auch.
Aufgabe der praktischen Politik in den jetzt vor uns liegenden Jahren ist es, die Einheit der Nation dadurch zu wahren, dass das Verhältnis zwischen den Teilen Deutschlands aus der gegenwärtigen Verkrampfung gelöst wird […].
20 Jahre nach Gründung der Bundesrepublik Deutschland und der DDR müssen wir ein weiteres Auseinanderleben der deutschen Nation verhindern, also versuchen, über ein geregeltes Nebeneinander zu einem Miteinander zu kommen.
Dies ist nicht nur ein deutsches Interesse, denn es hat seine Bedeutung auch für den Frieden in Europa und für das Ost-West-Verhältnis.
Die Bundesregierung […] bietet dem Ministerrat der DDR […] Verhandlungen beiderseits ohne Diskriminierung auf der Ebene der Regierungen an, die zu vertraglich geregelter Zusammenarbeit führen sollen. Eine völkerrechtliche Anerkennung der DDR durch die Bundesregierung kann nicht in Betracht kommen. Auch wenn zwei Staaten in Deutschland existieren, sind sie doch füreinander nicht Ausland; ihre Beziehungen zueinander können nur besonderer Art sein.

(Bulletin des Presse- und Informationsamtes der Bundesregierung, Nr. 132, 29.10.1969, S. 1121 ff.)

M 3 Freiherr von und zu Guttenberg: Die Haltung der Opposition (27.5.1970)

In einer Rede vor dem Bundestag erklärte der CSU-Abgeordnete Freiherr von und zu Guttenberg (1921-1972) am 27. Mai 1970:

Ich will die Sache, die hier auf dem Spiele steht, um derentwillen wir schwerste Sorge haben, […] gleich beim Namen nennen. Die Sache ist nicht mehr und nicht weniger als das Recht der Deutschen – aller Deutschen –, frei zu sein und über sich selbst zu bestimmen. Dies war, dies ist und dies wird bleiben der feste unveränderliche Kern und Auftrag aller deutschen Politik.
Ich sage hier für meine Freunde und für mich mit allem Nachdruck, mit allem Ernst und leider auch mit der heute nötigen Sorge: Wir, die CDU/CSU, sind nicht bereit, sogenannte Realitäten zu achten, zu respektieren oder gar anzuerkennen, die den Namen „Unrecht" tragen.
[…] ich bin davon überzeugt, dass Ihre Regierung auf Anerkennungskurs liegt. Dieser Kurs wird dazu führen, dass eines Tages der Schutz der NATO zerbröckeln und die Sowjetunion die Herrschaft über ganz Europa gewinnen kann […].
Sie, Herr Bundeskanzler, sind dabei, das Deutschlandkonzept des Westens aufzugeben und in jenes der Sowjetunion einzutreten […]. Herr Bundeskanzler, nicht anders als so […] ist es zu werten, wenn Ihr Unterhändler in Moskau […] weitgehend die sowjetischen Teilungs- und Anerkennungsformeln akzeptiert hat.
Was aber wäre denn die unausweichliche Konsequenz eines solchen […] Scheinfriedens auf der Basis einer sanktionierten Teilung Deutschlands und Europas? Die erste Konsequenz wäre die, dass viele, allzu viele in Amerika sagen würden, nun sei das entscheidende Problem in Europa gelöst; wozu also noch amerikanische Truppen in Europa? Die zweite Konsequenz wäre die, dass die Sowjetunion in der wichtigsten und zentralen Auseinandersetzung in Europa über den Westen einen entscheidenden politischen Sieg errungen hätte und dass der Wind dann in Europa zugunsten der Sowjetunion drehen würde […].

(Verhandlungen des deutschen Bundestages, Stenographische Berichte, Bd. 72, S. 2693 ff.)

M 4 Willi Stoph: Die Haltung der DDR (10.6.1970)

Willi Stoph (1914–1999) war von 1964–1973 Vorsitzender des Ministerrates der DDR. Im Verlauf des Jahres 1970 traf er sich mit Willy Brandt in Erfurt und in Kassel. In einer Rede erklärte er:

Liebe Genossinnen und Genossen! Heute ist die Lage so: In Gestalt der DDR und der BRD stehen sich nicht nur zwei voneinander unabhängige, selbstständige Staaten gegenüber, sondern es handelt sich noch dazu und vor allem um Staaten mit gegensätzlichen Gesellschaftsordnungen, die unvereinbar sind. So gefährlich es für den europäischen Frieden ist, dass in Westdeutschland unter der Führung der CDU/CSU die imperialistische Vergangenheit restauriert wurde und die herrschenden Kräfte mit ihrer Revanchepolitik die BRD zum Hauptstörenfried in Europa gemacht haben, so gut ist es für alle Völker Europas, dass es die sozialistische DDR gibt, die die Vergangenheit bewältigt hat, dem Revanchismus keinen Meter Boden gibt und ein aktiver Faktor für den Frieden ist.
Wie zwischen allen Staaten unterschiedlicher Gesellschaftssysteme kann es auch zwischen der DDR und der BRD Beziehungen der friedlichen Koexistenz nur auf der Grundlage des Völkerrechts – also normale diplomatische Beziehungen – geben. Unser Standpunkt dazu ist immer wieder in Verwirklichung der Beschlüsse des ZK sowohl im Vertragsentwurf der DDR, auf der internationalen Pressekonferenz des Genossen Walter Ulbricht sowie in den Erklärungen bei meinem Zusammentreffen mit dem westdeutschen Bundeskanzler in Erfurt und Kassel ausführlich dargelegt worden.
Worum geht es? Die Regierung der Bundesrepublik muss endlich den geschichtlichen Tatsachen voll Rechnung tragen und daraus die politischen Konsequenzen ziehen. Wenn sie sich dem weiterhin versperrt, so wird sie – wie alle ihre Vorgängerinnen – hoffnungslos in die Sackgasse geraten. Allerdings, wer sich selbst in die Sackgasse manövriert, soll uns nicht den Vorwurf machen, wir hätten Schuld daran. Auf nichts anderes läuft doch die in Bonn Tag für Tag ausgegebene These hinaus, die DDR nähme mit der Forderung nach Beziehungen auf der Grundlage des Völkerrechts eine Position des „Alles oder Nichts“ ein. Das ist unwahr und reine Demagogie zugleich. Eine Position des „Alles oder Nichts“ einnehmen zu wollen, hieße, heute den Sozialismus als Gegenwartsaufgabe für Westdeutschland zur Debatte zu stellen. Die Herstellung von Beziehungen der friedlichen Koexistenz auf der Grundlage des Völkerrechts zwischen der DDR und der BRD hingegen ist sozusagen das notwendige Minimum an Realismus.

(Zit. nach: Bundesministerium für innerdeutsche Beziehungen (Hg.), Texte zur Deutschlandpolitik, Bd. V, Bonn 1970, S. 300f.)

Anspruch und Wirklichkeit

Gesellschaftliche Wirklichkeit im „real existierenden Sozialismus“

Das Leben in der DDR bietet im Rückblick ein zwiespältiges Bild. Einerseits hatte der Staat einen hohen Anspruch an Fortschritt und Gerechtigkeit in der „entwickelten sozialistischen Gesellschaft“, der sich schon aus der Überzeugung ergab, dass der „Sozialismus“ gegenüber dem „Kapitalismus“ historisch überlegen sei. Durch den Wegfall der kapitalistischen Ausbeutung und den Aufbau des Sozialismus in Staat und Gesellschaft sollte sich ein neuer Menschentyp, die „allseitig entwickelte sozialistische Persönlichkeit“, herausbilden. Andererseits war auch den Machthabern in der DDR bewusst, dass man diesen Ansprüchen nicht immer gerecht werden konnte. Anspruch und Realität waren nicht deckungsgleich – eine Tatsache, die man mit der Formel vom „real existierenden Sozialismus“ zum Ausdruck brachte.

- **Die „allseitig entwickelte sozialistische Persönlichkeit“ – Anspruch oder Realität?**

Präsentieren Sie eine Dokumentation zum Thema „Anspruch und Wirklichkeit – Gesellschaftliche Wirklichkeit im ‚real existierenden Sozialismus‘ der DDR“.

Vorschläge, wie Sie die Arbeitsprozesse methodisch und inhaltlich organisieren können:

1. Erarbeiten Sie in einem ersten Arbeitsschritt gemeinsam in der Kursgruppe das Idealbild des „neuen sozialistischen Menschen“, indem Sie die Quelle M 1 unter der Leitfrage interpretieren.

a) Stellen Sie die äußeren, formalen Merkmale (Bestimmungsfaktoren) der Quelle M 1 dar.

b) Arbeiten Sie die in der Quelle M 1 enthaltenen normativen Elemente eines „neuen sozialistischen Menschen“ und die ihnen zugrunde liegenden ideologischen Vorstellungen heraus.

2. Erarbeiten und gestalten Sie in einem zweiten Arbeitsschritt Ihre Projektdokumentation. Folgen Sie dabei den empfohlenen Schritten und Hinweisen der Methode „Dokumentation“ (s. S. 84).

➧ **Analyse- und Interpretationstipps:** Die folgenden Hinweise helfen Ihnen bei der inhaltlichen Erschließung der vielfältigen Materialien.

Aspekt 1: Arbeit

a) Bestimmen Sie die formalen Merkmale der Quellen M 2–M 4 und arbeiten Sie heraus, welche wirtschaftlichen Ziele formuliert und welche Ansprüche an die Bevölkerung deutlich werden. Erläutern Sie die ideologischen Grundlagen dieser Ziele und Ansprüche.

b) Bestimmen Sie die formalen Merkmale der Quellen M 5 – M 7 und arbeiten Sie die jeweils geäußerte Kritik an der Realität der Planwirtschaft in der DDR heraus.

c) Stellen Sie Anspruch und Realität des Arbeitslebens in der DDR – soweit in den Quellen sichtbar – gegenüber; diskutieren Sie Chancen und Grenzen der DDR-Planwirtschaft aus Ihrer Sicht.

Aspekt 2: Frauen

a) Arbeiten Sie auf der Grundlage einer systematischen Interpretation des Plakates M 8 und der Quelle M 9 wesentliche Elemente des offiziellen Frauenbildes der DDR heraus.

b) Erläutern Sie die ideologischen und arbeitsmarktpolitischen Hintergründe dieses Frauenbildes anhand des darstellenden Textes „Die Frauenpolitik der DDR“ (s. Kasten S. 87 f.).

c) Untersuchen Sie den Text von Jutta Gysi und Dagmar Meyer (M 10), die zeitgenössischen Dokumente (M 11, M 13) sowie den autobiografischen Bericht (M 12) im Hinblick auf die Lebensrealität von Frauen in der DDR. Halten Sie Ihre Erkenntnisse in Stichworten fest.

d) Stellen Sie Anspruch und Realität der Frauenrolle in der DDR – soweit in den Quellen und Texten sichtbar – einander gegenüber.

e) Bewerten Sie die besondere Lebensrealität von Frauen in der DDR aus Ihrer Sicht, indem Sie Chancen und Grenzen einander gegenüberstellen und abwägen.

Aspekt 3: Jugend

a) Arbeiten Sie auf der Grundlage einer systematischen Interpretation der Quellen M 14, M 15 und M 16 das offizielle Bild der Jugend und insbesondere der FDJ heraus. Ergänzend können Sie das Plakat auf S. 24 heranziehen.

b) Stellen Sie diesem offiziell vertretenen Bild auf der Grundlage einer systematischen Interpretation der Quellen M 17, M 18 und M 19 subjektiv empfundene Lebensrealitäten gegenüber. Halten Sie Ihre Ergebnisse in Stichworten fest.

c) Bewerten Sie die Chancen und Grenzen der Lebensrealität von Kindern und Jugendlichen aus Ihrer Sicht.

Methode

Dokumentation

A. Eine Dokumentation

Eine Dokumentation ist eine Sammlung und übersichtliche Anordnung von Schriftstücken, Bildmaterialien und anderen Quellen zu einem bestimmten Thema. Dokumentationen werden in der Regel in Projektform erarbeitet. Sie können in unterschiedlicher medialer Form präsentiert werden: als Ausstellung, als Arbeitsmappe, als PowerPoint-Präsentation, als Homepage usw.

B. Schritte der Erstellung einer Dokumentation

1. Schritt – Thema festlegen und gliedern:

- Klären Sie das Thema Ihrer Dokumentation und legen Sie eine Formulierung fest.

  Die „allseitig entwickelte sozialistische Persönlichkeit": Anspruch oder Realität?
- Untergliedern Sie das Thema in verschiedene Teilthemen oder Aspekte.

  Arbeit, Frauen, Jugend.

2. Schritt – Ziele und Verfahren festlegen:

- Legen Sie die Zielgruppe (Kurs, Schulöffentlichkeit, Gemeinde) fest.
- Wählen Sie das Dokumentationsmedium aus. Es sollte zur Darstellung, Anordnung und Kommentierung der Materialien geeignet und der Zielgruppe angemessen sein.
- Ordnen Sie sich in arbeitsteiligen Gruppen den Teilthemen aus Schritt 1 zu.
- Legen Sie einen angemessenen Zeitrahmen für die Erstellung der Dokumentation fest.

3. Schritt – Recherche und Produktion in Gruppen:

- Untersuchen Sie die vorliegenden Materialien. Ergänzen Sie sie ggf. durch weitere Materialien, die Sie in Bibliotheken, im Internet, in Archiven oder durch Zeitzeugen-Befragungen recherchieren können. Achten Sie auf einen fachgerechten methodischen Umgang mit den Materialien.
- Ordnen Sie die Materialien in sinnvollen Zusammenhängen und ergänzen Sie sie durch kommentierende Begleittexte, Überschriften, Schaubilder etc.

4. Schritt – Qualitätsprüfung:

- Stellen Sie Ihre Zwischenergebnisse in regelmäßigen Abständen immer wieder wechselseitig vor, um zu überprüfen, wie sie aus der Perspektive eines Betrachters wirken.
- Korrigieren und optimieren Sie Ihre Dokumentation. Eine gute Dokumentation:

  – ist fachlich korrekt, enthält keine Fehler und belegt die Herkunft der Dokumente;

  – ist gut durchdacht und transparent gegliedert;

  – ist optisch und inhaltlich ansprechend gestaltet;

  – ist auch für Laien gut verständlich.

5. Schritt – Veröffentlichung:

Präsentieren Sie Ihre Dokumentation der Öffentlichkeit.

MATERIALIEN

M 1 Walter Ulbrichts „10 Gebote" für den neuen sozialistischen Menschen (10.7.1958)

Die folgenden „10 Gebote" verkündete Walter Ulbricht auf dem V. Parteitag der SED am 10. Juli 1958 in Berlin:

1. Du sollst dich stets für die internationale Solidarität der Arbeiterklasse und aller Werktätigen sowie für die unverbrüchliche Verbundenheit aller sozialistischen Länder einsetzen.
2. Du sollst dein Vaterland lieben und stets bereit sein, deine ganze Kraft und Fähigkeit für die Verteidigung der Arbeiter- und Bauern-Macht einzusetzen.
3. Du sollst helfen, die Ausbeutung des Menschen durch den Menschen zu beseitigen.
4. Du sollst gute Taten für den Sozialismus vollbringen, denn der Sozialismus führt zu einem besseren Leben für alle Werktätigen.
5. Du sollst beim Aufbau des Sozialismus im Geiste der gegenseitigen Hilfe und der kameradschaftlichen Zusammenarbeit handeln, das Kollektiv achten und seine Kritik beherzigen.
6. Du sollst das Volkseigentum schützen und mehren.
7. Du sollst stets nach Verbesserung deiner Leistungen streben, sparsam sein und die sozialistische Arbeitsdisziplin festigen.
8. Du sollst deine Kinder im Geiste des Friedens und des Sozialismus zu allseitig gebildeten, charakterfesten und körperlich gestählten Menschen erziehen.
9. Du sollst sauber und anständig leben und deine Familie achten.
10. Du sollst Solidarität mit den um ihre nationale Befreiung kämpfenden und den ihre nationale Unabhängigkeit verteidigenden Völkern üben.

(Zit. nach: Klaus Schroeder, Der SED-Staat – Partei, Staat und Gesellschaft 1949–1990, München (Propyläen) 1998, S. 671)

Aspekt 1: Arbeit

M 2 „Aktivisten zeigen den Weg"

Plakat zur Planwirtschaft, SBZ 1948

M 3 Aus der Entschließung des V. Parteitages der SED über die weiteren ökonomischen Aufgaben (15.7.1958)

1. Die ökonomische Hauptaufgabe besteht darin, die Volkswirtschaft innerhalb weniger Jahre so zu entwickeln, dass die Überlegenheit der sozialistischen Gesellschaftsordnung gegenüber der kapitalistischen Herrschaft umfassend bewiesen wird. Deshalb muss erreicht werden, dass der Pro-Kopf-Verbrauch der werktätigen Bevölkerung an allen wichtigen Lebensmitteln und Konsumgütern höher liegt als der Pro-Kopf-Verbrauch der Gesamtbevölkerung in Westdeutschland. Diese Aufgabe ist der Anteil unserer Republik am weltweiten Kampf für die friedliche Koexistenz und für den friedlichen Wettkampf zwischen der sozialistischen und kapitalistischen Gesellschaftsordnung, in dem die Überlegenheit unserer sozialistischen Ordnung bewiesen wird. Die ökonomische Hauptaufgabe hat also einen tiefen politischen und sozialen Inhalt, ihre Lösung dient der Festigung der Arbeiter- und Bauern-Macht in der Deutschen Demokratischen Republik und des sozialistischen Lagers. Sie entspricht daher voll den

politischen, wirtschaftlichen und sozialen Interessen der werktätigen Bevölkerung unseres Landes.
2. Der Schlüssel zur erfolgreichen Lösung dieser ökonomischen Hauptaufgabe ist die rasche Steigerung der Arbeitsproduktivität. Ihrem ganzen Wesen nach bietet unsere sozialistische Ordnung alle Möglichkeiten, die Arbeitsproduktivität rasch zu steigern. Auf drei Wegen müssen wir zu einem hohen Stand der Arbeitsproduktivität gelangen:
a) indem wir die Produktivkräfte rasch entwickeln;
b) indem die Arbeiterklasse einen neuen großen Arbeitsaufschwung im Kampf um den technischen Fortschritt, in der Entfaltung der sozialistischen Wettbewerbs- und Aktivistenbewegung in der ganzen Volkswirtschaft erreicht;
c) indem wir die sozialistischen Produktionsverhältnisse vervollkommnen.
Die Produktivkräfte werden entwickelt durch die umfassende Anwendung der neuesten Erkenntnisse der modernen Wissenschaft und Technik auf allen Gebieten der Volkswirtschaft. [...] Neben der Errichtung neuer Anlagen und der Anwendung neuer Verfahren muss der klugen Ausnutzung und der zweckmäßigen Kombinierung vorhandener Anlagen und Ausrüstungen größere Beachtung zugewandt werden, wie dies auf der Lehrschau der Technologie angeregt wurde. Jeder Arbeiter möge seine Qualifikation und Initiative so entwickeln, dass er an der Lösung dieser Aufgaben in bedeutendem Maße Anteil nimmt.

(Zit. nach: Hermann Weber (Hg.), DDR – Dokumente zur Geschichte der Deutschen Demokratischen Republik 1945–1985, München (dtv) 1986, S. 237 ff.)

M 4 „Unser Friedenswerk"

Flugblatt, DDR 1952

Unser Friedenswerk

Flugblatt

Fürstenberg (Oder), den 25. November 1952.

Gemeinsam werden wir es schaffen!

Unser Ofen I ist ausgefallen. Er geht sofort in Generalreparatur. Zwei Gründe sind dafür bestimmend. Erstens besteht bei uns in der DDR das sozialistische Prinzip, daß keine Produktion erfolgt auf Kosten der Gesundheit und evtl. des Lebens der Menschen.

Ofen I wird nach sowjetischen Vorschlägen gebaut

Am Ofen I werden alle Verbesserungen vorgenommen, die uns unsere sowjetischen Freunde bei ihrem Besuch im Frühjahr dieses Jahres vorgeschlagen haben. Damit aber der Ofen in kürzester Zeit wieder die Produktion aufnehmen kann, sind große Anstrengungen von uns allen notwendig.

Deshalb ergeht der Ruf an alle!

Helft immer und bei jeder Gelegenheit, damit der Ofen I schnell wieder in Betrieb genommen werden kann.

Beteiligt euch an den Sondereinsätzen

die jeweils durch die Partei und Massenorganisationen vorbereitet werden. Der erste Einsatz wird am 30. November 1952 durchgeführt von früh 6.00 Uhr an. Meldet euch bei der Parteileitung Hochofen!

Überwinden wir den Stillstand in kürzester Zeit

Durch gemeinsame Anstrengungen wird es uns gelingen, die Stillstandszeiten in kurzer Frist zu überwinden.
Organisiert die Einsatzbereitschaft in allen Betrieben und Abteilungen.

Ofen I muß bald wieder Eisen geben!

Kumpels an den Öfen II, III und IV, kämpft jetzt noch entschiedener um eine Produktionssteigerung, damit unsere Schuld gegenüber unserer Republik nicht wächst, sondern sinkt.

Täglich 500 Tonnen und wir siegen!

Gelingt es uns, schnellstens den Ofen I wieder in die Produktion einzureihen und an den anderen Öfen gute Tagesleistungen zu erzielen, helfen wir unseren Freunden, den Patrioten Westdeutschlands, umso eher das Adenauerregime zu stürzen.

Kreissekretariat der Kreisleitung EKO der SED

I/6/1 „Neuer Tag" Erscheint mit Genehmigung des Amtes für Information

M 5 Alois Kuhn: Der neue Ladentisch

Karikatur, DDR 1979.
Für die DDR war diese Karikatur ein strafwürdiges Vergehen. Kuhn wurde zu eineinhalb Jahren Haft verurteilt und später von der Bundesrepublik freigekauft.

M 6 Rudolf Bahro: Die bürokratische Form der Planung (1980)

Der Reformkommunist Rudolf Bahro analysierte die Realität der Planwirtschaft der DDR in seinem Buch „Die Alternative" wie folgt:

Die bürokratisch-zentralistische Form der Planung, bei der die Spitze von unten vorzugsweise nur passive Ist-Information und „Fragen" entgegennimmt, während sie aktive Soll-Informationen abgibt, prägt den Mechanismus der *„Auftragserteilung"* an die Individuen. Die Menschen haben vom Prinzip her nicht selbst Aufgaben zu suchen, Probleme zu erkennen und aufzugreifen, sondern sie werden ihnen verpflichtend zugewiesen [...].
Im Durchschnitt findet man daher in jeder ökonomischen Leitung ein Übergewicht der Beharrungskräfte, die um die Stabilität des Status quo kämpfen und auch die Entwicklungsfunktionen, die sie innehaben, in diesem Geiste bekleiden. [...] So besteht das wesentliche Hemmnis der Wirtschaftsdynamik darin, dass bis hinunter zum Betriebsdirektor und Abteilungsleiter die *Gesetze des bürokratischen Verhaltens* immer wieder vor ökonomischer Zweckmäßigkeit gehen. [...]
Allein schon die Anzahl der Ebenen und Ressorts, die im *bürokratischen Zentralismus* letztlich immer nur über die überlasteten Spitzen der jeweiligen Pyramiden verbindlich koordiniert werden können,

sorgt für die ungeheure *Schwerfälligkeit des ganzen Mechanismus*, dessen man in Wirklichkeit auch „oben" niemals Herr wird. Der Bürokratismus als herrschende Form der Leitungs- und Arbeitsorganisation erzeugt einen spezifischen *Menschentyp von konservativer Mittelmäßigkeit*. Leute, die sich hervortun können durch „schöpferische" Konformität (im günstigen Falle), durch korrekte Erledigung beliebiger Aufträge (im Durchschnitt), durch unfruchtbare Geschäftigkeit (am negativen Ende der Skala) [...].

(Rudolf Bahro, Die Alternative, Reinbek (Rowohlt) 1980, S. 176f., 184ff.)

M 7 Harry Maier: „Weiche Pläne"

Der Wirtschaftswissenschaftler Professor Harry Maier hatte lange Zeit führende Positionen in der Akademie der Wissenschaften der DDR inne. Er siedelte 1986 in die Bundesrepublik über. 1987 schrieb er:

Ein charakteristisches Merkmal des gegenwärtigen Entscheidungs- und Planungsmechanismus in der UdSSR und der DDR ist eine duale Struktur. Zum einen besteht er aus dem Planungs- und Entscheidungsprozess, wie er sich aus der Struktur einer hierarchisch geleiteten Wirtschaft ergibt: Ministerrat, Plankommission, Ministerien, Kombinate, Abteilungen und Brigaden. Zum anderen wird der Planungs- und Entscheidungsprozess maßgeblich durch eine „unsichtbare Hand" bestimmt, nämlich durch Wirtschaftsabteilungen der Partei.
Es ist durchaus plausibel, dass in diesem Labyrinth von Entscheidungsinstanzen die unteren Wirtschaftseinheiten gegenüber den übergeordneten Planungs- und Entscheidungsinstanzen eine Strategie der Desinformation betreiben müssen, um nicht im Räderwerk der Bürokratie zermalmt zu werden. Da ihre Leistung nach der Planerfüllung bewertet wird, sind sie vor allem daran interessiert einen möglichst risikoarmen Plan (DDR-Planungsjargon: „weicher Plan") mit der Zentrale auszuhandeln. Der Betrieb hat also [...] im gegenwärtigen System vor allem ein Interesse daran, „einen möglichst leichten Plan und möglichst viele Ressourcen zu erhalten". Denn hiervor hängt alles Übrige ab. Der Gewinn, der ja mit dem festgelegten Preis der zu produzierenden Erzeugnisse vorgegeben ist, das Produktivitätswachstum, das produzierte Nettoprodukt[1], die Erfüllung des Exportplans etc. Davon wiederum hängen die Zuführungen für den Lohn- und Prämienfonds sowie den Sozial- und Kulturfonds der Beschäftigten ab, aber auch die Jahresendprämien für die Leitungskader[2], ihre Auszeichnungen mit Orden und Ehrenzeichen sowie ihre Aufstiegschancen innerhalb der Partei- und Wirtschaftsbürokratie.
Im Rahmen dieses Systems müssen die Leitungskader nicht nur darauf achten, dass der ausgehandelte Plan termingerecht erfüllt, sondern auch darauf, dass er nicht zu sehr übererfüllt wird. Im letzteren Fall müssen sie damit rechnen, im kommenden Jahr mit einem wesentlich höheren Plan beauflagt zu werden, was dann zu Schwierigkeiten bei der Planerfüllung führen kann. Dies erklärt, weshalb bei den Produktionseinheiten kein Interesse besteht, radikale Innovationen in den Plan aufzunehmen. Einmal, weil sie sehr riskant sind und bei einem Fehlschlag zu einem ökonomischen Desaster für das Management einer Produktionseinheit führen. Zum anderen können radikale Innovationen im Falle eines Erfolgs ein sprunghaftes Effektivitätswachstum bewirken, das nur schwer im nächsten Jahr wiederholt werden kann.
Es gehört zu den Regeln des rationalen Handelns von Produktionseinheiten im Rahmen dieses Systems, auf zusätzliche Planauflagen der Zentrale mit Forderungen nach zusätzlichen Investitionen, Arbeitskräften und Materialien etc. zu reagieren. Dies vor allem auch deshalb, um nicht in den Verruf zu kommen, einen „weichen Plan" aufgestellt zu haben, aber auch um die Zentrale von weiteren zusätzlichen Planauflagen abzuhalten. Hier entsteht ein in sich geschlossenes System der Leistungszurückhaltung und Innovationsträgheit.

(Zit. nach: Walter Süß, Ende und Aufbruch – von der DDR zur Bundesrepublik Deutschland, Weltgeschichte im Aufriss, Frankfurt a.M. (Diesterweg) 1997, S. 53ff.)

---

[1] Produktionsergebnis abzüglich Produktionskosten
[2] Leitende Personen in den Betrieben

Aspekt 2: Frauen

Die Frauenpolitik der DDR
„Eine wirkliche Gleichberechtigung der Frau ist erst dann vorhanden, wenn sie einen Beruf erlernt hat und imstande ist, eine gesellschaftlich wirklich nützliche Arbeit zu verrichten." Diesen Grundsatz der Frauenpolitik der SED formulierte Walter Ulbricht im Februar 1949.
Weibliche Berufstätigkeit – auch in sogenannten „Männerberufen" – war in der DDR eine Selbstverständlichkeit. Sie galt als Garant für die ökonomische Unabhängigkeit der Frau und ihre intellektuelle und politische Selbstständigkeit. Allerdings gab es für diese Politik der SED auch handfeste wirtschaftliche Notwendigkeiten.

Erforderte der Männermangel in der unmittelbaren Nachkriegszeit die Mitarbeit der Frauen, so waren später der Flüchtlingsstrom in den Westen und die Ineffizienz der Planwirtschaft wesentliche Hintergründe der Forderung nach weiblicher Berufstätigkeit.

M 8 Internationaler Frauentag

Plakat des FDGB, 1954

M 9 Erich Honecker auf dem VIII. Parteitag der SED (1971)

Es ist in der Tat eine der größten Errungenschaften des Sozialismus, die Gleichberechtigung der Frau in unserem Staat sowohl gesetzlich als auch im Leben weitgehend verwirklicht zu haben. Kein kapitalistisches Land der Erde kann Gleiches von sich behaupten.

(Zit. nach: Haus der Geschichte der BRD (Hg.), Ungleiche Schwestern, Bonn 1997/98, S. 51)

M 10 Jutta Gysi und Dagmar Meyer über die Familienpolitik der DDR (1993)

*Jutta Gysi (*1941), Juristin, und Dagmar Meyer (*1943), Psychologin, arbeiteten bereits in der DDR als familiensoziologische Wissenschaftlerinnen. Nach dem Ende der DDR schrieben sie:*

Die Frauen nahmen in der Familienpolitik der DDR einen herausragenden Platz ein. Als Mütter bzw. potenzielle Mütter waren sie sogar die Hauptadressaten dieses Politikbereiches, der vor allem zwei – von der SED mehr oder minder deutlich artikulierte – Zielstellungen aufwies: Bevölkerungsentwicklung in Form von Geburtenförderung und die zeitgleiche Realisierung von Erwerbstätigkeit und Mutterrolle. Letztere wurde mit dem Begriff der Vereinbarkeit von Beruf und Mutterschaft beschrieben.
Die *Familienpolitik der DDR* [...] konzentrierte sich fast ausschließlich auf junge Frauen: Bis zu ihrem 25. Lebensjahr hatten die DDR-Mütter bereits rund 75 Prozent der Kinder eines Jahrganges zur Welt gebracht und bis zu ihrem 30. Lebensjahr sogar 90 Prozent. Männer spielten in den sozialpolitischen Überlegungen der SED zur Umsetzung dieser Ziele so gut wie keine Rolle und kinderlose Ehepaare wurden allenfalls als potenzielle Eltern und damit nur in jungem Lebensalter familienpolitisch bedacht (z. B. bei der Ehekredit- und Wohnungsvergabe). Der Mann galt vor allem als (die verlässlichere) Arbeitskraft und wurde als Einflussfaktor bei der Entscheidung für oder gegen ein Kind kaum in Rechnung gestellt. Tatsächlich ging diese Entscheidung auch überwiegend allein von den Frauen aus. Ein sichtbarer Beweis für diese Entscheidungsdominanz der DDR-Frauen war die hohe und bis zuletzt beinahe kontinuierlich steigende Anzahl außerhalb der Ehe geborener Kinder (1988 ca. ein Drittel) sowie die hohe Quote der allein lebenden unverheirateten Mütter. [...]
DDR-Familien waren personell kleiner (ein bis zwei Kinder) als politisch gewünscht, und die Anzahl der Ehescheidungen war nicht nur hoch, sondern stieg beinahe kontinuierlich. Vor allem die Frauen entschieden über den Bestand oder die Auflösung der Partnerschaften und Familien. Ihre ökonomische Unabhängigkeit, ihr Gleichberechtigungsstreben und die hohen Ansprüche an den Partner trugen erheblich zum Wandel der Lebensformen bei. [...]
Die Einbindung der Frauen in die Erwerbsarbeit ist in der DDR schrittweise und unter vielen Schwierigkeiten vonstatten gegangen. Doch so viel steht fest: Für die in der DDR geborenen oder groß gewordenen Frauen- und Mädchengenerationen war

es durchweg selbstverständlich, ein Leben lang berufstätig zu sein. Obwohl auch die DDR-Frauen familienorientierter als ihre Männer waren, rangierten die beiden für sie wichtigsten Lebenswerte, nämlich Berufsarbeit und Familie/Kinder, bei der Mehrzahl der Frauen gleichrangig nebeneinander [...] Im Zuge der Entwicklung ist aus der Doppelbelastung des weiblichen Geschlechts zugleich ein *Doppelanspruch* erwachsen. Kaum eine Frau wollte „Nur-Hausfrau" sein oder für einen längeren als den staatlich zugestandenen Zeitraum vor und nach der Geburt eines Kindes aus dem Erwerbsprozess ausscheiden. Denn Berufsarbeit bedeutete für die Frauen nicht nur Selbstbestätigung und Lebenssinn, sondern auch finanzielle Unabhängigkeit vom Mann und die Chance, die eigene Lebensform frei zu wählen. Die Arbeit verschaffte ihnen zudem soziale Kontakte und Kommunikation [...].

(Jutta Gysi/Dagmar Meyer, Leitbild: berufstätige Mutter – DDR-Frauen in Familie, Partnerschaft und Ehe; in: Gisela Helwig/Hildegard Maria Nickel (Hg.), Frauen in Deutschland 1945–1992, Bonn (bpb) 1993, S. 139ff.)

M 11 Sieger im sozialistischen Wettbewerb

Foto, DDR (ohne Jahr). Auszeichnungen und Prämien gehörten zum Alltag der DDR.

M 12 Frauenleben in der DDR: Das Beispiel Marianne E.

Die Theaterwissenschaftlerin Irene Böhme, die seit 1980 in Westberlin lebt, sammelte biografische Skizzen von Frauen in der DDR, darunter unter anderem die Erinnerungen von Marianne E. (geb. 1938):

Wir stammen aus Ostpreußen. Im Juni 1945 saß ich als Siebenjährige am Straßenrand und sang „Ännchen von Tharau." Eine Frau kam vorbei; sie sagte, dass wir bei ihr wohnen könnten. So sind wir in Mecklenburg hängen geblieben, haben bei der Bodenreform Land genommen, sind Bauern geworden. Nach der Schule arbeitete ich auf unserem Hof. Mit 18 wollte ich einen Nachbarssohn heiraten, zu der Zeit kam ein neuer Schweizer aufs Volksgut. Er spielte abends Akkordeon, mit ihm bin ich weggegangen auf ein anderes Volksgut. Gerhard war elf Jahre älter als ich und Genosse. Wir heirateten, ich arbeitete mit ihm im Stall. Jeder Arbeitstag machte Spaß, er lachte und sang gern, abends zeichneten wir Tabellen und Milchkurven oder feierten, wir richteten uns eine gemütliche Pausenecke im Stall ein, gründeten einen Dorfchor, immer hatte er Ideen, selten verlor er den Humor. Zwei wunderschöne Jahre voller Arbeit und Vergnügen. Dann bekam ein Mädchen aus dem Dorf von Gerhard ein Kind. Ich wollte ihn nicht verlieren, nach einem halben Jahr war ich ebenfalls schwanger. Es hat nichts genutzt. Als unsere Tochter geboren war, zog er zu der anderen; wir ließen uns scheiden. Was ich falsch gemacht habe, weiß ich bis heute nicht. Ich war 21 und ohne Beruf. Auf den Hof zurück wollte ich nicht. So blieb ich im Dorf und ging zur LPG in den Stall, die brauchten jede Hand. Alles, was ich tat, war gegen Gerhard gerichtet. Der LPG-Stall sollte besser werden als der vom Gut; dafür lernte ich nachts, dafür wurde ich Facharbeiter und später Brigadier[1], dafür ging ich in den LPG-Vorstand. Der andere Grund war meine Tochter, sie sollte später stolz auf mich sein. Irgendwann verflog mein Groll auf Gerhard, inzwischen sind wir wieder gute Arbeitskollegen, fast Freunde.

Ich bin nicht gern allein, bei der Arbeit und nach Feierabend brauche ich Leute um mich. Deshalb zog ich mit Gisela zusammen, sie arbeitet im LPG-Büro und hat auch ein Kind. Wir haben eine schöne Weiberwirtschaft aufgemacht. Das Dorf klatschte – mal waren wir lesbisch, mal hatten wir ein Bordell. Es hat uns nicht gestört, zu zweit waren wir stark. Wir lebten nicht wie die Nonnen, aber einen Mann fürs Leben suchte ich nicht; ich war misstrauisch geworden – weniger gegen die Männer, mehr gegen mich.

Als meine Tochter eingeschult wurde, kam Ludwig auf die LPG. Unsere Tierzucht war berühmt, wir bekamen einen Hochschulkader[2]. Zwischen Ludwig und mir wurde es sofort ernst. Wir fanden uns über die Arbeit – er hatte Köpfchen, ich Erfahrung. Mir imponieren Männer, zu denen ich aufsehen kann; die bringen mich in Schwung. Ludwig ist fünf Jahre jünger als ich, das hat uns nie gestört. Ludwig sah gern nach anderen Frauen; ich war zwar eifersüchtig, richtig gekränkt hat es mich nicht. Wir wollten eine Rinderfabrik unter wissenschaftlichen Bedingungen, das schweißte uns zusammen. Um seiner ganz sicher zu werden, bekam ich ein Kind. Er freute sich, besuchte mich in der Klinik mit einem Riesenblumenstrauß, und als ich mit der Kleinen nach Hause kam, eröffnete er mir, dass er zur Akademie für Landwirtschaftswissenschaften in die Forschung geht – und zwar allein. Wieder zwei schöne Jahre, wieder alles kaputt, ich 32, zwei Kinder am Hals. Alles verlief wie beim ersten Mal. Nun wollte ich studieren. Die LPG wollte mich erst nicht weglassen, dann hat sie mich delegiert. Die Große blieb bei Gisela, die Kleine nahm ich mit zur Fachschule. Auch sie hat mir wieder geholfen. Ohne Kinder hätte ich wahrscheinlich nicht durchgehalten; sie ordnen das Leben, geben ihm Sinn. Nach drei Jahren kehrte ich ins Dorf zurück und war Ingenieur für Tierproduktion. Jetzt leite ich die Großanlage, die Ludwig damals konzipierte. Es ist schon komisch – ich verdanke alles den Männern, die ich liebte, und den Kindern, die ich geboren habe. Jetzt lebe ich wieder mit einem Mann zusammen, kein Tierzüchter, ein Agraringenieur. Wieder ist alles wunderbar, ein Kind möchte ich allerdings nicht von ihm.

(Irene Böhme, Die da drüben – Sieben Kapitel DDR, Berlin (Wagenbach) 1983, S. 101 f.)

---

1 Leiter einer Arbeitsbrigade

2 Mitarbeiter mit Hochschulabschluss

M 13 Bestätigung über einen Krediterlass

DDR-Dokument, 1987. Junge Ehepaare erhielten vom Staat zinslose Kredite, die bei Nachwuchs stufenweise erlassen wurden – „abkindern" sagte der Volksmund dazu.

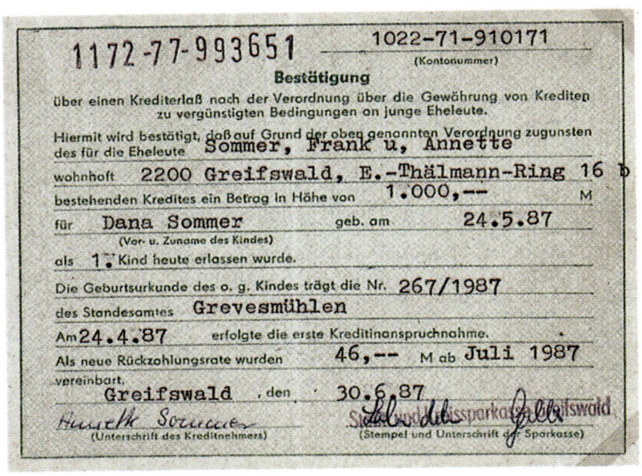

1172-77-993651

1022-71-910171
(Kontonummer)

Bestätigung

über einen Krediterlaß nach der Verordnung über die Gewährung von Krediten zu vergünstigten Bedingungen an junge Eheleute.

Hiermit wird bestätigt, daß auf Grund der oben genannten Verordnung zugunsten des für die Eheleute Sommer, Frank u, Annette
wohnhaft 2200 Greifswald, E.-Thälmann-Ring 16 b
bestehenden Kredites ein Betrag in Höhe von 1.000,-- M
für Dana Sommer geb. am 24.5.87
(Vor- u. Zuname des Kindes)
als 1. Kind heute erlassen wurde.
Die Geburtsurkunde des o. g. Kindes trägt die Nr. 267/1987
des Standesamtes Grevesmühlen
Am 24.4.87 erfolgte die erste Kreditinanspruchnahme.
Als neue Rückzahlungsrate wurden 46,-- M ab Juli 1987
vereinbart.
Greifswald, den 30.6.87

(Unterschrift des Kreditnehmers)

(Stempel und Unterschrift der Sparkasse)

Aspekt 3: Jugend

M 14 DDR-Werbeplakat zum „Deutschlandtreffen der Jugend" (1952)

Kleines Lexikon der DDR-Jugendorganisationen

Jungpioniere: Die jüngeren Kinder (6–9 Jahre) waren in den „Jungpionieren" organisiert (blaues Halstuch).

Thälmann-Pioniere: Die älteren Kinder (10–13 Jahre) waren in den „Thälmann-Pionieren" organisiert (rotes Halstuch).

Freie Deutsche Jugend (FDJ): Obwohl die Mitgliedschaft freiwillig war, waren 98% aller Kinder und Jugendlichen ab 14 Jahren in der FDJ organisiert. Die FDJ war in der Schule präsent (die Klassensprecher hießen „FDJ-Sekretär"), organisierte Freizeitaktivitäten, politische Versammlungen (z. B. die jährlichen „FDJ-Parlamente") und Kultur- bzw. Sportfeste (z. B. „Deutschlandtreffen der Jugend"). Die FDJ hatte eine Art Uniform: das „blaue Hemd" und das FDJ-Emblem.

Die FDJ bildete zusammen mit den Pionieren eine einheitliche Jugendorganisation (1981: 2,3 Mio. Mitglieder) mit 28 000 Grundorganisationen (1981) an Schulen, Universitäten, Betrieben und in der Armee.

Jugendweihe: Die Jugendweihe war seit 1954 eine feste Einrichtung in der DDR. Nach acht Jahren Schule wurden die Jugendlichen feierlich in die Welt der Erwachsenen aufgenommen. Seit 1956 wurde die Jugendweihe im Familienstammbuch eingetragen.

M 15 Die Freie Deutsche Jugend in einer Darstellung der DDR (1978)

In einem DDR-Lexikon wurde 1978 die FDJ so beschrieben:

Die Freie Deutsche Jugend ist die einheitliche sozialistische Massenorganisation der Jugend der DDR, die auf freiwilliger Grundlage Jugendliche aller Klassen und Schichten vereint. Ihren Kern bildet die Arbeiterjugend. Sie betrachtet es als ihre Grundaufgabe, alle Mädchen und Jungen zu klassenbewussten Sozialisten zu erziehen, die an der Seite der Arbeiterklasse und ihrer marxistisch-leninistischen Partei mit revolutionärem Schöpfertum die entwickelte sozialistische Gesellschaft in der DDR mitgestalten, ihr sozialistisches Vaterland gegen alle Anschläge zuverlässig schützen und im Geiste des proletarischen Internationalismus handeln. Die FDJ arbeitet unter Führung der SED und betrachtet sich als ihr aktiver Helfer und ihre Kampfreserve. […]
Das Wirken der FDJ ist darauf gerichtet, bei allen jungen Bürgern unseres Landes einen festen Klassenstandpunkt herauszubilden. In Mitgliederversammlungen, Zirkeln junger Sozialisten, Rundtischgesprächen, Jugendvorträgen und Jugendforen erwerben sich die Mädchen und Jungen marxistisch-leninistische Kenntnisse.
Die FDJ wirkt dafür, dass die Jugendlichen in jedem Betrieb und in jeder Genossenschaft ihren Elan und ihre schöpferische Initiative für eine kontinuierliche und vertragsgerechte Planerfüllung, für die sozialistische Intensivierung und die Steigerung der Arbeitsproduktivität, für die Senkung der Kosten und eine hohe Qualität der Erzeugnisse einsetzen. […]
Die FDJ ist Initiator und Organisator des kulturellen und sportlichen Lebens der Kinder und Jugendlichen. […] Die Skala der den Jugendlichen gebotenen Möglichkeiten zur kulturellen und sportlichen Betätigung ist vielfältig und interessant. Sie umfasst – um einige Beispiele zu nennen – den gemeinsamen Konzert- oder Theaterbesuch, die Mitwirkung in den Volkskunstkollektiven der FDJ und der Pionierorganisation ebenso wie die Teilnahme an den Kinder- und Jugendspartakiaden, an der Singebewegung oder an der Bewegung der Jungen Talente. Die 1958 entstandene Bewegung der Jungen Talente hat wesentlich dazu beigetragen, die Jugend zu aktiver künstlerischer Tätigkeit anzuregen.
Die Freie Deutsche Jugend bietet den Jugendlichen auch vielseitige Reisemöglichkeiten. Das Reisebüro „Jugendtourist", dessen Träger die FDJ ist, bietet in jedem Jahr interessante Touristenreisen innerhalb der DDR und in den befreundeten sozialistischen Ländern an. […]
Die Förderung der Jugend in der DDR umfasst ihre Einbeziehung in die Tätigkeit der Staatsmacht und ihre gleichberechtigte Teilnahme an der weiteren Entwicklung der sozialistischen Demokratie […].
Die Freie Deutsche Jugend ist mit einer Fraktion von 40 Mitgliedern in der Volkskammer vertreten. […]

(DDR. Gesellschaft – Staat – Bürger, Berlin/DDR (Staatsverlag) 1978, S. 41 ff.)

M 16 Das Gelöbnis

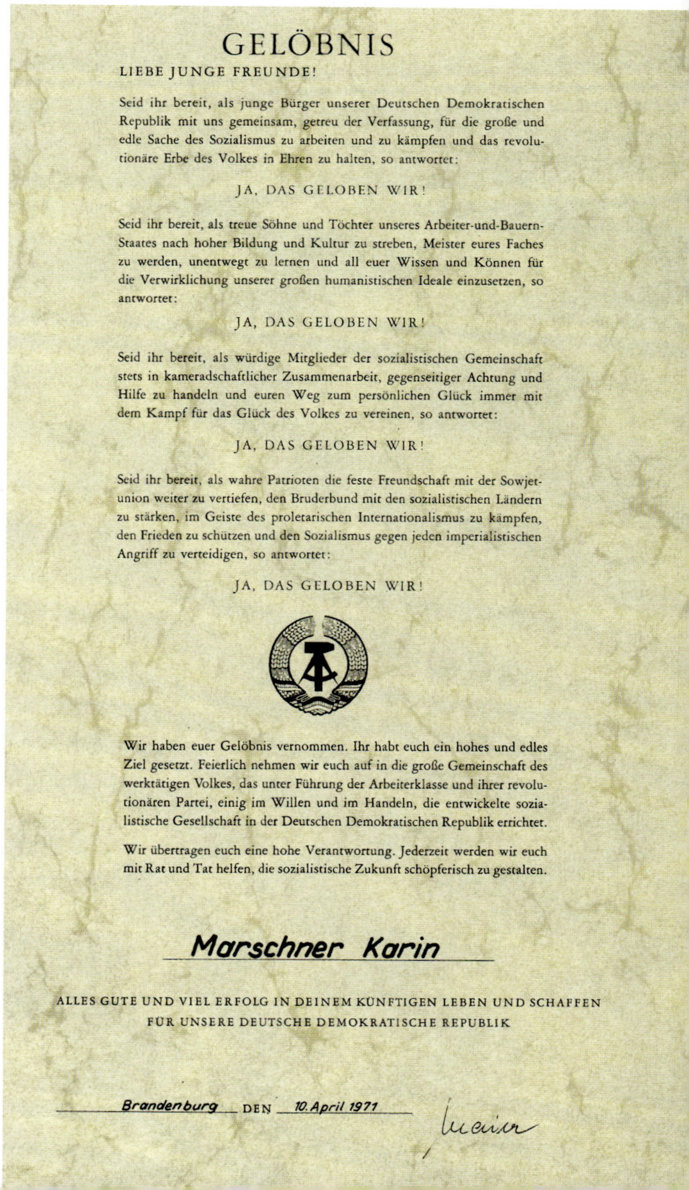

GELÖBNIS

LIEBE JUNGE FREUNDE!

Seid ihr bereit, als junge Bürger unserer Deutschen Demokratischen Republik mit uns gemeinsam, getreu der Verfassung, für die große und edle Sache des Sozialismus zu arbeiten und zu kämpfen und das revolutionäre Erbe des Volkes in Ehren zu halten, so antwortet:

JA, DAS GELOBEN WIR!

Seid ihr bereit, als treue Söhne und Töchter unseres Arbeiter-und-Bauern-Staates nach hoher Bildung und Kultur zu streben, Meister eures Faches zu werden, unentwegt zu lernen und all euer Wissen und Können für die Verwirklichung unserer großen humanistischen Ideale einzusetzen, so antwortet:

JA, DAS GELOBEN WIR!

Seid ihr bereit, als würdige Mitglieder der sozialistischen Gemeinschaft stets in kameradschaftlicher Zusammenarbeit, gegenseitiger Achtung und Hilfe zu handeln und euren Weg zum persönlichen Glück immer mit dem Kampf für das Glück des Volkes zu vereinen, so antwortet:

JA, DAS GELOBEN WIR!

Seid ihr bereit, als wahre Patrioten die feste Freundschaft mit der Sowjetunion weiter zu vertiefen, den Bruderbund mit den sozialistischen Ländern zu stärken, im Geiste des proletarischen Internationalismus zu kämpfen, den Frieden zu schützen und den Sozialismus gegen jeden imperialistischen Angriff zu verteidigen, so antwortet:

JA, DAS GELOBEN WIR!

Wir haben euer Gelöbnis vernommen. Ihr habt euch ein hohes und edles Ziel gesetzt. Feierlich nehmen wir euch auf in die große Gemeinschaft des werktätigen Volkes, das unter Führung der Arbeiterklasse und ihrer revolutionären Partei, einig im Willen und im Handeln, die entwickelte sozialistische Gesellschaft in der Deutschen Demokratischen Republik errichtet.

Wir übertragen euch eine hohe Verantwortung. Jederzeit werden wir euch mit Rat und Tat helfen, die sozialistische Zukunft schöpferisch zu gestalten.

Marschner Karin

ALLES GUTE UND VIEL ERFOLG IN DEINEM KÜNFTIGEN LEBEN UND SCHAFFEN FÜR UNSERE DEUTSCHE DEMOKRATISCHE REPUBLIK

Brandenburg DEN 10. April 1971

M 17 Die FDJ aus der Perspektive von Jugendlichen

a) Eine 16-jährige Schülerin aus Rostock (1971):
In der FDJ bin ich, wie fast alle. Außerdem ist meine Klasse in der GSF (Gesellschaft für deutsch-sowjetische Freundschaft). Man merkt nicht viel davon. Außer wenn der Beitrag kassiert wird. Und an Staatsfeiertagen „dürfen" wir im einheitlichen blauen FDJ-Hemd antanzen. Wirklich begeistert für die Interessen der FDJ sind nur die Funktionäre. Die wollen die Jugend immer mitreißen und können nicht! Wenn man sich einfach was weismachen lassen soll, wem passt das schon! Mit manchen Lehrern kann man sich ganz vernünftig unterhalten. Die akzeptieren auch den Standpunkt der Schüler.

(Zit nach: H. Baumgart, Briefe aus einem anderen Land, Hamburg (Hoffmann und Campe) 1971, S. 287)

b) Ein 14-jähriger Schüler aus Rostock (1971):
Man muß in der FDJ drin sein, sonst kann man die Menschen um sich herum gar nicht verstehen; in der FDJ lernt man ja Menschen begreifen. Es wird auch viel von Politik verständlich gemacht. Ich finde, das macht Spaß.

c) Eine 14-jährige Schülerin aus Rostock (1971):
Wenn wir keine gute FDJ-Leitung in der Klasse hätten, würde sich die Klasse vielleicht nicht so gut verstehen und vielleicht würden keine Klassenfeste veranstaltet und die anderen Dinge, also wäre es nicht so schön.

(Zit. nach: Erika Runge, Eine Reise nach Rostock/DDR, Frankfurt a. M. (Suhrkamp) 1971, S. 308)

M 18 Reisebericht für eine westdeutsche Zeitung (Auszug)

Andere Lehrer wiederum suchen sich den Ausweg, indem sie mit den cleveren Schülern augenzwinkernd ein Bündnis schließen. So berichtete der Sohn eines Gesprächspartners, sein Lehrer habe mit der Klasse mehrfach für das „Fest des Liedes und des Marsches" singen und marschieren geübt. Die drei Klassen, die bei einem solchen Wettbewerb einer Schule am besten abschneiden, kommen in den Stadtausscheid; wer dort zu den drei Besten gehört, hat sich dann für den Bezirksausscheid qualifiziert. Jener Junge berichtete also stolz, wie ihn der Lehrer beiseite genommen habe: „Also pass auf. Morgen beim Wettbewerb muss ganz klar sein, dass wir geübt haben. Aber ich bin euch nicht böse, wenn ihr es nicht schafft, unter die ersten drei zu kommen." „Na klar", so habe er dem Lehrer gesagt, „sonst kommen wir ja in den Stadtausscheid und müssen noch mal marschieren." Der Lehrer, nach Angaben der Eltern SED-Mitglied, habe gegrinst und genuschelt: „Hast mich schon verstanden". Die Klasse ist sozusagen programmgemäß Vierter geworden. „Mit ein paar Freunden habe ich am Nachmittag zwei Fehler beim Marschieren gleich miteingeübt", berichtet der Schüler selbstbewusst.

(DIE ZEIT, Nr. 32 vom 11.8.1979, S. 10)

M 19 Ein Jugendlicher erinnert sich (1981)

M. Bothe beschrieb 1981 seine Jugend in der DDR so:

Diese schulische Propaganda hatte bei mir weder großen Erfolg noch großen Misserfolg, wie das bei vielen der Fall ist, die zu jung sind, das Gesagte kritisch zu verarbeiten und zu bewerten. Man wiederholt einfach die dargebotenen Phrasen – und der Lehrer ist zufrieden [...].
Allein die Primitivität der Propaganda, die einem mit zunehmendem Alter immer fragwürdiger erscheint, ihre Eindringlichkeit und Penetranz erschöpfen sehr schnell die Aufnahmefähigkeit und vor allem den Aufnahmewillen des Jugendlichen. So kommt es, dass Staatsbürgerkunde zum Horrorfach wird, das einem nur die Zeit stiehlt und tödlich nervt.
Dieser Anti-Effekt wurde bei mir noch verstärkt, als ich allmählich erwachte und meine Umwelt genauer wahrnahm. Ich hörte aufmerksamer den Gesprächen meiner Eltern zu, die sich keineswegs mit dem deckten, was der Lehrer in der Schule erzählte [...]. Dazu kam noch das Fernsehen, das buchstäblich jeden Tag den enormen Qualitätsunterschied in Information und Unterhaltung demonstrierte. So wurde ich, wie fast alle Kinder und Jugendlichen in diesem Land, zur DDR-spezifischen Schizophrenie erzogen, nämlich in der Schule so zu tun als ob und das zu sagen, was der Lehrer hören wollte, und zu Hause, unter Freunden, die eigene wirkliche Meinung zu sagen. Diese Anpassungsfähigkeit funktioniert erstaunlich reibungslos, wenngleich die Schäden, die die Persönlichkeit dabei nimmt, zwar nicht gleich offen zutage treten, aber dennoch unbestreitbar sind. In der DDR heißt das Acht-Stunden-Ideologie. Dieser Begriff macht deutlich, dass sich die Persönlichkeitsspaltung von der Schule bis in das Berufsleben fortsetzt [...].

(M. Bothe, Die Acht-Stunden-Ideologie, in: Deutschland nach Deutschland, 1988; zit. nach: Praxis Geschichte, Heft 4 /1993, S. 32)

„Schild und Schwert der Partei"

Die Überwachungsmethoden der Stasi

„Schild und Schwert der Partei" – so verstand sich das „Ministerium für Staatssicherheit" (MfS), im Volksmund kurz „Stasi", in der DDR. Diese Selbstbeschreibung macht deutlich, dass das MfS mehr war als ein klassischer Geheimdienst: Es überwachte im Auftrag der SED die Bevölkerung, versuchte Oppositionsbewegungen zu „zersetzen" und verfolgte „feindlich-negative" Personen.

- **Wie arbeitete das Ministerium für Staatssicherheit in der DDR?**
- **Welchen Einfluss hatte es auf das Leben von Bürgern in der DDR?**
- **Wie sind die Aktivitäten der Stasi aus heutiger Sicht zu beurteilen?**

Stellen Sie den „Fall Seifert" dar und bewerten Sie im Kreisgespräch die Aktivitäten der Stasi auf der Grundlage dieses konkreten Fallbeispiels.

So können Sie vorgehen:

1. Klären Sie in arbeitsgleicher Gruppenarbeit den Fall Matthias und Elke Seifert (Namen geändert), indem Sie in Ihrer Arbeitsgruppe die Quellen M 1 – M 7 unter den ersten beiden Leitfragen interpretieren.
   a) Benennen sie jeweils die äußeren, formalen Merkmale der Quellen.
   b) Arbeiten Sie jeweils heraus, welche konkreten Maßnahmen der Stasi beschrieben werden, und erläutern Sie, welche Folgen für die betroffenen Personen zu erwarten waren.
   c) Charakterisieren Sie die Aktivitäten der Stasi im vorliegenden Fall vor dem Hintergrund der Ideologie und der konkreten politischen Situation der DDR in den 1970er- und 1980er-Jahren.
2. Bereiten Sie sich in einem Meinungsaustausch in neu zusammengesetzten Gruppen auf die gemeinsame Abschlussdiskussion zur dritten Leitfrage vor, indem Sie versuchen, in ersten Ansätzen eigene Werturteile zu entwickeln, die Sie im Kreisgespräch einbringen möchten. Nutzen Sie dazu die Hinweise, Empfehlungen und Schritte der Methode „Werturteile formulieren" (s. S. 94).

Kurze Geschichte des MfS

Das Ministerium für Staatssicherheit wurde am 8.2.1950 auf Beschluss der Volkskammer gegründet; als Minister wurde Wilhelm Zaisser und als stellvertretender Minister Erich Mielke eingesetzt. Da das MfS in den Augen der SED im Zusammenhang mit dem Volksaufstand am 17. Juni 1953 versagt hatte, wurde Zaisser als Minister für Staatssicherheit abgesetzt. Seit 1957 war Erich Mielke (bis 1989) Leiter des MfS.
Nach den inneren Unruhen in Polen und Ungarn (1956), dem Mauerbau (1961) und der Niederschlagung des „Prager Frühlings" (1968) wurde der Stasi-Apparat immer weiter ausgebaut, um Oppositionsbewegungen im Keim zu ersticken.
In den 1970er-Jahren änderte sich das Vorgehen des MfS: Infolge der KSZE-Schlussakte (s. S. 36) verlegte man sich auf eine „weiche", weniger offensichtliche Verfolgung, während der Überwachungs- und Spitzelapparat immer weiter ausgebaut wurde. In den 1980er-Jahren arbeiteten nicht weniger als 91 000 hauptamtliche und 173 000 sogenannte „Inoffizielle Mitarbeiter" (IM) im Auftrag der Stasi. Rein rechnerisch stand damit ein Mitarbeiter der Stasi 60 Bürgern gegenüber.
1989 besetzten Oppositionelle im Zuge der Friedlichen Revolution die Dienststellen der Stasi, um die Vernichtung der Akten zu verhindern. Am 14. Dezember 1989 wurde die Stasi offiziell aufgelöst.
Mit dem „Stasi-Unterlagen-Gesetz" (StUG) des Bundestages vom 29. Dezember 1991 wurde die Verantwortung für die Akten der ehemaligen Stasi dem „Bundesbeauftragten für die Unterlagen des Staatssicherheitsdienstes der ehemaligen DDR" (BStU) übertragen.

Methode

Werturteile formulieren

A. Werturteile

Beschäftigung mit Geschichte hat immer auch mit Urteilen und Wertungen zu tun. Zum einen lernen wir zeitgenössische Urteile und Wertungen kennen, zum anderen urteilen und bewerten wir – aus heutiger Sicht – das, was früher geschah.
Historiker unterscheiden zwischen Sachurteilen (beurteilen) und Werturteilen (bewerten). Ein Sachurteil bezieht sich auf inhaltliche Zusammenhänge in der Geschichte und gewichtet sie (z. B.: *Die Aktivitäten der Stasi bildeten einen wesentlichen Bestandteil der Herrschaftssicherung in der DDR*). Ein Werturteil bezieht sich auf ihm zugrunde liegende Werte und Normen (z. B.: *Ich verurteile die Aktivitäten der Stasi, weil sie grundlegende Menschenrechte verletzten*). Im Unterschied zu Sachurteilen sind Werturteile nicht „richtig“ oder „falsch“, weil Werthaltungen individuell unterschiedlich sind.

B. Schritte zur Formulierung von Werturteilen

1. Schritt – Thema klären:

- Auf welches Thema (Gegenstand und Leitfrage) bezieht sich Ihr Werturteil?
  Die Aktivitäten der Stasi in der DDR und ihre Wirkungen auf das Leben der Bürger.

2. Schritt – Fakten und Zusammenhänge klären:

- Informieren Sie sich so genau und umfassend wie möglich über Ihr Thema.
  Informieren Sie sich im Infotext (S. 24) über das Ministerium für Staatssicherheit und seine Bedeutung in der DDR. Weitere Informationen unter www.bstu.de.
  Interpretieren Sie die Quellen in diesem Thema.

3. Schritt – Zeitgenössischer Werthorizont:

- Erarbeiten Sie den zeitgenössischen Werthorizont, also tatsächliche oder mögliche zeitgenössische Wertvorstellungen zum Thema. Diese können – je nach Perspektive (z. B. Täter – Opfer) – sehr unterschiedlich sein.

4. Schritt – Heutiger Werthorizont:

- Erarbeiten Sie den heutigen Werthorizont, indem Sie herausarbeiten, welche neuen Erkenntnisse, Umstände oder Perspektiven ein heutiges Urteil von zeitgenössischen Urteilen unterscheiden könnte.
  Z. B.: Wertung nach dem Ende der DDR und der Öffnung von Archiven.

5. Schritt – Eigenes Werturteil:

- Formulieren Sie Ihr eigenes Werturteil.
- Begründen Sie es auf der Grundlage Ihrer historischen Kenntnisse und einer Offenlegung Ihrer persönlichen Wertbezüge.
- Legen Sie ggf. auch Grenzen Ihres Werturteils (fehlende Informationen, begrenzte persönliche Erfahrungen mit dem Thema, widersprüchliche Werte etc.) dar.

Ein fachgerechtes Werturteil

- beruht auf fundierten Kenntnissen des Themas;
- unterscheidet eindeutig zwischen zeitgenössischem und heutigem Werthorizont;
- legt die zugrunde liegenden Werte offen dar;
- setzt sich mit anderen, abweichenden Werturteilen vorurteilsfrei auseinander (Pluralismus).

MATERIALIEN

Der Fall Matthias und Elke Seifert

Die Überwachung des Ehepaars Matthias und Elke Seifert (die Namen sind geändert) ist kein spektakulärer Fall, sondern war eher ein alltäglicher Vorgang, wie er tausendfach in der DDR üblich war.
Matthias Seifert war Lehrer an einer Oberschule in Brandenburg und arbeitete zugleich für das Bildungsfernsehen der DDR. Seine Frau Elke war Sonderschullehrerin und hatte Ende der 1970er-Jahre ein Studium für Rehabilitationspädagogik an der Martin-Luther-Universität in Halle begonnen. Das Ehepaar hatte zwei Kinder.

M 1 Bericht der KD Brandenburg (25.3.1977)

KD-Brandenburg Brandenburg, d. 25.3.77

Quelle: IMS „[redacted]“

Bericht zu S[redacted]
Lehrer [redacted]-OS

Vor ca. 3 Wochen war der IM wieder mit seinem Freund [redacted] S[redacted] zusammen.
Es fand wieder ein ausgiebiges Gespräch über Literatur statt. S[redacted] hat sich wieder neue Bücher besorgt. Unter anderen auch ein Buch von Steffan Heym, welches bei uns nicht verlegt wurde.
S[redacted] ist sehr gut orientiert, u.A. alle Neuerscheinungen auf dem Literaturmarkt.
S[redacted] ist auch über alle Beschlüsse unserer Partei gut informiert. Er beschäftigt sich mit allen Parteimaterialien. Befreundet ist S. mit einem Parteisekretär aus dem WEM. Der Name von diesem ist dem IM nicht bekannt. Neben Literatur beschäftigt sich S. in seiner Freizeit mit Tennisspielen. Hierbei kommt er mit vielen Ärzten und anderen Intelligenzlern zusammen. [redacted] S[redacted] arbeitet auch häufig bzw. regelmäßig für den Fernsehfunk. Hierbei arbeitet er fürs Bildungsfernsehen, speziell für das Schülerfernsehen.
Wie der IM beobachten konnte, ist der S[redacted] unter seinen Kollegen beliebt, weil er offen jeden seine Meinung sagt. Auch bei den Eltern seiner Schüler ist S[redacted] sehr beliebt, da er mit den Eltern gut zusammenarbeitet.
Die Ehefrau des S. ist Sonderschullehrerin an der [redacted]-Hilfsschule.
Das Familienleben der S[redacted] ist harmonisch. Besonders stolz sind beide über ihre beiden Söhne.
Die Wohnung der Familie S[redacted] ist sehr beengt. Sie leben mit ihren beiden Kindern in einer 2 Zimmerwohnung.
Dem IM ist bekannt, daß S[redacted] nicht in das Neubaugebiet [redacted] ziehen möchte. Er will lieber eine alte Wohnung nach seinem Geschmack ausbauen. Familie S[redacted] lebt in guten finanziellen Verhältnissen.
Beide zusammen verdienen monatlich ca. 1.500,- bis 1.600,- M.

Aus Gründen des Persönlichkeitsschutzes sind Namen in den Akten geschwärzt oder geändert.

M 2 Bericht der KD Brandenburg (13.5.1977)

KD-Brandenburg Brandenburg, d. 13.5.77

Bericht zu S[redacted]
Lehrer [redacted]-OS

Quelle: IMS „[redacted]“

S[redacted] hat aus der BRD od. Westberlin Bücher erhalten. Woher diese Bücher herstammen bzw. von wem ist dem IM nicht bekannt.
Zum Inhalt der Bücher:

Jürgen Fuchs }
Gerulf Panach }

Robert Havemann

Die Nationale Volksarmee

All drei Bücher stammen aus dem Verlag Rowohlt - aktuell.
Die ersten beiden Bücher beschäftigen sich mit Staatssicherheit, d.h. mit angeblichen Arbeitsmethoden. Das dritte Buch ist eine üble Hetze gegen die NVA.
Der IM wird sich mit S[redacted] noch über dieses Thema unterhalten, um seine Ansichten heraus zu arbeiten.

M 3 Beschluss der BV Potsdam (23.2.1981)

MfS/BV/Verw. Potsdam — Brandenburg, den 23. 2. 1981
Diensteinheit Brandenburg
Mitarbeiter Maj. [redacted] — Reg.-Nr. [redacted]

BStU
000083

Beschluß

über das Anlegen

eines Operativen Vorganges

1. Deckname " G o l d "

2. Tatbestand § 106 (1), Ziff. 1 u. 2 StGB mit Prüfung § 100 StGB

Gründe für das Anlegen:
Die im OV bearbeiteten Personen beschäftigen sich mit und vertreten antisozialistisches Gedankengut,

Aus dieser feindlich-negativen Einstellung heraus sollen Tagebuchaufzeichnungen schriftstellerisch ausgearbeitet werden, um den realen Sozialismus zu diffamieren.

KOPIE BStU

[redacted] Major
Mitarbeiter *

[redacted] Oberstleutnant
Leiter der Diensteinheit *

Bestätigt am: 25.2.81 vom [redacted]
Unterschrift *

Kopie BStU
AR 7

Anmerkung: * Zusätzlich Name und Dienstgrad mit Maschine bzw. Druckschrift angeben.

Form 1 b 0 542 776 30.0

M 4 Operativplan der KD Brandenburg (23.2.1981)

Operativplan zum OV „Gold“

1. Zielstellung

- Vorbeugende Verhinderung eines feindlich-negativen Wirksamwerdens in der Öffentlichkeit;
- Aufklärung der konkreten Pläne, Absichten und Handlungen sowie deren strafrechtliche Relevanz;
- Aufklärung des Charakters der operativ-bedeutsamen Verbindungen insbesondere in die BRD und WB.

2. Operative Maßnahmen

2.1. Einsatz von IM/GMS

1. IMB „[redacted]“

Der IMB ist derzeitig der einzigste IM, der in der privaten Sphäre eingesetzt ist.

- Informationsbedarf
  - o weitere Aufklärung des Persönlichkeitsbildes
  - o Aufklärung der Wohnung
  - o Feststellung, wo die schriftlichen Aufzeichnungen des S. liegen, wie sind sie gesichert und welche Möglichkeiten des Zugriffs bestehen?
  - o Beschaffung des Wohnungsschlüssels bzw. welche Möglichkeiten des Zugriffs bestehen?
  - o Feststellung, ob bei Abwesenheit der Familie S. jemand die Wohnung betreut.
  - o Wie ist der Kontakt der Familie S. im Hause?
  - o Urlaubspläne der Familie S. im Jahre 1981
  - o Wie akurat ist die Ordnung in der Wohnung des S.? Stellen sie geringfügige Veränderungen fest? Machen sie sich Markierungen?
  - o Feststellung des Standes der schriftstellerischen Arbeit
  - o Der S. ist zu veranlassen, dem IM Einblick in seine Arbeit zu geben bzw. Lesungen zu tätigen.
  - o Herausarbeiten: Wer hat alles und in welchem Umfang Kenntnis von seinem schriftstellerischen Vorhaben?
  - o Wann, wo und über wen will der S. veröffentlichen?
  - o Aufklärung anderer feindlich-negativer Pläne, Absichten und Handlungen durch den S.
  - o Gibt es durch den S. Fehlverhaltensweisen bzw. kriminelle Handlungen?
  - o Aufklärung des Umgangskreises der Familie S., insbesondere in das NSA
  - o Herstellung eines Vertrauensverhältnisses zu den NSA-Kontakten, insbesondere zu dem S., [redacted] (entsprechend den Möglichkeiten bei Einreisen).

    Termin: 10. 3. 1981, 24. 3. 1981, 7. 4. 1981
    verantw.: Major [redacted]

2. GMS „[redacted]“

Der GMS wohnt im Hause der bearbeiteten Person. Die Ehrlichkeit und Zuverlässigkeit des GMS ist gegeben. Persönliche Kontakte zu den OV-Personen bestehen nicht.

Der GMS wird eingesetzt im Rahmen der Aufklärung, Beobachtung und Durchführung der konspirativen Hausdurchsuchung sowie der spezifischen Maßnahmen 26 „B“. Des weiteren wird der GMS eingesetzt zur Aufklärung des Umgangskreises, des Persönlichkeitsbildes und der Lebensgewohnheiten der Familie S.
Zu diesem Zweck erfolgt Treffteilnahme zur persönlichen Auftragserteilung und Instruierung durch Maj. [redacted].
[…]

3. IMS „[redacted]“

Bei dem IMS handelt es sich um einen leitenden Mitarbeiter der Abt. Volksbildung. Die Ehrlichkeit und Zuverlässigkeit ist gegeben.

- Einsatzrichtung
  - o Aufklärung und Vervollständigung des Persönlichkeitsbildes, des Umgangskreises der Familie S.
  - o Aufklärung der Lehrer, die an der Schule des S. und seiner Ehefrau tätig sind
  - o Verhinderung des Einsatzes des S. und seiner Ehefrau in leitenden Stellungen
  - o Bindung des S. bei der Durchführung der operativ-technischen Maßnahmen

  Termin: 27.2.81, 6.3.81, 13.3.81 und danach bei Notwendigkeit
  verantw.: Ltn. [redacted]

4. Suche, Auswahl und Gewinnung eines IM/GMS an der OS „[redacted]“

Die OV-Person ist an der OS „[redacted]“ tätig. Zur Absicherung des S. im Arbeitsbereich ist ein IM/GMS zu schaffen.
[…]

2.2. Einsatz weiterer operativer Kräfte und Mittel

1. Zur Beweisführung der staatsfeindlichen Tätigkeit ist eine konspirative Wohnungsdurchsuchung bei dem S. durchzuführen. Das Ziel ist die Dokumentierung seines Tagebuches, seiner schriftstellerischen Aufzeichnungen und die Literatur mit antisozialistischem Inhalt
[…]

6. BV Halle, Abt. XX

Die Ehefrau der OV-Person studiert zur Zeit in [redacted] Sonderpädagogik. Durchführung einer persönlichen Absprache mit der Zielstellung:

- Prüfung der Einführung eines IM
- operative Kontrolle während ihres Aufenthaltes in [redacted]
- weitere Aufklärung des S.
- Verhinderung eines feindlich-negativen Wirksamwerdens
- Erarbeitung von Informationen zu Fehlverhaltensweisen, die zur vorzeitigen Beendigung des Studiums führen könnten.
  […]
- Prüfung von Möglichkeiten, die S. zu zwingen, eine klare politische Haltung zu zeigen, um ihre wahre politische Einstellung herauszuarbeiten.
- Überprüfung der Seminargruppe mit dem Ziel der Herausarbeitung operativ nutzbarer Personen

  Termin: 16.3.81
  verantw.: Maj. [redacted]
  […]

4. Zusammenwirken mit anderen Einrichtungen

- Über die Abt. Volksbildung ist duchzusetzen, daß die S. in keine leitende Stellung eingesetzt wird.

  Termin: 28.2.81
  verantw.: Maj. [redacted]

- Über die Abt. Volksbildung ist durchzusetzen, daß der S. keine außerplanmäßige Aspirantur erhält und in keine leitende Stellung eingesetzt wird.

  Termin: 28.2.81
  Verantw.: Maj. [redacted]

Nach Abarbeitung der Maßnahmen erfolgt eine erneute Zwischeneinschätzung zum Stand der Bearbeitung sowie die Erarbeitung eines neuen Operativplanes.

Die Kontrolle der Maßnahmen erfolgt direkt durch den Leiter der KD - Gen. OSL [redacted].

M 5 Schreiben der KD Brandenburg an die BV Halle, Abteilung XX (6.3.1981)

Unterstützung bei der Realisierung von politisch-operativen Maßnahmen im Rahmen des OV „G o l d"

Wir bitten Ihre DE um Unterstützung bei der Realisierung von politisch-operativen Maßnahmen im Rahmen des OV „Gold".
Im OV „Gold" werden Personen wegen des begründeten Verdachts der Verletzung der Straftatsbestände gem. §§ 100 und 106 StGB bearbeitet. Zur Verhinderung eines Öffentlichkeitswirksamwerdens bitten wir um terminlich kurzfristige und aktive Unterstützung bei der Ralisierung von Maßnahmen in Ihrem Verantwortungsbereich.

Die Person

S[redacted] Elke geb. [redacted]
geb. am [redacted]
[...]

absolviert zur Zeit ein Studium an der „Martin-Luther-Universität" an der Sektion Erziehungswissenschaften/Rehabilitationspädagogik [redacted]. Die Person S[redacted], Elke und ihr Ehemann werden im genannten OV bearbeitet. Beide Personen vertreten eine politisch feindlich-negative Einstellung zur DDR und der sozialistischen Staatengemeinschaft. Sie verfügen über umfangreiche antisozialistische Literatur, die aus der BRD/WB eingeführt wurde. Es besteht der dringende Verdacht, daß der Ehemann antisozialistische Schriften verfaßt, die in die BRD zur Veröffentlichung verbracht werden sollen. Die Ehefrau identifiziert sich mit dem Gedankengut ihres Ehemannes und ist bestrebt, aus der SED auszutreten, was aber zur Zeit wegen des gewünschten Studienabschlusses nicht weitergeführt wird.

Wir bitten Sie um Unterstützung bei der Realisierung nachfolgender Maßnahmen:

1. Prüfung der Einführung eines IM Ihrer DE oder Suche, Auswahl und Gewinnung eines geeigneten IM für die Bearbeitung der S.
2. Beschaffung der Stundenpläne der S.
3. Beschaffung von Handschriftenmaterial und Schreibmaschinenschriften (wenn der S. eine Schreibmaschine zugänglich ist) für die Schriftenfahndung
4. Listen der Seminargruppen zur Überprüfung in der Abt. XII mit dem Ziel der Prüfung von vorhandenen IM-Möglichkeiten
5. konspirative Hausdurchsuchung in dem Internat - Schriften-, Adressenmaterial und Wohnungsschlüssel sind zu sichern
6. Bei der Durchführung von spezifischen Maßnahmen in Brandenburg, die Person S. in [redacted] unter Kontrolle zu halten.
7. Prüfung von Möglichkeiten der Verhinderung eines feindlich-negativen Wirksamwerdens während ihres Aufenthaltes in [redacted] und Erarbeitung von Informationen zu Fehlverhaltensweisen, die zielgerichtet genutzt werden können.

Zur Koordinierung der Zusammenarbeit wird der Gen. Hptm. [redacted] unserer KD sich mit Ihrer DE persönlich in Verbindung setzen.

M 6 Schreiben der BV Halle an die KD Brandenburg (8.3.1982)

s[redacted], elke
[...]

konnte durch offensive masznamen im rahmen der vorgangsmaeszigen bearbeitung politischer untergrundtaetigkeit im dv 'zentrum' unserer diensteinheit erreicht weden, dasz die s. im ergebnis eines parteiverfahrens aus der sed ausgeschlossen werden soll. in auswertung offizieller auswertbarer informationen wird vom ministerium für volksbildung eine entscheidung getroffen, die zum entzug der Lehrbetaetigung fuehren kann und ueber den zustaendigen kreisschulrat eingeleitet wird.

inoffiziell wurde bekannt, dasz die s. in dieser woche ihren kreisschulrat aufsuchen wird, um den moeglichen sanktionen zuvorzukommen bzw. entgegezuwirken.

weiterhin unterhält die s. enge vebindunen zum pfarrer in [redacted], der von der gesamten problematik kenntnis hat un d die s. bezueglich ihres weitern vorgehens beraet.

wir bitten um einleitung enzsprechender vorbeugender masznahmen die die realisierung moeglicher sanktionen garantieren, bzw. ein weitere politisch-negatives auftreten in verbindung mit aktivitaeten der kirche verhindern.

M 7 Schreiben des Ministeriums für Volksbildung an den Bezirksschulrat in Potsdam (Datum unleserlich)

Werter Genosse Bezirksschulrat !

Wie bereits telefonisch vereinbart, ist die Delegierung für

Genn. S[redacted], Elke, [...]

zum Zusatzstudium Rehabilitationspädagogik der Martin-Luther-Universität [redacted] mit sofortiger Wirkung zurückzuziehen.

Die persönliche Aussprache mit Genn. S[redacted] dient der Information, daß ihre Delegierung zum Zusatzstudium an der Martin-Luther-Universität [redacted] wegen verfassungsfeindlicher Tätigkeit zurückgezogen wird und die weitere Auseinandersetzung im Kollektiv ihrer bisherigen Schule erfolgt.

Der zuständige Kreisschulrat ist zu beauftragen, diese politsche Auseinandersetzung im jeweiligen Pädagogenkollektiv gut vorzubereiten.
Im Ergebnis der Auseinandersetzung ist das Disziplinarverfahren einzuleiten und mit der fristlosen Entlassung zu beenden.

Die Kaderabteilung des Ministeriums für Volksbildung ist über die Durchführung schriftlich zu informieren.

Mit sozialistischem Gruß
[...]

Abkürzungen in den Akten

OV „Operativer Vorgang" – Bezeichnung für eine Maßnahme der Stasi, wie zum Beispiel die Observierung von Personen

BV „Bezirksverwaltung" des Ministeriums für Staatssicherheit

KD „Kreisdienststelle" des Ministeriums für Staatssicherheit

DE Diensteinheit

IMS „Inoffizieller Mitarbeiter Staatssicherheit" – verdeckt arbeitende Ermittler im Auftrag der Stasi. Die IMS wurden von der Stasi meist für besondere Vorgänge angeworben; sie wurden zu ihrer Tätigkeit teils mit Versprechungen gelockt, teils mit Druckmitteln gezwungen.

GMS „Gesellschaftlicher Mitarbeiter Staatssicherheit" – verdeckt arbeitende Ermittler der Stasi, die den Auftrag hatten, ihr soziales Umfeld (Wohnviertel, Betrieb etc.) zu beobachten.

NVA „Nationale Volksarmee"

Gen. „Genosse"

OSL „Oberstleutnant" – die hauptamtlichen Mitarbeiter des MfS trugen militärische Dienstgrade.

OS „Oberschule" – bezeichnet die Oberschule, an der S. als Lehrer arbeitete.

BstU „Behörde für Staatssicherheitsunterlagen" – diese Behörde versieht alle Kopien von Aktenstücken, die sie auf Antrag aushändigt, mit einem Stempel.

Macht, Hoffnung und Resignation

Die Auswirkungen des „Prager Frühlings" von 1968

Seit der Niederschlagung der Volksaufstände in der DDR (1953) und in Ungarn (1956) hatte kein Land im Ostblock mehr gewagt, sein Herrschaftssystem offen infrage zu stellen. Das änderte sich im Januar 1968, als Alexander Dubcek die Führung der Kommunistischen Partei in der Tschechoslowakei (CSSR) übernahm. Der „Prager Frühling" wurde zu einem Schlüsselerlebnis für Regierung und Oppositionelle in der DDR.

- **Wie reagierten die Führung der DDR und wie die Oppositionellen auf den „Prager Frühling"?**
- **Welche langfristigen Folgen hatte das Schlüsselerlebnis „Prager Frühling" für die Geschichte der DDR?**

Präsentieren Sie Ihre Untersuchungsergebnisse zu den zeitgenössischen Dokumenten und erörtern Sie auf dieser inhaltlichen Grundlage im Kursgespräch die Folgen des Schlüsselerlebnisses „Prager Frühling" für die Geschichte der DDR.

So können Sie vorgehen:

1. Interpretieren Sie M1–M7 in kleinen Arbeitsgruppen unter der ersten Leitfrage.
   a) Beschreiben Sie die Fotografien M1, M2 und M3 und ordnen Sie sie in den Ablauf der Ereignisse ein. Nutzen Sie für die historische Kontextualisierung die Chronologie des „Prager Frühlings" (S. 99f.) sowie den Infotext (S. 34f.).
   b) Prüfen Sie mit Blick auf die Kriterien, Gestaltungselemente und Aussageabsicht, ob ein bestimmter Standpunkt der Fotografin zu den von ihr dokumentierten Ereignissen begründet vermutet werden kann und nachweisbar ist.
   c) Benennen Sie die formalen äußeren Merkmale der Quelle M4, geben Sie den Inhalt zusammenfassend wieder und arbeiten sie heraus, inwiefern er ideologisch gepägt ist (Methode S. 54).
   d) Benennen Sie die formalen äußeren Merkmale der Quellen M5–M7 und arbeiten Sie – vor dem Hintergrund quellenkritischer Überlegungen – heraus, inwiefern Rückschlüsse auf kurz- und langfristige Reaktionen in der Bevölkerung gezogen werden können.

2. Verschriftlichen Sie Ihre Interpretationsergebnisse für die Präsentation (z. B. auf Flipchart, Folie, Plakat).

3. Bereiten Sie sich in Ihrer Gruppe auf die Erörterung der zweiten Leitfrage im Kursgespräch vor, indem Sie als persönliche Diskussionsgrundlage mögliche Gesamteinschätzungen und Argumentationslinien in Thesenform auf einer Karteikarte notieren.

MATERIALIEN

M 1 Widerstand gegen die sowjetische Besatzung in Prag (21.8.1968)

Fotografie, CSSR 1968. Die Fotos M 1–M 3 wurden von einer jungen Frau aus Leipzig gemacht.

M 2 Sowjetische Panzer in Prag (21.8.1968)

M 3 Prag, Wenzelsplatz (21.8.1968)

M 4 Erklärung der DDR-Regierung (21.8.1968)

Wie durch Rundfunk und Fernsehen bekannt geworden, haben dem Sozialismus treu ergebene Persönlichkeiten der Partei und des Staates der CSSR am 20. August offen den Kampf zum Schutz der sozialistischen Staatsordnung gegen die konterrevolutionären Umtriebe aufgenommen. Dies wurde notwendig, nachdem durch einen verschärften Rechtskurs einer Gruppe in der Führung der KPC und die erhöhte Aktivität der antisozialistischen Kräfte eine akute politische Krise in der CSSR ausgelöst worden war.

Diese Persönlichkeiten der Partei und des Staates der Tschechoslowakischen Sozialistischen Republik haben sich am 21. August an die Regierungen der mit der CSSR verbündeten sozialistischen Staaten, der Volksrepublik Bulgarien, der Deutschen Demokratischen Republik, der Volksrepublik Polen, der Ungarischen Volksrepublik und der Union der Sozialistischen Sowjetrepubliken mit der Bitte gewandt, in Anbetracht der durch die Wühlarbeit der konterrevolutionären Elemente und der Einmischungsbestrebungen der imperialistischen Mächte entstandenen Gefahr, dem tschechoslowakischen Brudervolk und Bruderstaat unverzüglich jegliche Hilfe, einschließlich militärischer Hilfe, zu erweisen. Entsprechend den abgeschlossenen Verträgen über Freundschaft, gegenseitigen Beistand und Zusammenarbeit haben die Ministerräte der sozialistischen Bruderländer diesem Ersuchen entsprochen.

(Zit. nach: Hermann Weber (Hg.), DDR – Dokumente zur Geschichte der Deutschen Demokratischen Republik 1945–1985, München (dtv) 1986, S. 303 f.)

M 5 Ein Volkspolizist entfernt eine Parole gegen die Besetzung der CSSR

Fotografie, DDR/Dresden 1968

Der „Prager Frühling": Eine Chronologie

1967: Angesichts einer Wirtschaftskrise und wachsender Unruhe in der Bevölkerung macht die Regierung der CSSR erste Zugeständnisse.

5. Januar 1968: Alexander Dubcek (1921–1992), ein Reformkommunist, wird Erster Sekretär der Kommunistischen Partei.

30. März 1968: Ludvik Svoboda (1895–1979), ebenfalls ein Reformkommunist, wird zum Staatspräsidenten gewählt.

5. April 1968: Im ZK der Kommunistischen Partei setzen sich die Reformkräfte durch: Ein Aktionsprogramm für mehr Demokratie und einen „Sozialismus mit menschlichem Antlitz" wird verabschiedet.

März–Juli 1968: Die Reformen in der CSSR werden weltweit mit großer Aufmerksamkeit verfolgt. Die Bevölkerung der CSSR, aber auch der anderen Ostblockstaaten hofft auf mögliche Reformen. Andererseits entsteht ein immenser äußerer Druck: Mehrere Gipfeltreffen von Regierungen des Warschauer Paktes schüren die Angst vor einer Invasion.

20./21. August 1968: In der Nacht besetzen Truppen der UdSSR, Polens, Ungarns und Bulgariens das Staatsgebiet der CSSR. Truppenverbände der DDR bleiben an der Grenze stehen. Die Bevölkerung reagiert mit einem Generalstreik und passivem Widerstand. Bereits am ersten Tag der Besetzung kommen 21 Menschen ums Leben.
26. August 1968: Die tschechoslowakische Führung wird nach Moskau gebracht und erklärt nach „Verhandlungen" die Rücknahme der Reformen. Dubcek wird abgesetzt und durch den moskautreuen Gustav Husak ersetzt.
1969: Nach der Niederschlagung des „Prager Frühlings" werden ehemalige Reformkommunisten verhaftet. Tausende flüchten aus dem Land. Aus Protest gegen die sowjetische Besatzung verbrennt sich der Student Jan Pallach am 16. Januar 1969 auf dem Wenzelsplatz in Prag.

M 6 Übersichtkarte des MfS (DDR 1968)

Die Karte aus den Beständen des „Bundesbeauftragten für die Unterlagen des Ministeriums für Staatssicherheit der ehemaligen DDR" (BStU) zeigt eine von der Stasi angefertigte Übersicht über „Hetzschriften", die im Anschluss an die Besetzung der CSSR registriert wurden.

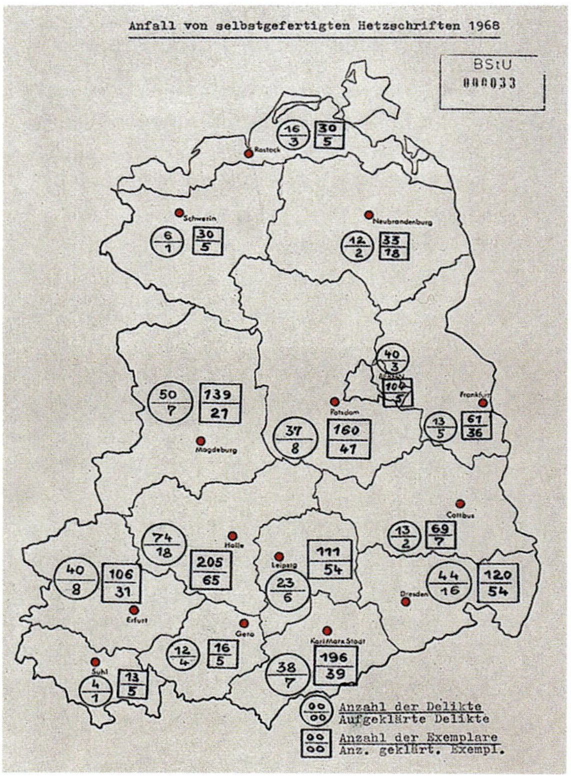

M 7 Der Fall Thomas Günther

Thomas Günther, ein 17-jähriger Abiturient aus Schneeberg (DDR), wurde ein Jahr nach der Niederschlagung des „Prager Frühlings" als Mitglied einer „staatsfeindlichen Gruppe" für 16 Monate inhaftiert (das Foto zeigt ihn nach der Haftentlassung). Auf einem Literaturabend hatte er ein Gedicht von Berthold Brecht rezitiert:

„Am Grunde der Moldau wandern die Steine.
Es liegen drei Kaiser begraben in Prag.
Das Große bleibt groß nicht und klein nicht das Kleine.
Die Nacht hat zwölf Stunden, dann kommt schon der Tag.
Es wechseln die Zeiten. Die riesigen Pläne
der Mächtigen kommen am Ende zu Halt.
Und gehn sie einher wie blutige Hähne,
es wechseln die Zeiten, da hilft kein Gewalt."

Nach seiner Haftentlassung verdiente Günther seinen Lebensunterhalt als Hilfskraft auf einem Friedhof. Er engagierte sich in der Literatenszene im Stadtteil Prenzlauer Berg (Ost-Berlin). Die damals von ihm selbst in kleiner Stückzahl verlegten grafischen Bücher sind heute Kostbarkeiten.
Wie Günther wurden auch andere Intellektuelle 1968 verhaftet, um die verbreitete Wut über das Ende des „Prager Frühlings" im Keim zu ersticken, unter ihnen der Schriftsteller Bernd Eisenfeld und die Sängerin Bettina Wegner.

Auswege aus der Krise?

Staat und Bevölkerung in der „Friedlichen Revolution" 1989

Sanierungsbedürftige Straße in Halle/DDR (1980er-Jahre)

Seit 1985 steckte die DDR in einer tiefen Krise. Das hatte zwei Ursachen: Zum einen summierten sich die ökonomischen Probleme des Landes zu einer handfesten und sichtbaren Krise. Die DDR stand kurz vor einem Staatsbankrott und war von ausländischen Krediten abhängig. Maschinen und Anlagen wurden häufig nicht mehr ersetzt, die Bausubstanz verfiel vielerorts. Zum anderen hatten sich die außenpolitischen Rahmenbedingungen durch die Reformpolitik Michail Gorbatschows in der Sowjetunion drastisch verändert.

- **Wie reagierten Staat und Gesellschaft auf die Krise?**
- **Wie sind diese Reaktionen aus heutiger Sicht zu beurteilen und zu bewerten?**

Präsentieren und beurteilen Sie die verschiedenen Reaktionen in der DDR in einer Plenumsdiskussion.

So können Sie Ihre Präsentation und das sich anschließende gemeinsame Gespräch im Plenum inhaltlich vorbereiten:

1. Interpretieren Sie arbeitsteilig in Partner- oder Gruppenarbeit die Materialien M 1 – M 10 unter der ersten Leitfrage.
   a) Benennen Sie jeweils die äußeren formalen Merkmale der Quelle.
   b) Fassen Sie ihren Inhalt in einer geordneten, strukturierten Wiedergabe zusammen. Zeigen Sie dabei insbesondere die jeweils spezifische Reaktionsweise auf die Krise in der DDR auf.
   c) Ordnen Sie die Quelle in das zeitgenössische Spektrum von Handlungsmöglichkeiten (z. B. Beharrung – Veränderung – Abwendung) ein.
2. Entwickeln Sie mit Ihren jeweiligen Lernpartnerinnen und Lernpartnern auf der Beurteilungsebene mögliche Ansätze begründeter Sach- und Werturteile. Halten Sie diese Ansätze in Stichworten fest.
   a) Mögliche Ansätze für ein Sachurteil:
      – Ist die Reaktion den historischen Umständen angemessen oder verdrängt sie Realitäten?
      – Konnten Verhalten und Ziele Aussicht auf Erfolg haben?
   b) Mögliche Ansätze für ein Werturteil:
      – Sind die Motive der handelnden Personen ehrenwert?
      – Handeln die Personen aus ehrlicher Überzeugung?
      – Hätte man selbst in der damaligen Situation ähnlich oder ganz anders gehandelt?
3. Gestalten Sie ein Plakat (oder auch Overheadfolien) und ein kurzes Handout als Begleitmaterial für die Präsentation und die daran anknüpfende Erörterung der Problematik im Plenum.

MATERIALIEN

M 1 Aus einer Rede Michail Gorbatschows (6.10.1989)

Anlässlich der Feierlichkeiten zum 40. Jahrestag der DDR besuchte Gorbatschow die DDR. Am 6.10.1989 sagte er in einer öffentlichen Rede:

Genossen! Es ist uns bekannt, welch großes Interesse in der DDR unseren Angelegenheiten, den radikalen Umgestaltungen in der Sowjetunion, entgegengebracht wird. Die Umgestaltung (= Perestroika) ist ein äußerst schwieriges Werk, das von der Partei und dem Volk die größte Anspannung aller physischen, geistigen und moralischen Kräfte erfordert. Aber sie ist für uns lebensnotwendig und wir sind fest davon überzeugt, sie wird unser Land zu neuen Erfolgen führen und das reiche Potenzial des Sozialismus unvergleichlich weiter entfalten.
Demokratisierung, Offenheit (= Glasnost), sozialistischer Rechtsstaat, freie Entwicklung aller Völker und ihre gleichberechtigte Mitbestimmung in den Angelegenheiten, die das ganze Land betreffen, würdige Lebensbedingungen für die ganze Bevölkerung und garantierte Rechte für jeden, umfassende Möglichkeiten für das Schöpfertum eines jeden Menschen – das erstreben wir und von diesen Zielen lassen wir uns leiten. [...]
Wenn es uns gelingt, alles zu verwirklichen, was wir uns heute vorgenommen haben, bedeutet das die endgültige Trennung von der Ära des „Kalten Krieges" und den Beginn einer wirklich friedlichen Periode in der europäischen Geschichte.

(Zit. nach: Volker Gransow/Konrad Jarausch (Hg.), Die deutsche Vereinigung – Dokumente zu Bürgerbewegung, Annäherung und Beitritt, Köln (Wissenschaft und Politik) 1991, S. 73f.)

M 2 Kurt Hager, Chefideologe der SED (10.4.1987)

Kurt Hager (1912–1998), Mitglied des ZK der SED, galt als Chefideologe der SED. In einem Interview mit der westdeutschen Illustrierten „Stern", das am 10.4.1987 veröffentlicht wurde, nahm er zur Reformpolitik Gorbatschows Stellung. Seine Stellungnahme sorgte in weiten Teilen der Bevölkerung der DDR für Empörung.

Frage: Die SED-Führung unterstützt die von Michail Gorbatschow eingeleiteten Reformen in der Sowjetunion. Zugleich betont die DDR ihre Eigenständigkeit. Sind die Zeiten vorbei, in denen das Land Lenins für deutsche Kommunisten vorbildlich war?
Hager: Wir haben uns die Lehren Lenins [...] angeeignet und aus dem reichen Erfahrungsschatz der KPdSU Nutzen gezogen. Dies bedeutet jedoch nicht, dass wir alles, was in der Sowjetunion geschah, kopierten.
Frage: Ein hartes Wort [...].
Hager: Schon im Aufruf des ZK der KPD vom 15. Juni 1945 heißt es: „Wir sind der Auffassung, dass der Weg, Deutschland das Sowjetsystem aufzuzwingen, falsch wäre, denn dieser Weg entspricht nicht den Entwicklungsbedingungen in Deutschland." Übrigens kopierte die Sowjetunion auch nicht die DDR. [...]
Würden Sie, nebenbei gesagt, wenn Ihr Nachbar seine Wohnung neu tapeziert, sich verpflichtet fühlen, Ihre Wohnung ebenfalls neu zu tapezieren?

(Zit. nach: Andreas Grünberg, Der eingemauerte Staat – Die DDR vor der Wende, Stuttgart (Klett) 1995, S. 105)

M 3 Auf dem Evangelischen Kirchentag (Ost-Berlin 1987)

Oppositionelle in der DDR griffen die Ideen Gorbatschows auf. Die Staatsführung beobachtete sie genau, konnte aber kaum etwas gegen die Parole des mächtigen sowjetischen „Brudervolkes" unternehmen.

M 4 Protest gegen Wahlbetrug

Demonstration in Ost-Berlin gegen die gefälschten Ergebnisse der Kommunalwahlen vom 7. Mai 1989

M 5 Aus einem geheimen Bericht des Ministeriums für Staatssicherheit (9.9.1989)

Im Sommer und Frühherbst 1989 nahm die Fluchtwelle aus der DDR dramatische Ausmaße an. Der Nachbarstaat Ungarn hatte seine Grenzanlagen am 27. Juni 1989 geöffnet, sodass DDR-Bürger über Ungarn nach Österreich fliehen konnten. In einem geheimen Bericht untersuchte das MfS die Fluchtgründe.

Den größten Umfang im Motivationsgefüge nimmt die Kritik an der Versorgung der Bevölkerung ein. Auf Unverständnis stoßen vor allem anhaltende Mängel bei der kontinuierlichen Versorgung mit hochwertigen Konsumgütern (Pkw, Möbel, Textilien, Schuhe, Heimelektronik usw.) sowie Ersatzteilen, mit Baustoffen und Baumaterialien sowie mit bestimmten Waren des täglichen Bedarfs (z.B. hochwertige Lebensmittel, Frischobst, Gemüse, häufig wechselnde Artikel der „1000 kleinen Dinge"). [...]

Die betreffenden Personen verweisen insbesondere auf das damit verbundene „Schlange stehen", das Herumlaufen und die Suche nach bestimmten Artikeln [...]. Es wird Kritik am sogenannten doppelten Währungssystem, an Intershops[1], Valutahotels[2] und an „Privilegien" für Devisenbesitzer geübt. Der vorgenannte Personenkreis zweifelt – häufig unter Verweis auf die Beständigkeit bzw. Zunahme derartiger Erscheinungen – generell an der Lösung dieser die Bürger bewegenden Probleme.

Verärgerung über unzureichende Dienstleistungen.

[...] Abschließend wird darauf hingewiesen, dass die angeführten motivbildenden Faktoren z.T. verknüpft sind mit illusionären Vorstellungen über die „westliche Lebensweise", insbesondere der Erwartung eines Lebens mit „besserer" materieller Sicherstellung und „besseren" beruflichen Verdienstmöglichkeiten, von mehr „Freizügigkeit" zur Verwirklichung eines eigenen Lebensstils auf der Grundlage eines egoistischen Konsum- und Besitzstrebens [...]. Im untrennbaren Zusammenhang damit wirken aktuelle Entwicklungstendenzen in anderen sozialistischen Staaten [...], die zunehmend zu Zweifeln an der Perspektive und Sieghaftigkeit des Sozialismus überhaupt führen.

(Zit. nach: Gransow/Jarausch, a.a.O., S. 58ff.)

---

[1] Geschäfte, in denen Waren nur gegen Devisen erhältlich waren

[2] Hotels, in denen man nur mit Devisen bezahlen konnte; gedacht für Besucher aus dem Ausland und unerschwinglich für DDR-Bürger

M 6 Kommentar der SED-Führung zur Flüchtlingswelle (1.10.1989)

Der folgende Kommentar wurde von der SED-Führung verfasst, um die Durchreiseerlaubnis der DDR-Flüchtlinge in der Prager Botschaft der BRD nach Westen in die Bundesrepublik Ende September 1989 zu erläutern. Er wurde in der Hauptnachrichtensendung des DDR-Fernsehens am 1.10.1989 verlesen.

Nun werden einige Bürger der DDR an uns mit Recht die Frage stellen, warum wir diese Leute über die DDR in die BRD ausreisen lassen, obwohl sie grob die Gesetze der DDR verletzten. Die Regierung der DDR ließ sich davon leiten, dass jene Menschen bei Rückkehr in die DDR, selbst wenn das möglich gewesen wäre, keinen Platz mehr im normalen gesellschaftlichen Prozess gefunden hätten. Sie haben sich selbst von ihren Arbeitsstellen und von den Menschen getrennt, mit denen sie bisher zusammen lebten und arbeiteten. Bar jeder Verantwortung handelten auch Eltern gegenüber ihren Kindern, die im sozialistischen deutschen Staat wohlbehütet aufwuchsen und denen alle Kindereinrichtungen, alle Bildungs- und Entwicklungsmöglichkeiten offenstanden. Jene Leute hätten auch Schwierigkeiten bekommen, neue Wohnungen zu erhalten, da diese natürlich für andere Bürger vorgesehen sind. Vorzugsbehandlung konnten sie in der DDR nicht erwarten. Hinzu kommt, dass sich nach bisherigen Feststellungen unter diesen Leuten Asoziale befinden, die kein Verhältnis zur Arbeit und auch nicht zu normalen Wohnbedingungen haben. Sie alle haben durch ihr Verhalten die moralischen Werte mit Füßen getreten und sich selbst aus unserer Gesellschaft ausgegrenzt. Man sollte ihnen deshalb keine Träne nachweinen.

(Zit. nach: Walter Süß, Ende und Aufbruch, Frankfurt a. M. (Diesterweg) 1997, S. 87)

M 7 Offener Brief gewerkschaftlicher Vertrauensleute (29.9.1989)

In einem offenen Brief schrieben gewerkschaftliche Vertrauensleute im VEB Bergmann-Borsig an den FDGB-Vorsitzenden Harry Tisch am 29. September 1989:

[...] Inzwischen sind auch aus unseren Reihen schmerzliche Verluste zu beklagen. Verlassen haben uns Menschen, die in unseren Schulen eine sozialistische Erziehung erhielten und die in unserem Land eine gesicherte Existenzgrundlage hatten.

Es trifft nicht im Entferntesten die Überzeugung und Empfindungen der Mehrzahl unserer Kollegen, wenn die Medien nach peinlichem Schweigen nun den Versuch unternehmen, die Abkehr so vieler unserer Menschen ausschließlich als Machwerk des Klassengegners zu entlarven, bei dem diese DDR-Bürger nur Opfer oder Statisten sein sollen.

Wir sind auch nicht der Meinung, dass es nützlich ist, die Minderheit prozentual zu errechnen und im Übrigen davon auszugehen, dass die Hiergebliebenen die Zufriedenen seien. Bei Anhalten dieser Situation werden über kurz oder lang schwerwiegende Folgen für viele Bereiche unserer Wirtschaft und das gesellschaftliche Leben eintreten. Wir halten es deshalb für dringend erforderlich, dass die wahren Gründe, die zum Weggang unserer Bürger führen, sorgfältig und ehrlich untersucht werden.

(Zit. nach: W. Süß, a. a. O., S. 87 f.)

M 8 Bärbel Bohley (September 1989)

Die Bürgerrechtlerin Bärbel Bohley schrieb in einer illegal hergestellten und verbreiteten Schrift:

In den Gesprächen wird deutlich, wie sehr die Menschen resigniert haben. Alle Hoffnungen wurden zerschlagen, es ging immer nur „bergab", ein ständiger politischer und wirtschaftlicher Niedergang. Gerade die Generation der Vierzigjährigen verzweifelt, wenn sie sich vorstellt, dass es noch einmal zwanzig Jahre so weitergehen sollte. Dann ist auch ihr Leben vorbei, einer Fiktion geopfert. Denn der Sozialismus ist tot. Die Morgenröte war nichts weiter als der Widerschein eines erlöschenden Feuers. Aber obwohl der Sozialismus tot ist, bevor er begonnen hat zu leben, können seine ursprünglichen Inhalte nicht einfach ad acta gelegt werden. [...]

Eine legale politische Ebene muss dem Staat abgerungen werden, auf der die Menschen sich finden können, um ihre Aktivitäten für eine Veränderung der Gesellschaft zu entfalten. Dabei ist jeder Einzelne wichtig, der sich öffentlich artikuliert und dem sich andere anschließen, denn nur gemeinsam, in Gruppen, Vereinigungen, Parteien, werden wir diesen legalen Raum des Widerstands und der Auseinandersetzung gewinnen. [...]

Dieses Heft soll wie ein Zuruf sein: Entlasst euch endlich selbst in die Mündigkeit. Ihr seid alt genug. Es lohnt sich nicht zu schweigen. Nichts, kein Kompromiss wegen eines Passes oder der eigenen Ruhe, wegen eines Berufes, nicht des eigenen und nicht dem des Kindes, lohnt das Schweigen, denn vom Arbeiter bis zum Arzt fühlt sich niemand in dieser Gesellschaft wohl.

(Bärbel Bohley, Vierzig Jahre Warten; in: 40 Jahre DDR ... und die Bürger melden sich zu Wort, Frankfurt a. M. 1989, S. 7, 10 f.)

M 9 Innenhof der Botschaft der Bundesrepublik Deutschland in Prag (30. 9. 1989)

Bis Ende September flohen fast 35 000 DDR-Bürger über Ungarn in den Westen. Als daraufhin die Regierung der DDR ihren Bürgern die Einreise nach Ungarn verweigerte, wandte sich die Fluchtbewegung den westdeutschen Botschaften in Warschau und Prag zu. Die Botschaften waren bald überfüllt und es herrschten katastrophale hygienische Verhältnisse. Angesichts der weltweiten Aufmerksamkeit genehmigte die DDR-Führung schließlich die Ausreise der Flüchtlinge in die Bundesrepublik. Um den Schein einer Ausweisung zu wahren, fuhren die Flüchtlinge über DDR-Gebiet in verplombten Zügen in die Bundesrepublik.

M 10 Gründungsaufruf des „Neuen Forum" vom 9. September 1989

Der Gründungsaufruf des „Neuen Forums" vom 9. September 1989 gilt heute als Schlüsseldokument der Friedlichen Revolution in der DDR. Das „Neue Forum" verstand sich ausdrücklich nicht als Partei, sondern als offenes Sammelbecken für Oppositionelle. Deren Ansätze, Ziele und Forderungen kristallisierten sich nun öffentlich und öffentlichkeitswirksam im „Gründungsaufruf".

In unserem Lande ist die Kommunikation zwischen Staat und Gesellschaft offensichtlich gestört. Belege dafür sind die weit verbreitete Verdrossenheit bis hin zum Rückgang in die private Nische oder zur massenhaften Auswanderung. Fluchtbewegungen diesen Ausmaßes sind anderswo durch Not, Hunger und Gewalt verursacht. Davon kann bei uns keine Rede sein.

Die gestörte Beziehung zwischen Staat und Gesellschaft lähmt die schöpferischen Potenzen unserer Gesellschaft und behindert die Lösung der anstehenden lokalen und globalen Aufgaben. [...]

Auf der einen Seite wünschen wir uns eine Erweiterung des Warenangebots und bessere Versorgung, andererseits sehen wir deren soziale und ökologische Kosten und plädieren für die Abkehr von ungehemmtem Wachstum. Wir wollen Spielraum für wirtschaftliche Initiative, aber keine Entartung in eine Ellenbogengesellschaft. Wir wollen das Bewährte erhalten und doch Platz für Erneuerung schaffen, um sparsamer und weniger naturfeindlich zu leben. Wir wollen geordnete Verhältnisse, aber keine Bevormundung. Wir wollen freie, selbstbewusste Menschen, die doch gemeinschaftsbewusst handeln. Wir wollen vor Gewalt geschützt sein und dabei nicht einen Staat von Bütteln und Spitzeln ertragen müssen. Faulpelze und Maulhelden sollen aus ihren Druckposten vertrieben werden, aber wir wollen dabei keine Nachteile für sozial Schwache und Wehrlose. Wir wollen ein wirksames Gesundheitswesen für jeden, aber niemand soll auf Kosten anderer krankfeiern. Wir wollen an Export und Welthandel teilhaben, aber weder zum Schuldner und Diener der führenden Industriestaaten noch zum Ausbeuter und Gläubiger der wirtschaftlich schwachen Länder werden.

Um all diese Widersprüche zu erkennen, Meinungen und Argumente dazu anzuhören und zu bewerten, allgemeine von Sonderinteressen zu unterscheiden, bedarf es eines *demokratischen Dialogs* über die Aufgaben des Rechtsstaates, der Wirtschaft und der Kultur. Über diese Fragen müssen wir in aller Öffentlichkeit, *gemeinsam und im ganzen Land,* nachdenken und miteinander sprechen. Von der Bereitschaft und dem Wollen dazu wird es abhängen, ob wir in absehbarer Zeit aus der gegenwärtigen krisenhaften Situation finden. [...]

Allen Bestrebungen, denen das NEUE FORUM Ausdruck und Stimme verleihen will, liegt der Wunsch nach Gerechtigkeit, Demokratie, Frieden sowie Schutz und Bewahrung der Natur zugrunde. Es ist dieser Impuls, den wir bei der kommenden Umgestaltung der Gesellschaft in allen Bereichen lebensvoll erfüllt wissen wollen.

Wir rufen alle Bürger und Bürgerinnen der DDR, die an einer Umgestaltung unserer Gesellschaft mitwirken wollen, auf, Mitglieder des NEUEN FORUM zu werden.

Die Zeit ist reif.

(Zit. nach: Oktober 1989 – Wider den Schlaf der Vernunft, Berlin 1989, S. 18f.)

Wie weiter mit der DDR?

Debatte und Entscheidung zur Zukunft der DDR 1989/1990

Nach der Öffnung der Mauer stand mit einem Mal die gesamte DDR zur Disposition: Im November und Dezember des Jahres 1989 entbrannte eine heftige Diskussion um ihre Zukunft. Angetrieben wurde sie durch eine „Abstimmung mit den Füßen", denn Tausende verließen das Land Richtung Westen. Erschwert wurde sie durch die außenpolitischen Zusammenhänge, denn noch gehörten beide deutsche Staaten verschiedenen Militärblöcken an; außerdem waren allen Zeitgenossen die Sorgen vor einem allzu mächtigen Deutschland in der Mitte Europas sehr bewusst. Die Entscheidung fiel in der Wahl zur Volkskammer der DDR am 18. März 1990.

- **Welche Vorstellungen über die Zukunft der DDR standen sich Ende 1989 in der öffentlichen Diskussion gegenüber?**
- **Welche Bedeutung hatte die Volkskammerwahl vom 18. März 1990 für die Geschichte der DDR?**

Präsentieren Sie die zeitgenössischen Vorstellungen zur Zukunft der DDR auf Positionsplakaten und diskutieren Sie die historische Bedeutung der Volkskammerwahl vom 18.3.1990.

Für die Vorbereitung der Präsentations- und Diskussionsphase bietet sich eine dreischrittige Vorgehensweise an:

1. Bilden Sie Arbeitsgruppen, in denen sie arbeitsteilig die zeitgenössischen Vorstellungen zur Zukunft der DDR erarbeiten, indem Sie die Materialien M 1 – M 5 unter der ersten Leitfrage interpretieren.
   a) Bestimmen Sie die äußeren formalen Daten der Quelle und fassen sie ihren Inhalt logisch geordnet zusammen.
   b) Setzen sie sich in Ihrer Gruppe mit der Vorstellung zur Zukunft der DDR, wie sie in der Quelle deutlich wird, auseinander. Unterscheiden Sie dabei zwischen dem zeitgenössischen und dem gegenwärtigen Urteilshorizont.
2. Gestalten Sie Positionsplakate (s. S. 63), die die jeweilige zeitgenössische Vorstellung anschaulich und prägnant zum Ausdruck bringen.
3. Präsentieren Sie Ihre Plakate im Plenum.
   Arbeiten Sie im Kursgespräch auf der Grundlage der präsentierten Positionsplakate Gemeinsamkeiten und Unterschiede zwischen den verschiedenen Zukunftsvorstellungen heraus.
4. Bilden Sie neu zusammengesetzte Arbeitsgruppen, in denen Sie die Tabelle M 6 und die Texte M 7 – M 9 fachgerecht auswerten.
   a) Beschreiben Sie das Ergebnis der Volkskammerwahl (M 6), indem sie besondere Auffälligkeiten bzw. Merkmale des Ergebnisses darstellen.
   b) Interpretieren Sie die zeitgenössischen Stellungnahmen (M 7 – M 9), indem Sie herausarbeiten, wie das Wahlergebnis jeweils beschrieben, erklärt und bewertet wird.
   c) Setzen Sie sich kritisch mit den zeitgenössischen Stellungnahmen auseinander.
5. Verfassen Sie z. B. einen Flipchart-Anschrieb, eine Folie, ein Handout oder ein aussagekräftiges Thesenpapier, mit dem Sie im Plenum Ihre Arbeitsergebnisse vorstellen und zur Diskussion stellen.
6. Diskutieren Sie in einer zusammenfassenden Abschlussdiskussion im Plenum die historische Bedeutung des Ergebnisses der Volkskammerwahl vom 18. März 1990 als Entscheidung zwischen den verschiedenen Zukunftsalternativen.

MATERIALIEN

Teil 1: Die Debatte

M 1 Neues Forum: Erklärung zur Maueröffnung (12.11.1989)

Auf diesen Tag haben wir fast 30 Jahre gewartet! Mauerkrank haben wir an den Gitterstäben des Käfigs gerüttelt. Die Jugend wuchs mit dem Traum auf, einst frei zu werden und die Welt zu erfahren. Dieser Traum wird jetzt erfüllbar sein: Es ist ein Festtag für uns alle!

Der Alltag wird wiederkehren. Die offene Grenze wird das politische Chaos und die desolate Wirtschaftslage krass zutage bringen, die die abtretende Politbürokratie hinterlassen hat. [...]

Bürgerinnen und Bürger der DDR!

Eure spontanen furchtlosen Willensbekundungen im ganzen Land haben eine friedliche Revolution in Gang gesetzt, haben das Politbüro gestürzt und die Mauer durchbrochen.

Lasst euch nicht von der Forderung nach einem politischen Neuaufbau der Gesellschaft ablenken! Ihr wurdet weder zum Bau der Mauer noch zu ihrer Öffnung befragt; lasst euch jetzt kein Sanierungskonzept aufdrängen, das uns zum Hinterhof und zur Billiglohnquelle des Westens macht! Achtet genau darauf, wem die jetzt eintretenden Unternehmungen und Geschäfte Vorteil bringen werden und wie hoch die sozialen Kosten sind. Lasst das Land nicht verhökern und euch nicht als Mietsklaven verdingen!

Wir werden für längere Zeit arm bleiben, aber wir wollen keine Gesellschaft haben, in der Schieber und Ellenbogentypen den Rahm abschöpfen. Ihr seid die Helden einer politischen Revolution, lasst euch jetzt nicht ruhig stellen durch Reisen und Schulden erhöhende Konsumspritzen! Fordert die Erfüllung der politischen Reformen und die Ausarbeitung eines sozial verträglichen Wirtschaftskonzepts. [...]

(Zit. nach: DDR-Journal zur Novemberrevolution, hg. von „die tageszeitung", Berlin 1989, S. 132)

M 2 Aufruf „Für unser Land" (26.11.1989)

Der folgende Aufruf wurde von Oppositionellen im Umkreis des „Neuen Forums" veröffentlicht. Zu den Erstunterzeichnern gehörten u.a. Frank Beier, Regisseur; Tamara Danz, Rocksängerin; Stefan Heym, Schriftsteller; Günter Krusche, Superintendent; Sebastian Pflugbeil, Physiker; Friedrich Schorlemmer, Pfarrer; Konrad Weiß, Filmemacher; Christa Wolf, Schriftstellerin.

Unser Land steckt in einer tiefen Krise. Wie wir bisher gelebt haben, können und wollen wir nicht mehr leben. Die Führung einer Partei hatte sich die Herrschaft über das Volk und seine Vertretungen angemaßt, vom Stalinismus geprägte Strukturen hatten alle Lebensbereiche durchdrungen. Gewaltfrei, durch Massendemonstrationen hat das Volk den Prozess der revolutionären Erneuerung erzwungen, der sich in atemberaubender Geschwindigkeit vollzieht. Uns bleibt nur wenig Zeit, auf die verschiedenen Möglichkeiten Einfluss zu nehmen, die sich als Ausweg aus der Krise anbieten.

Entweder können wir auf der Eigenständigkeit der DDR bestehen und versuchen, mit allen unseren Kräften und in Zusammenarbeit mit denjenigen Staaten und Interessengruppen, die dazu bereit sind, in unserem Land eine solidarische Gesellschaft zu entwickeln, in der Frieden und soziale Gerechtigkeit, Freiheit des Einzelnen, Freizügigkeit aller und die Bewahrung der Umwelt gewährleistet sind.

Oder wir müssen dulden, dass – veranlasst durch starke ökonomische Zwänge und durch unzumutbare Bedingungen, an die einflussreiche Kreise aus Wirtschaft und Politik in der Bundesrepublik ihre Hilfe für die DDR knüpfen – ein Ausverkauf unserer materiellen und moralischen Werte beginnt und über kurz oder lang die Deutsche Demokratische Republik durch die Bundesrepublik vereinnahmt wird.

Lasst uns den ersten Weg gehen. Noch haben wir die Chance, in gleichberechtigter Nachbarschaft zu allen Staaten Europas eine sozialistische Alternative zur Bundesrepublik zu entwickeln. Noch können wir uns besinnen auf die antifaschistischen und humanistischen Ideale, von denen wir einst ausgegangen sind. Alle Bürgerinnen und Bürger, die unsere Hoffnung und unsere Sorge teilen, rufen wir auf, sich diesem Appell durch ihre Unterschrift anzuschließen.

Berlin, den 26. November 1989

(Neues Deutschland vom 28.11.1989; zit. nach: Gerhardt Maier, Die Wende in der DDR, Bonn (bpb) 1991, S. 53)

M 3 Ministerpräsident Hans Modrow: Erklärung vor der 12. Tagung der Volkskammer (17.11.1989)

Hans Modrow (SED) war Ministerpräsident der DDR vom 13.11.1989 bis zum 18.3.1990.

Zu den grundlegenden Voraussetzungen der Stabilität und des Friedens in Europa gehören stabile, berechenbare Beziehungen zwischen beiden deutschen Staaten und ihre konstruktive Weiterentwicklung. Mit der Öffnung ihrer Grenzen für den freien Reiseverkehr hat die DDR in diesem Sinne eine weltweit begrüßte und unterstützte Leistung erbracht. Mit der angestrebten, ja bereits begonnenen Reform unseres politischen Systems wird auch der Weg zur Wahrung und Durchsetzung des Selbstbestimmungsprozesses des Volkes der DDR auf neuer Grundlage gegangen. Damit wird die Legitimation der DDR als sozialistischer Staat, als souveräner deutscher Staat erneuert. Nicht durch Beteuerungen, sondern durch eine neue Realität des Lebens in der DDR wird den ebenso unrealistischen wie gefährlichen Spekulationen über eine Wiedervereinigung die klare Absage erteilt.

Die beiden deutschen Staaten haben bei aller Verschiedenheit ihrer Gesellschaftsordnungen eine jahrhundertealte gemeinsame Geschichte. Beide Seiten sollten die hierin liegende Chance begreifen, ihrem Verhältnis den Charakter einer qualifiziert guten Nachbarschaft zu geben.

Indem sich beide deutsche Staaten uneingeschränkt respektieren, können sie zugleich wertvolles Beispiel kooperativer Koexistenz schaffen. Die Regierung der DDR ist bereit, die Zusammenarbeit mit der BRD umfassend auszubauen und auf eine neue Stufe zu heben. [...]

Wir sind dafür, die Verantwortungsgemeinschaft beider deutscher Staaten durch eine Vertragsgemeinschaft zu untersetzen, die weit über den Grundlagenvertrag und die bislang geschlossenen Verträge und Abkommen zwischen beiden deutschen Staaten hinausgeht. Dafür ist diese Regierung gesprächsbereit.

So können beide deutsche Staaten und ihre Beziehungen wichtige Pfeiler für den Bau und die Ausgestaltung des gemeinsamen europäischen Hauses werden.

(Zit. nach: G. Maier, a. a. O., S. 59)

M 4 Bundeskanzler Helmut Kohl: „10-Punkte-Plan" (28.11.1989)

Helmut Kohl (CDU) war von 1982 bis 1998 Bundeskanzler der Bundesrepublik Deutschland.

Der Weg zur deutschen Einheit, das wissen wir alle, ist nicht vom „grünen Tisch" oder mit einem Terminkalender in der Hand zu planen. [...]. Aber wir können, wenn wir nur wollen, schon heute jene Etappen vorbereiten, die zu diesem Ziel hinführen. Ich möchte diese Ziele anhand eines Zehn-Punkte-Programms erläutern:

Erstens: Zunächst sind Sofortmaßnahmen erforderlich, die sich aus den Ereignissen der letzten Wochen ergeben, insbesondere die Fluchtbewegung und die neue Dimension des Reiseverkehrs. [...]

Zweitens: Die Bundesregierung wird wie bisher die Zusammenarbeit mit der DDR in allen Bereichen fortsetzen, die den Menschen auf beiden Seiten unmittelbar zugute kommt. [...]

Drittens: Ich habe angeboten, unsere Hilfe und unsere Zusammenarbeit umfassend auszuweiten, wenn ein grundlegender Wandel des politischen und wirtschaftlichen Systems in der DDR verbindlich beschlossen und unumkehrbar in Gang gesetzt wird. „Unumkehrbar" heißt für uns vor allem, dass sich die DDR-Staatsführung mit den Oppositionsgruppen auf eine Verfassungsänderung und auf ein neues Wahlgesetz verständigt. [...]

Viertens: Ministerpräsident Modrow hat in seiner Regierungserklärung von einer Vertragsgemeinschaft gesprochen. Wir sind bereit, diesen Gedanken aufzugreifen. Denn die Nähe und der besondere Charakter der Beziehungen zwischen den beiden Staaten in Deutschland erfordern ein immer dichteres Netz von Vereinbarungen in allen Bereichen und auf allen Ebenen. [...]

Fünftens: Wir sind aber auch bereit, noch einen entscheidenden Schritt weiterzugehen, nämlich konföderative Strukturen zwischen beiden Staaten in Deutschland zu entwickeln mit dem Ziel, eine Föderation, das heißt eine bundesstaatliche Ordnung, in Deutschland zu schaffen. Das setzt aber eine demokratisch legitimierte Regierung in der DDR zwingend voraus. [...]

Stufenweise können neue Formen der institutionellen Zusammenarbeit entstehen und ausgeweitet werden. [...] Ein solches Zusammenwachsen liegt in der Kontinuität der deutschen Geschichte. Staatliche Organisation in Deutschland hieß in unserer Geschichte fast immer auch Konföderation und Föderation. Wir können doch auf diese historischen Erfahrungen zurückgreifen.

Wie ein wiedervereinigtes Deutschland schließlich aussehen wird, das weiß heute niemand. *Dass* aber die Einheit kommen wird, wenn die Menschen in Deutschland sie wollen, dessen bin ich sicher. [...]

Siebtens: Die Anziehungs- und Ausstrahlungskraft der Europäischen Gemeinschaft ist und bleibt eine entscheidende Konstante der gesamteuropäischen Entwicklung. Wir wollen und müssen sie weiter stärken. [...] Die Bundesregierung befürwortet deshalb den baldigen Abschluss eines Handels- und Kooperationsabkommens mit der DDR, das den Zugang der DDR zum Gemeinsamen Markt erweitert. [...]

Zehntens: Mit dieser umfassenden Politik wirken wir auf einen Zustand des Friedens in Europa hin, in dem das deutsche Volk in freier Selbstbestimmung seine Einheit wiedererlangen kann.
Die Wiedervereinigung, das heißt die Wiedergewinnung der staatlichen Einheit Deutschlands, bleibt das politische Ziel der Bundesregierung. [...]
Nur miteinander und in einem Klima des wechselseitigen Vertrauens können wir die Teilung Europas, die immer auch die Teilung Deutschlands ist, friedlich überwinden. Das heißt, wir brauchen auf allen Seiten Besonnenheit, Vernunft und Augenmaß, damit die jetzt begonnene – so hoffnungsvolle – Entwicklung stetig und friedlich weiterverläuft. [...]

(Zit. nach: G. Maier, a. a. O., S. 65 ff.)

M 5 Deutschlandpolitische Erklärung des SPD-Parteitages (18.–20.12.1989)

Auf dem Wege zur europäischen und zur deutschen Einheit gilt es, die politische, wirtschaftliche, umwelt-, energie- und verkehrspolitische, die kulturelle und auch die abrüstungspolitische Zusammenarbeit zwischen den beiden deutschen Staaten immer enger und umfassender zu gestalten und ihr unverzüglich eine neue Qualität zu geben. Dies kann auf der Basis des Grundlagenvertrages in der Form einzelner Vereinbarungen, einer Vertragsgemeinschaft, einer Konföderation und schließlich auch in einer bundesstaatlichen Einheit geschehen. Formen und Tempo dieses Prozesses sind heute nicht im Einzelnen zu bestimmen. [...]
Eine Konföderation der beiden Staaten wollen wir bald erreichen. Eine solche Konföderation ist die derzeit realisierbare Verfassungsordnung, die dem Wunsch der Menschen in beiden deutschen Teilstaaten nach Einheit institutionellen Ausdruck verleiht. Sie vermeidet die Gefahr der Majorisierung oder Bevormundung und ermöglicht es den beiden souveränen Staaten, in ihren Paktsystemen und Wirtschaftsgemeinschaften auf die Errichtung einer europäischen Friedensordnung und die Entstehung der Vereinigten Staaten von Europa hinzuwirken. Sie ist deshalb schon zu einem Zeitpunkt möglich, in dem die Bündnisse noch bestehen. [...]
Wir in der Bundesrepublik Deutschland haben keinen Anlass zur Selbstgefälligkeit. Die Bundesrepublik ist als demokratischer Rechts- und Sozialstaat verfasst. Doch die Lebenswirklichkeit sieht in vielen Bereichen anders aus: Bei wachsendem Wohlstand der Mehrzahl nimmt die Zahl der Menschen zu, die im Schatten dieses Wohlstandes leben. Die ökologischen Defizite sind offenbar. Deshalb bedürfen auch bei uns Staat und Gesellschaft der Erneuerung und grundlegender Reformen.
Die Deutschen in der DDR können sich auf unsere Solidarität verlassen. Sie entscheiden, mit welchem Ziel und auf welchem Weg sie ihr Selbstbestimmungsrecht ausüben. Wie immer ihre Entscheidung ausfällt, wir werden sie respektieren. [...]

(Vorstand der SPD (Hg.), Die Deutschen in Europa, Bonn 1989)

Teil 2: Die Volkskammerwahl vom 18.3.1990

M 6 Das Ergebnis der Volkskammerwahl vom 18.3.1990

		Stimmen	Prozent
Wahlberechtigte		12426433	
Abgegebene Stimmen		11604418	
Wahlbeteiligung			93,2
Gültige Stimmen		11541555	
Davon entfielen auf			
Allianz für Deutschland[1]		5544414	48,0
davon	CDU	4710552	40,8
	DA[2]	106146	0,9
	DSU[3]	727716	6,3
Bund Freier Demokraten		608918	5,3
SPD		2525473	21,9
Grüne Partei und Unabhängiger Frauenbund		226921	2,0
Bündnis 90		336064	2,9
PDS[4]		1892329	16,4
Sonstige		407436	3,5

[1] Wahlbündnis von CDU, DA und DSU
[2] DA: Demokratischer Aufbruch (ehem. Bürgerrechtsbewegung)
[3] DSU: Deutsche Soziale Union (Schwesterpartei der bayerischen CSU)
[4] PDS: Partei des Demokratischen Sozialismus (SED-Nachfolgepartei)

M 7 Fritz Ullrich Fack (20.3.1990)

Der Journalist Fritz Ullrich Fack in der „Frankfurter Allgemeinen Zeitung":

Die Deutschen in der noch existierenden DDR haben mehrheitlich jener politischen Kraft den Zuschlag gegeben, der sie die Durchsetzung von Wiedervereinigung und Wiederaufbau am ehesten zutrauen: der Allianz für Deutschland [...].

Dreh- und Angelpunkt der Meinungsbildung in der DDR ist und bleibt die deutsche Frage. Die Bevölkerung ist dort – aus naheliegenden Gründen – immer mit hohen Anteilen für die Wiedervereinigung eingetreten. Was sie anfangs hinderte, sich für die konsequentesten Verfechter einer baldigen Einheit zu entscheiden – die Allianz für Deutschland –, war die Neigung zu einem geläuterten Sozialismus, mindestens aber zu einer politischen Ordnung mit einer stark sozialstaatlichen Prägung. Das „Wunder" der letzten Wochen des Wahlkampfs in der DDR besteht darin, dass ein stetig wachsender Teil der Wähler diese Präferenz aufgegeben und sich zu der Überzeugung durchgerungen hat, dass die Priorität der deutschen Einheit gebühre [...].

Dass die Wahl am Ende ganz anders ausfiel, lässt sich nicht allein mit dem „Drang zur D-Mark" erklären, der heute als Klischee so gerne benutzt wird. Die Meinungsforschung zeigt vielmehr, dass drüben noch immer die Ansicht dominiert, an den politischen Zuständen, am Freiheitsgrad vor allem, habe sich bislang nichts Grundlegendes geändert. Wie dickes Packeis bedecken die Strukturen des verflossenen Regimes für die Menschen noch immer das Land. [...]

Die Welt ist nun zum zweiten Mal Zeuge eines Aktes deutscher Selbstbefreiung geworden. Der erste spielte auf den Straßen der DDR, der zweite in den Wahlkabinen. Die sanfte Revolution im anderen Teil Deutschlands hat ihr Ziel fast erreicht. Das sich vollenden zu lassen, ist für die Welt ein Gebot der Vernunft, der Menschlichkeit und der Friedenssicherung.

(Frankfurter Allgemeine Zeitung vom 20.3.1990)

M 8 Klaus Hartung (19.3.1990)

Der Journalist Klaus Hartung in der „tageszeitung":

Nun kann man sich streiten [...]: War das eine Abwahl der DDR oder eine Wahl Kohls? Sauber lassen sich beide Motive gewiss nicht trennen. Aber eines ist sicher [...]: Das war der Erfolg der West-CDU und – dies vor allem – der Erfolg von Kohls Taktik. Er hat sich im Wahlkampf für den Anschluss, für die Teilhabe der DDR-Bürger am westlichen Wohlstand, für das Versprechen der Erlösung vom Dasein eines Deutschen zweiter Klasse verbürgt. Ganz gleich, ob alle CDU-Wähler diesen Versprechungen wirklich glaubten: Die Chance wollen sie sich offensichtlich nicht entgehen lassen. Eine Mehrheit der DDR-Wähler wollte Gleichheit jetzt – und sei es nur als Garantie von materiellen Symbolen der Gleichheit. [...]

Alle Parteien, die sowohl DDR-Selbstbewusstsein und Demokratisierung als auch eigenständige Interessenvertretung und Parität im Prozess der deutschen Vereinigung vertraten, haben verloren. Die gestern gewählte Regierungsmehrheit ist für die Vertretung der Interessen der DDR, von denen der Mieter bis zu denen der LPG-Bauern, sicher die schlechteste. Aber: Für die Mehrheit geht es offenbar nicht mehr um Vertretung von DDR-Interessen, sondern um den Glauben, sich nun als freies Subjekt auf dem freien Markt entfalten zu können. Eine kollektive Phantasie von Gründerzeit und Goldgräberstimmung durcheilt die DDR. Alle, die in jenem sozialgesicherten Treibhaus zwischen Kommandowirtschaft und privatem Organisieren dem Lebensglück hinterherjagten, wollen nun ihre Kräfte ausprobieren. Insofern haben die DDR-Wähler radikal frei gewählt.

Sie haben sich aber auch unter die Kuratel der Bundespolitik gestellt. Kohl hat die Alternative DDR oder Deutschland, Misere oder Einheit, Zusammenbruch oder schneller Anschluss vertreten. Die Mehrheit hat diese scheinbare Alternative angenommen. [...] Wer meinte, in der DDR gebe es noch etwas zu verteidigen, wurde durch den Polarisierungsdruck wohl eher zur PDS gedrängt. Und das ist die zweite Sensation: Neben der CDU gehört die PDS zu den Siegern. Sie hat ihr Wahlziel erreicht, eine starke Opposition zu werden.

So ist denn das Ergebnis ironisch genug: Die Parteifigurationen, die der demokratische Aufstand hervorgebracht hat, sind die Verlierer. [...] Der absolute Sieger dieser Wahl sind die alten Blockparteien CDU und PDS/SED.

(die tageszeitung vom 19.3.1990)

M 9 Stefan Heym (18.3.1990)

Der Schriftsteller Stefan Heym, ehemaliger Oppositioneller und Unterzeichner des Aufrufes „Für unser Land" (s. M 2) sagte:

Es hat eine Revolution stattgefunden – getragen von zwei Kräftegruppierungen: Die eine wollte eine bessere DDR und die andere wollte gar keine DDR. Die eine hat die Revolution unter großem Risiko gemacht, dann kam die andere in den Vordergrund – und die hat gesiegt. Es wird keine DDR mehr geben. Die DDR wird nichts sein als eine Fußnote in der Weltgeschichte.

(Zit. nach: RIAS-Monitor-Dienst, Nr. 16 vom 18.3.1990)

1:1?

Die Debatte um den Wechselkurs in der Währungsunion

Am 18. Mai 1990 unterzeichneten die Finanzminister der beiden deutschen Staaten den „Vertrag über die Schaffung einer Währungs-, Wirtschafts- und Sozialunion zwischen der Bundesrepublik Deutschland und der Deutschen Demokratischen Republik“ – ein Meilenstein auf dem Weg zur deutschen Einheit.
Einig waren man sich darin, dass die Lebens- und Rechtsverhältnisse in der DDR denen in der Bundesrepublik angepasst werden müssten. Hoch umstritten aber war der Wechselkurs, mit dem die DDR-Mark gegen die westdeutsche DM umgetauscht werden sollte.

- **Welche Argumente sprachen für, welche gegen einen Wechselkurs von 1:1?**

Stellen Sie auf einem Lernplakat die Argumente für und gegen einen Wechselkurs von 1:1 in zwei kommentierten Argumentlisten einander gegenüber.

Vorschlag, wie Sie mit einer Partnerin bzw. einem Partner oder in einem kleinen Arbeitsteam Ihre Argumentlisten zusammenstellen können:

1. Interpretieren Sie die zeitgenössischen Quellen M1–M3 unter der Leitfrage und halten Sie Ihre Interpretationsergebnisse für jede Quelle unter folgenden Aspekten in knapper schriftlicher Form fest:
   a) Bestimmen Sie die äußeren formalen Merkmale der Quellen.
   b) Geben Sie den Inhalt der Quellen wieder, indem Sie die jeweils vertretene Position zusammenfassend beschreiben und die zur Begründung genannten Argumente auflisten.
   c) Erläutern und beurteilen Sie die jeweilige Position und die dafür vorgebrachten Argumente vor dem Hintergrund Ihrer Kenntnisse der historischen Situation im Mai 1990.
2. Formulieren Sie gemeinsam auf der Grundlage der Materialauswertung Ihre zusammenfassenden, kommentierten Argumentationslinien.
   Sprechen Sie Ihre Redeanteile für die Vorstellung und Erläuterung des Lernplakats untereinander ab.

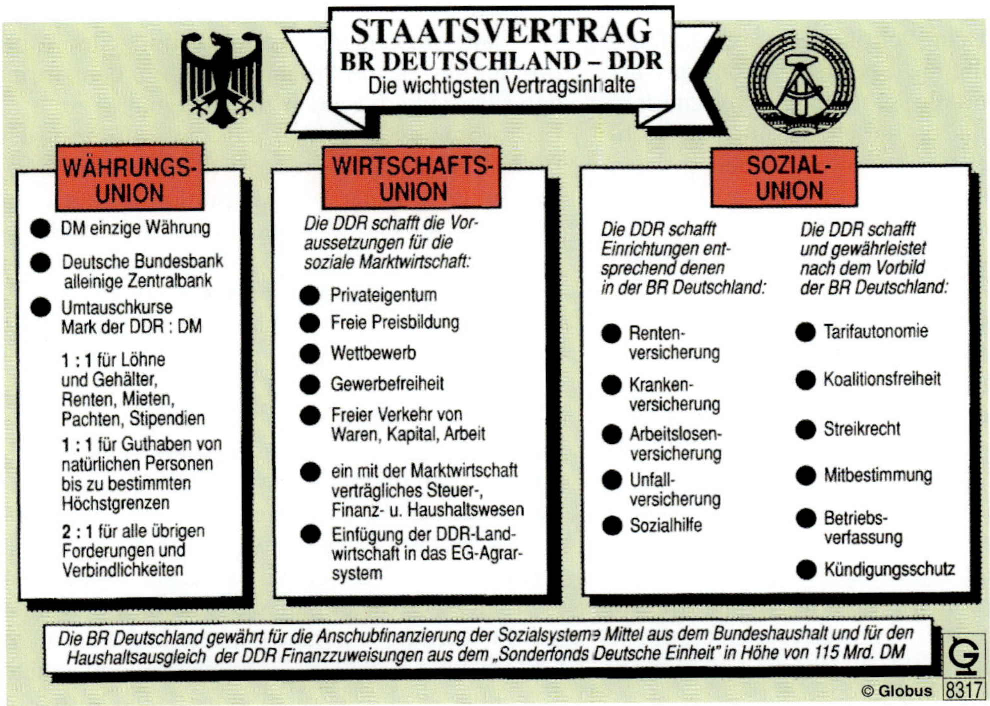

Wechselkurs

Unter einem Wechselkurs versteht man das Austauschverhältnis zwischen zwei Währungen. Bei der Bildung einer Währungsunion bestimmt der Wechselkurs, in welchem Verhältnis die vorhergehenden Währungen in die neue Währung getauscht werden.

Die Bedeutung des Wechselkurses verdeutlichen folgende Beispiele: Bei einem Wechselkurs von 2:1 hätte ein DDR-Bürger für 100 gesparte DDR-Mark 50 DM erhalten, bei einem Kurs von 1:1 wären es 100 DM – die Kaufkraft seiner Ersparnisse wäre also höher.

Andererseits müsste ein Unternehmer seinen Arbeitskräften, die zuvor 100 DDR-Mark verdient haben, bei einem Kurs von 1:1 auch 100 DM zahlen; bei einem Wechselkurs von 2:1 wären es nur 50 DM – die Kosten für Unternehmen wären also höher, ihre Konkurrenzfähigkeit beeinträchtigt.

MATERIALIEN

M 1 Ingrid Matthäus-Maier/SPD (19.1.1990)

Die Bundestagsabgeordnete und finanzpolitische Sprecherin der SPD, Ingrid Matthäus-Maier:

Die deutsch-deutsche Politik steht unter Erfolgsdruck: Der anhaltende Übersiedlerstrom aus der DDR erschwert dort die Reformen und verschärft in der Bundesrepublik die Probleme auf dem Wohnungs- und Arbeitsmarkt sowie bei den sozialen Sicherungssystemen. Um den Exodus zu stoppen, muss den Menschen in der DDR rasch eine Zukunftsperspektive eröffnet werden, damit sie in ihrer Heimat bleiben.

Die bisher vorgeschlagenen Reformansätze zur notwendigen Sanierung der DDR-Wirtschaft werden aber mehr Zeit beanspruchen, als die Menschen in der DDR und die Regierungen in Bonn und Ost-Berlin haben. Hier könnte die Währungspolitik eine Lösung bieten. [...]

Eine rasch wirksame Lösung wäre die Bildung eines deutsch-deutschen Währungsverbundes. [...] Der steigende Wohlstand in der DDR würde viele DDR-Bürger veranlassen, in ihrer Heimat zu bleiben. Die Bundesrepublik würde die Kosten sparen, die durch die Zuwanderung der DDR-Bürger entstünden. [...]

Eine Währungsunion mit der D-Mark wäre für die Bürger in der DDR ein einsichtiges und überzeugendes Signal für eine rasche wirtschaftliche Besserung, das sie zum Bleiben in ihrer Heimat veranlassen könnte.

Mit einer Währungsunion würde auf der für das konkrete Leben der Menschen entscheidenden Alltagsebene die deutsche Einheit sichtbar vorangebracht. [...]

Wer es ernst meint mit der deutschen Einheit und den Menschen in der DDR eine überzeugende Perspektive geben will, muss sich für eine Lösung entscheiden, die ein harmonisches Zusammenwachsen der beiden deutschen Staaten ermöglicht.

(Zit. nach: Die Zeit, 19.1.1990, S. 23)

M 2 Brief des Sachverständigenrates an Bundeskanzler Helmut Kohl (9.2.1990)

Der Sachverständigenrat zur Begutachtung der gesamtwirtschaftlichen Entwicklung (umgangssprachlich: Die fünf Wirtschaftsweisen) begutachtet im Auftrag der Bundesregierung seit 1963 die wirtschaftliche Entwicklung in der Bundesrepublik. Am 9.2.1990 nahm der Sachverständigenrat zur Diskussion um die Währungsunion wie folgt Stellung:

Sehr verehrter Herr Bundeskanzler!

Mit Besorgnis verfolgt der Sachverständigenrat die jüngsten Überlegungen, die auf eine baldige Einführung einer Währungsunion mit der DDR hindrängen. [...]

Wir halten die rasche Verwirklichung der Währungsunion für das falsche Mittel, um dem Strom von Übersiedlern Einhalt zu gebieten. [...]

Es ist wohl unvermeidlich, dass die Einführung der D-Mark bei den Bürgern der DDR die Illusion erwecken muss, mit der Währungsunion sei auch der Anschluss an den Lebensstandard der Bundesrepublik hergestellt. Davon kann jedoch keine Rede sein; das Einkommen ist an die Produktivität gebunden, die bisher weit hinter der der Bundesrepublik zurückbleibt. [...]

Die einheitliche Währung wird den Abstand der Einkommen schlagartig verdeutlichen, Forderungen nach einer Korrektur werden nicht auf sich warten lassen und schwerlich abzuweisen sein. [...]

Der Druck auf die Bundesrepublik würde anwachsen, den Abstand der Einkommen (Löhne und Renten) durch einen „Finanzausgleich“ zugunsten der DDR zu verringern. Riesige Belastungen kämen auf die öffentlichen Haushalte zu. Es wären nicht nur erhebliche Steuererhöhungen unvermeidlich; es würden vielmehr auch öffentliche Mittel in

Transfers für konsumtive Verwendungen gebunden, die bei der Finanzierung von Maßnahmen zur Verbesserung der Infrastruktur fehlen müssten. [...]

Es kann nicht ausbleiben, dass die Hoffnungen enttäuscht werden, die an die Währungsunion geknüpft werden – und die mit dieser auch bewusst gefördert werden sollen. Greift die Ernüchterung aber um sich, wird der Strom der Übersiedler erst recht anschwellen.

Mit einer raschen Währungsunion werden Anpassungsprozesse in Gang gesetzt, die die Produktion und die Beschäftigung in der DDR beeinträchtigen können. Das Produktangebot in der DDR entspricht hinsichtlich Quantität und Qualität vielfach nicht den Wünschen der Menschen. Die Konsumenten, die mit der D-Mark eine konvertible Währung erhalten, werden verstärkt Nachfrage nach Konsumgütern in der Bundesrepublik oder im westlichen Ausland ausüben. Es fließt Kaufkraft aus der DDR-Wirtschaft ab. Die Unternehmen der DDR werden schlagartig einer internationalen Konkurrenz ausgeliefert, der sie gegenwärtig nicht gewachsen sind. Die Erträge der DDR-Unternehmen schrumpfen. Da sie ihre Produkte noch schwerer veräußern können, werden Produktivität und Produktion der Unternehmen sinken. Dies bleibt nicht ohne Rückwirkung auf die Einkommen und die Beschäftigung, diese werden ebenfalls schrumpfen. Dem kurzfristigen Vorteil, dass die Menschen mit der Einführung der D-Mark in der DDR Zugang zu westlichen Märkten erhalten, wird alsbald der Rückschlag folgen, dass mit der tatsächlichen Verwendung dieser Einkommen für Käufe im Westen die eigene Einkommensbasis geschmälert wird. Abwanderungsbewegungen kommen wieder stärker in Gang. Diese Effekte wären nur zu vermeiden, wenn die Unternehmen der DDR bereits an Konkurrenzfähigkeit gewonnen hätten. [...]

Wir verkennen keineswegs die Bedeutung der Währungspolitik im wirtschaftlichen Integrationsprozess der beiden deutschen Staaten. [...] Die Maßnahmen der Währungspolitik müssen jedoch im Kontext mit der grundlegenden Reform des Wirtschaftssystems der DDR stehen. Ein Vorpreschen in der Währungspolitik halten wir für einen ungeeigneten Weg.

(Deutscher Bundestag, Drucksache 11/8472, Bonn 1990, S. 306ff.)

M 3 Regierungserklärung von Bundeskanzler Helmut Kohl (15.2.1990)

Das Angebot besteht [...] aus zwei Teilen. Erstens: Zu einem Stichtag wird die Mark der DDR als Währungsmittel und gesetzliches Zahlungsmittel durch die D-Mark ersetzt. Zweitens: Zeitgleich müssen von der DDR die notwendigen rechtlichen Voraussetzungen für die Einführung der Sozialen Marktwirtschaft geschaffen werden. Beide Elemente [...] stehen für die Bundesregierung in einem unauflösbaren Zusammenhang.

Ich füge hinzu: Politisch und ökonomisch bedeutet dieses Angebot der Bundesregierung, dass wir bereit sind, auf ungewöhnliche Ereignisse und Herausforderungen in der DDR unsererseits mit einer ungewöhnlichen Antwort zu reagieren. Ich sage dies auch im Blick auf den einen oder anderen, der – das ist aus seiner Sicht verständlich – vor allem die ökonomischen Faktoren sieht und dabei die politische Lage in unserem Land unzureichend berücksichtigt.

Über eines kann kein Zweifel bestehen: In einer politisch und wirtschaftlich normalen Situation wäre der Weg ein anderer gewesen, und zwar derjenige schrittweiser Reformen und Anpassungen – mit der gemeinsamen Währung erst zu einem späteren Zeitpunkt. Vor diesem Hintergrund [...] gibt es kritische Stimmen von Experten. Auch der Wirtschafts-Sachverständigenrat hat sich in dieser Weise geäußert. Wir nehmen die Argumente ernst. Und dennoch sage ich: Wir entscheiden uns für den eben skizzierten Weg.

Die krisenhafte Zuspitzung der Lage in der DDR macht mutige Antworten erforderlich. Politische und gesellschaftliche Umwälzungen haben zu einer dramatischen Verkürzung des Zeithorizonts geführt, sodass für – wie auch immer definierte und auch ökonomisch begründete – Stufenpläne aus meiner Sicht die Voraussetzungen entfallen sind. In einer solchen Situation geht es um mehr als um Ökonomie, so wichtig Ökonomie ist. Es geht jetzt darum, ein klares Signal der Hoffnung und der Ermutigung für die Menschen in der DDR zu setzen.

(Presse- und Informationsamt der Bundesregierung, Bulletin vom 16.2.1990)

Wie reagiert das Ausland?

Die außenpolitischen Voraussetzungen der deutschen Einheit

Im Jahr 1989 freute sich alle Welt über den Fall der Mauer und die Überwindung der SED-Diktatur. Die Entwicklung zur deutschen Einheit im Jahr 1990 weckte hingegen im Ausland sehr gemischte, widersprüchliche Gefühle.
Eine Vereinigung der beiden deutschen Staaten betraf nicht nur die Deutschen, sondern auch ihre Nachbarn. Denn sie veränderte die europäische Nachkriegsordnung grundlegend und betraf zudem die nach wie vor bestehenden Rechte der Siegermächte des Zweiten Weltkrieges in Bezug auf „Deutschland als Ganzes".

- **Welche Sorgen entstanden im Ausland angesichts der sich abzeichnenden Vereinigung der beiden deutschen Staaten?**
- **Welche außenpolitischen Hürden waren auf dem Weg zur Vereinigung der beiden deutschen Staaten zu überwinden?**
- **Aus welchen Gründen und unter welchen Bedingungen stimmten die Siegermächte der deutschen Einheit letztlich zu?**

Gestalten Sie auf einer Stellwand anhand der angebotenen Bild- und Textquellen eine kleine kommentierte Ausstellung zum Thema „Wie reagiert das Ausland?"

Anregungen und Hilfen, wie Sie die Ausstellung arbeitsteilig vorbereiten können:

1. Erarbeiten Sie Antworten auf die erste Leitfrage, indem Sie die Karikaturen M 1 – M 7 in arbeitsteiliger Gruppenarbeit interpretieren. Folgen Sie dabei den methodischen Hinweisen und Schritten der Methode „Karikaturen interpretieren" (s. S. 115).
2. Bereiten Sie die Präsentation Ihrer Interpretationsergebnisse für die Ausstellung vor, indem Sie die Karikaturen auf ein Plakat kopieren und Ihre Kommentare adressatengerecht formulieren und anordnen.
3. Interpretieren Sie den Zeitzeugenbericht des damaligen Außenministers Genscher (M 8) unter der zweiten und dritten Leitfrage. Verschriftlichen Sie Ihre Arbeitsergebnisse in systematisch geordneter Form (z. B. Stichworttabelle).
   a) Bestimmen Sie die äußeren, formalen Merkmale der Quelle M 8. Halten Sie fest, welche besonderen Möglichkeiten, aber auch Grenzen der historischen Erkenntnisgewinnung (Aussagekraft) diese Quelle bietet.
   b) Geben Sie den Inhalt der Quelle wieder, indem Sie die Darstellung der Haltung verschiedener Länder bzw. verantwortlicher Personen zur deutschen Einheit wiedergeben.
   c) Strukturieren Sie diese Quelleninhalte, indem Sie systematisch zwischen einerseits hemmenden Faktoren (Sorgen, Vorbehalte, Schwierigkeiten) und andererseits förderlichen Faktoren (Bedingungen der Zustimmung) unterscheiden.
   d) Beurteilen und bewerten Sie das Handeln der verantwortlichen Politiker aus Ihrer Sicht.

Methode

Karikaturen interpretieren

A. Karikaturen

Karikaturen sind eine besondere Form historischer Bildquellen. Ein Karikaturist will seinen Gegenstand nicht umfassend beschreiben, sondern eine Meinung pointiert zum Ausdruck bringen. Die Interpretation von Karikaturen ist deshalb besonders gut zur Erforschung zeitgenössischer Meinungen, Urteile und Bewertungen geeignet.

B. Schritte der Interpretation von Karikaturen

1. Schritt – Leitfrage(n) festlegen:

Legen Sie die Leitfrage(n) der Interpretation fest.
Welche Sorgen entstanden im Ausland angesichts der sich abzeichnenden Vereinigung der beiden deutschen Staaten?
Wie sind diese Sorgen aus heutiger Sicht zu beurteilen und zu bewerten?

2. Schritt – Analyse:

– Beschreibung und Klärung formaler äußerer Merkmale der Karikatur

- Autor, Entstehungsdatum und -ort, Publikationsorgan vorstellen.
- Anhand der äußeren Daten oder Beschriftungen das Thema der Karikatur benennen.
- Adressaten bestimmen.

– Beschreibung und Erläuterung der Karikatur

- Die Karikatur (Bildüberschrift, Bildaufbau, Bildelemente, Textelemente) in einer funktionalen Reihenfolge beschreiben.
- Die geschichtliche Situation und die historischen Zusammenhänge, auf die die Karikatur Bezug nimmt, erläutern.
- Die Bedeutung der verwendeten Bildsymbole entschlüsseln und erläutern.

3. Schritt – Interpretation:

– Die Botschaft der Karikatur herausarbeiten

- Position und Aussageabsicht der Karikatur herausarbeiten.

– Die (mögliche) Wirkung der Karikatur bei den Zeitgenossen aufzeigen

- Die Überzeugungskraft der gewählten Darstellungsmittel einschätzen.
- Die Darstellungsmittel und Aussagen der Karikatur auf typisch zeitgenössische Zusammenhänge beziehen.

– Die sachliche Angemessenheit der Karikatur beurteilen

- Sind historische Sachverhalten angemessen/einseitig/verfälschend/verzerrt/dargestellt?
- Trifft die Karikatur Aspekte der Realität oder gibt sie sie bewusst falsch wieder?

– Die Aussage der Karikatur bewerten

- Ist die Aussage aus zeitgenössischer Perspektive nachvollziehbar?
- Ist die Aussage auch aus heutiger Sicht nachvollziehbar/überzeugend/interessant?
- Liegt der Karikatur eine akzeptable Werthaltung zugrunde?

– Zusammenfassendes Resumee

- Die Ergebnisse der Interpretation mit Blick auf die Leitfrage(n) zusammenfassen.

MATERIALIEN

Zeitgenössische Karikaturen

M 1 Polen

Jacek Sasin, ohne Titel (Polityka, 13.4.1991)

M 2 USA

Christopher Vorlet: „1989–1938“ (New York Times, 17.11.1989)

M 3 Israel

Ya'cov Farkas, ohne Titel (Ha'aretz, 13.11.1989)

M 4 Großbritannien

Bill Caldwell: „March of the Fourth Reich“ (Daily Star, 26.2.1990)

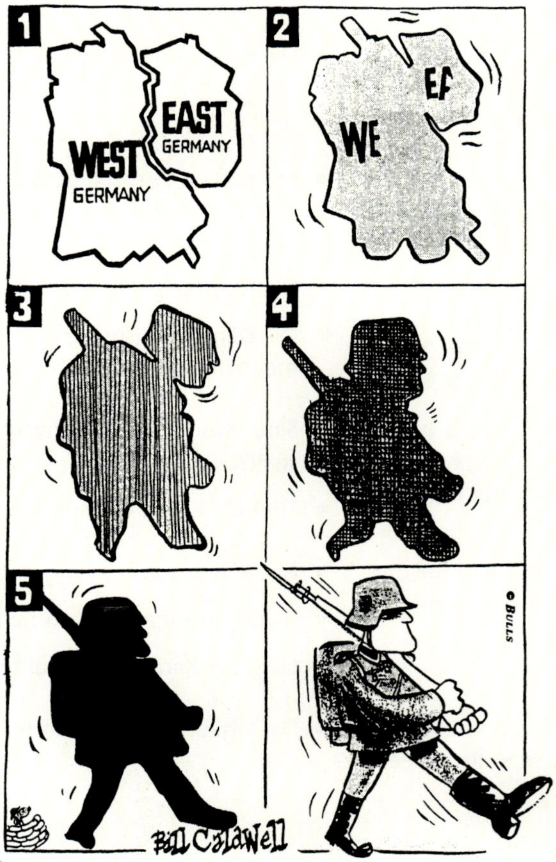

M 5 Großbritannien

Peter Brookes: „One Fatherland" (The Spectator, 24.2.1990)

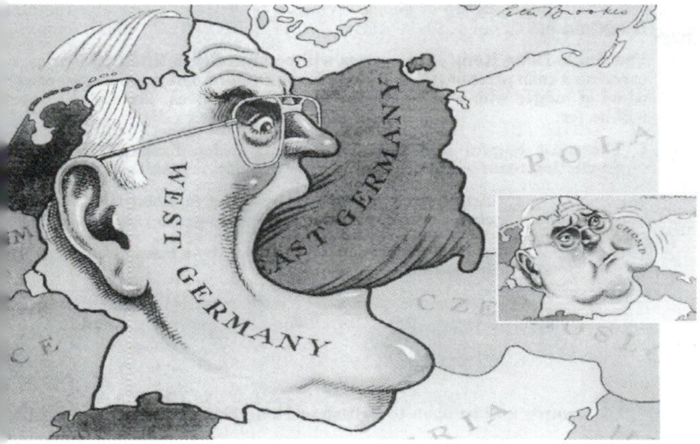

M 6 Frankreich

Jean Plantureux: „Ich habe Hunger für zwei!" (Le Monde, 16.11.1989)

M 7 USA

Jim Borgman: „So wissen wir wenigstens immer, wo sie sind." (The Cincinnati Enquirer, 1990)

Ein Zeitzeugenbericht

M 8 Hans-Dietrich Genscher (12.9.2000)

Hans-Dietrich Genscher (geb. 1927), FPD, war als damaliger Außenminister der Bundesrepublik Deutschland unmittelbar an den Verhandlungen mit den Siegermächten über die deutsche Einheit beteiligt. Im Rückblick berichtete er am 12.9.2000 in einem Radio-Interview über deren Verlauf:

Frage: Wenn Sie sich an all die Bedenken erinnern, Herr Genscher, an die Ängste, die einem größeren Deutschland vonseiten der Sowjets, aber genauso vonseiten der Verbündeten Frankreich und Großbritannien entgegengebracht wurden, wie hat es dann schließlich doch zu diesem für Deutschland so großzügigen Vertrag kommen können? Lag das nur an den Amerikanern?

Genscher: Man darf vielleicht nicht verallgemeinern. Die Amerikaner haben ganz eindeutig die deutsche Einheit von Anfang an unterstützt. Das war besonders wertvoll für uns. Aber auch Präsident Mitterand[1] hat keinen Zweifel daran gelassen und mir das am 29. November 1989 schon gesagt, dass er die Einheit Deutschlands für eine historische Notwendigkeit hielte. Ihm ging es darum, dass dieses vereinte Deutschland den europäischen Weg fortsetzt, der von der Bundesrepublik Deutschland beschritten war. Das war für uns ja kein Problem. Das war das Ziel der Bundesregierung und aller demokratischen Parteien im Deutschen Bundestag. Distanziert zur Vereinigung stand in der Tat die britische Premierministerin, wobei ganz deutlich wurde, dass das nicht eine in Großbritannien allgemein geteilte Meinung war. […]

Der „2+4-Vertrag"

Die „2+4-Verhandlungen" begannen im Mai 1990 unter Beteiligung der beiden deutschen Staaten und der vier Siegermächte des Zweiten Weltkrieges (USA, UdSSR, Frankreich und Großbritannien). Zeitweilig wurde auch die Regierung Polens hinzugezogen.

Die wichtigste Hürde – die Zustimmung der Sowjetunion – konnte während eines Staatsbesuches des westdeutschen Bundeskanzlers Helmut Kohl im Kaukasus im Juli 1990 überwunden werden.

Der „2+4-Vertrag" wurde am 12. September 1990 in Moskau unterzeichnet. Er entließ Deutschland in die volle Souveränität und machte den Weg frei für den Einigungsvertrag zwischen den beiden deutschen Staaten.

Was die Sowjetunion angeht, so steht heute fest, dass für Gorbatschow und Schewardnadse[2] die ganz eindeutige Haltung der Deutschen in der DDR, die ja sowohl in den Demonstrationen, aber dann auch in der ersten freien Wahl am 18. März 1990 zum Ausdruck kam, bestimmend war. Man wollte sich nicht wie früher einer Freiheitsentwicklung entgegenstellen, sondern dem Willen des Volkes Rechnung tragen.

Damit kommen wir zum Kern der Lösung der deutschen Frage. Vollendet worden ist die deutsche Einheit am Ende durch die ganz klare Willensäußerung und die Freiheitsrevolution der Deutschen, aber das machte natürlich die Verhandlungen über diesen Vertrag [nicht überflüssig].

In der Sache waren das komplizierte Verhandlungen. Es musste ja geklärt werden einmal das Recht Deutschlands, in der NATO zu bleiben. Da konnten wir uns auf die Schlussakte von Helsinki berufen, wo ein solches Recht der freien Bündniswahl verankert war. Es war klar, dass es eine eindeutige Festlegung der deutschen Ostgrenze geben musste. Da wurde nichts aufgegeben, denn Hitler hatte die deutschen Ostgebiete durch seinen verbrecherischen Krieg verspielt. Aber dennoch bedurfte es hier eines Vertrages und der moralischen Grundlage des vereinten Landes entsprach es, dass wir unseren Verzicht auf Massenvernichtungswaffen noch einmal bekräftigten.

Frage: Herr Genscher, Sie haben das eingangs ein bisschen zur Seite gewischt. 1990 blickte man immerhin auf 41 friedfertige Jahre Bonner Republik zurück. Auch wenn Sie sagten, es waren differenzierte Meinungen bei unseren Verbündeten, es gab schon ziemlich viel Misstrauen, was Deutschland entgegenschlug [...]. Hat Sie das persönlich enttäuscht?

Genscher: Nein. [...] Alle diese Bedenken konnten überwunden werden, weil am Ende ja etwas ganz Wichtiges geschah, nämlich dass es eine Freiheitsrevolution gab, nicht nur in der DDR, sondern in Polen, in der Tschechoslowakei, in Ungarn, im ganzen sowjetischen Machtbereich. Die wurde nicht mehr niedergewalzt wie früher. An dieser Freiheitsrevolution, die ja eine europäische war, waren die Deutschen beteiligt.

Vielleicht ist noch nicht voll überall erkannt worden, was es für das ganze Deutschland bedeutete, dass Deutsche an dieser Freiheitsrevolution beteiligt waren. Das ist das sehr kostbare Geschenk, das die Deutschen aus der damaligen DDR mit ins vereinte Land brachten, nämlich selbst und friedlich errungene Freiheit. Das wurde hoch anerkannt und ich denke, dass heute jeder weiß: Was damals geschah, war der richtige Weg [...].

Frage: Wenn man heute Gorbatschow und Schewardnadse vor zehn Jahren betrachtet, dann wächst die Achtung vor dem damaligen Verhalten. Sie sagten, die beiden sind eingegangen auf den Willen der Bevölkerung im damaligen Ostblock. Woher kam dieser Mut? Können Sie das rückblickend kurz für uns zusammenfassen?

Genscher: Das war wirklich neues Denken. Sie hatten erkannt, dass die alte Politik der Sowjetunion das eigene Land nicht weiterführte, sondern lähmte und dass die Ost-West-Konfrontation auf Dauer die Kräfte der Menschen in die falsche Richtung lenkt. Das war eine wirklich zutiefst verantwortungsvolle und auch moralische Entscheidung.

(Deutschlandfunk, „Informationen am Morgen", 12.9.2000, 7.15 Uhr; zit. nach: Zeit-Archiv)

[1] Französischer Präsident

[2] Außenminister der Sowjetunion

Außenministertreffen am 5.5.1990 (v.l.n.r.): James Baker (USA), Eduard Schewardnadse (UdSSR), Hans-Dietrich Genscher (BRD), Roland Dumas (F), Markus Meckel (DDR), Douglas Hurt (GB)

„Jetzt wächst zusammen, was zusammen gehört“?

Deutsche Befindlichkeiten nach der Vereinigung der beiden deutschen Staaten

„Jetzt wächst zusammen, was zusammen gehört“ – der berühmt gewordene Ausspruch von Williy Brandt, dem ehemaligen Bürgermeister von West-Berlin und ehemaligen Bundeskanzler, vom 10.11.1989 sagte in der Freude über die Öffnung der Mauer eine Aufgabe voraus, die uns noch heute beschäftigt.

- **Wie empfinden Deutsche nach 1990 das Verhältnis der Deutschen zwischen Ost und West?**

„Karika-Tour“ – Deutsche Befindlichkeiten:
Gestalten Sie anhand ausgewählter Karikaturbeispiele eine Stafettenpräsentation, in der Sie zeitgenössische Meinungen, Urteile und Bewertungen zur Problematik „Deutsche Einheit“ sowie die Darstellung des Themas im Spiegel der Karikatur vorstellen und kritisch dazu Stellung nehmen.

Empfehlungen und Vorschläge, wie Sie Ihre Arbeitsprozesse organisieren und die Materialien gezielt untersuchen und auswerten können:

1. Entscheiden Sie nach einer ersten Betrachtung der Bildquellen M1 und M5–M10, mit welcher Karikatur Sie sich in einer Zweier- oder Dreiergruppe eingehend beschäftigen möchten.
2. Erarbeiten Sie in Ihrer Arbeitsgruppe Antworten auf die Leitfrage, indem Sie die Textmaterialien M2–M4 arbeitsteilig unter der Leitfrage analysieren und zu den Ausführungen kritisch Stellung nehmen.
   a) Bestimmen Sie jeweils die äußeren, formalen Merkmale der Texte.
   b) Arbeiten Sie heraus, wie der Stand der deutschen Einheit jeweils beschrieben und bewertet wird und welche Zukunftsperspektiven entwickelt werden.
   c) Nehmen Sie jeweils kritisch Stellung, indem Sie zunächst die Stimmigkeit der genannten Argumente und Haltungen beurteilen und sie dann mit Ihren eigenen, persönlichen Wahrnehmungen und Haltungen vergleichen.
3. Interpretieren Sie die ausgewählte Karikatur, indem Sie die grundlegenden Arbeitsschritte – formale Analyse, inhaltliche Analyse, Interpretation (s. Methode S. 115) – anwenden.
4. Erstellen Sie auf der Grundlage Ihrer Analyse- und Interpretationsergebnisse ein Präsentationskonzept. Dies sollten Sie dabei beachten:
   a) Bedenken Sie hinsichtlich inhaltlicher Struktur und Aufbau, dass Sie die wesentlichen Aussagen des bearbeiteten Materials jemandem vermitteln müssen, der diese nicht kennt.
   b) Überlegen Sie, welches Präsentationsmedium (z. B. Farbfolie, beamergestütze Vorstellung) Sie nutzen wollen.
   c) Treffen Sie Absprachen, welchen Anteil der Präsentation die einzelnen Gruppenmitglieder übernehmen sollen.

MATERIALIEN

M 1 Titel der Wochenzeitung „Der Spiegel“ (24.9.1990)

M 2 Claus Christian Malzahn: „Die deutsche Denkfaulheit“ (2005)

*Claus Christian Malzahn, *1963 in Göttingen, Journalist, seit Mai 2005 Leiter des Politik-Ressorts bei Spiegel-Online und des Berliner Büros.*

Wenn die Ostdeutschen im Herbst 1989 auf die Herrschenden in Bonn und Ost-Berlin gehört hätten, wäre die Mauer vielleicht nie gefallen. Selten wurden Regierungspolitik und Expertenvorlagen so blamiert wie während der Friedlichen Revolution in der DDR. Die Demonstrationen im Oktober und November 1989 gehören zu den Sternstunden der deutschen Geschichte, weil sich hier endlich jener demokratische Bürgermut artikulierte, den man im grausamen 20. Jahrhundert zuvor oft genug vermisst hatte. Die offizielle Politik allein hätte diese gewaltigen Veränderungen nicht zuwege gebracht. Dass der Einzelne einen Unterschied machen kann, ist wohl die wichtigste Erfahrung der Friedlichen Revolution.

Diese Erfahrung gerät heute mehr und mehr in Vergessenheit. Dabei ist der Zustand der deutschen Einheit viel besser als ihr Ruf. Die Vereinigung von Bundesrepublik und DDR halten 91 Prozent der Ostdeutschen und 82 Prozent der Westdeutschen für positiv. Gejammert wird vor allem im Westen: 15 Prozent der alten Bundesbürger und 8 Prozent der Ostdeutschen sind mit der Wiedervereinigung unzufrieden, ergab jetzt eine Umfrage für das ZDF-„Politbarometer“. Nur 6 Prozent der Deutschen wollen zurück zur Zweistaatlichkeit, vergangenes Jahr waren es noch 10 Prozent. Die Lage entspannt sich also, obwohl wir in diesen Tagen vor allem wieder in den repräsentativ zusammengesetzten Talkshows zu hören bekommen, die Wiedervereinigung sei gescheitert. Diejenigen, die das erklären, waren sich vor 20 Jahren übrigens auch ganz sicher, die Wiedervereinigung sei eine Lebenslüge. Schon in den Neunzigerjahren brachte die soziologische Feldforschung im Osten andere Ergebnisse zutage als die behauptete öffentliche Medienmeinung. 80 bis 90 Prozent der Ostdeutschen waren mit ihrer persönlichen Situation meist zufrieden oder sehr zufrieden und hielten sie für eine klare Verbesserung gegenüber ihrem Leben in der DDR. Die allgemeine politische und wirtschaftliche Situation hielten dieselben Leute dagegen für bedenklich bis gefährlich. [...]

Über die Lebenswirklichkeit im Osten Deutschlands wird heute vor allem mit den Füßen abgestimmt. Wir erleben in manchen Gegenden eine Migration im eigenen Land. Ganze Landstriche im Osten veröden. Äußerlich scheint meist alles in Ordnung: Die Straßen sind frisch geteert, die Häuser neu getüncht, der Marktplatz wurde mit freundlicher Unterstützung der EU auf Hochglanz poliert. Doch hinter der glänzenden Fassade packt gerade wieder jemand seine Koffer. Fast eine Million Menschen haben Ostdeutschland seit 1990 verlassen – Richtung Westen natürlich. In vielen Regionen vollzieht sich in aller Stille ein Bevölkerungsaustausch. So wanderten in Mecklenburg schon ganze Dorfschaften ab. Die Häuser blieben stehen und dienen nun gestressten Berlinern als Freizeitdomizil. Das gab es übrigens schon öfter in Europa: zum Beispiel in der Toskana. Man glaubt es kaum, aber bevor die Professoren und Alt-68er aus Deutschland kamen, haben dort tatsächlich italienische Bauern gelebt.

Der in Westdeutschland gern erhobene Vorwurf, die Ostdeutschen seien zu unflexibel, ist deshalb grotesk. Wer heute durch München spaziert, hört dort öfter Sächsisch als in Berlin. 1989 gewannen die Ostdeutschen auch die Freiheit, sich vom heimischen Acker zu machen. 15 Jahre nach der Wiedervereinigung ist es höchste Zeit, sich einzugestehen, dass dieser Prozess fürs Erste unumkehrbar ist. Am Ziel gleichartiger Lebensverhältnisse muss das nichts ändern. Aber die Menschen interessieren sich nicht für Zielvorgaben, sondern für individuelle Zukunftschancen. Am 3. Oktober 1990 trat die DDR der Bundesrepublik bei. So mancher im Westen dachte damals, die BRD sei nun einfach ein bisschen größer geworden. So mancher im Osten glaubte fest, die westliche Ikea- und Fußgängerzonenrepublik würde über Nacht auch bei ihm zu

M 5 Walter Hanel, ohne Titel (1989)

M 6 Walter Hanel: „Deutsch-Deutsche Zweiklassengesellschaft" (1991)

M 7 Walter Hanel: „Das waren noch Zeiten" (1999)

Hause Wirklichkeit. Beide Annahmen waren nicht ganz falsch, aber richtig beschreiben sie die heutige Wirklichkeit natürlich auch nicht. Wir leben heute in einem neuen Deutschland. Das Land ist noch immer auf dem Sprung. Keiner weiß, wie es sich in den nächsten 15 Jahren verändern wird. Aber alle wissen, dass es sich verändern muss.

(Claus Christian Malzahn, www.spiegel-online.de, 1.10.2005)

M 3 Richard Schröder (1999)

*Richard Schröder, *1943, Hochschullehrer an der Theologischen Fakultät der Humboldt-Universität in Berlin.*

Natürlich gibt es Einigungsprobleme. Nur ein Weltfremder konnte anderes erwarten. Die Politiker müssen die Probleme thematisieren, sonst können sie nicht gelöst werden. Wenn wir aber auf zehn Jahre deutsche Einheit zurückblicken, sollten wir einmal die Perspektive der Verteilungskämpfe verlassen und eine Bilanz versuchen. Und da sage ich: Wir haben großes Glück gehabt.

1953 DDR, 1956 Ungarn, 1961 DDR, 1968 Tschechoslowakei – das saß uns Älteren in den Knochen. Wenn ein sozialistischer Staat aufmuckt, schlägt die Sowjetunion zu.

[...] Dass diese Revolution gewaltlos verlief, war nicht selbstverständlich. Teile der Sicherheitsorgane hatten sich bis zur Volkskammerwahl die Gewaltoption noch offengehalten. Eine einzige größere Schießerei hätte genügen können, um die Sowjetunion umzustimmen und diejenigen Kräfte an die Macht zu bringen, die den Kurs Gorbatschows ablehnten, weil sie das sowjetische Imperium erhalten wollten.

Wir Ostdeutschen haben auch in ökonomischer Hinsicht Glück gehabt. Die DDR war wirtschaftlich völlig am Ende. Das wollen heute viele nicht wahrhaben. [...] Die DDR war also in ökonomischer Hinsicht ein leckgeschlagenes Staatsschiff, das gerade noch vor dem Sinken in den Hafen gebracht werden konnte.

Auch als Deutsche haben wir Glück gehabt. Mit dem 3. Oktober 1990 ging nicht nur die Zeit der deutschen Teilung zu Ende, sondern auch die Nachkriegszeit. [...] Erstmals in seiner Geschichte existiert Deutschland in allseits anerkannten Grenzen und unterhält gute und vertraglich geregelte Beziehungen zu allen Nachbarn. [...]

Zuerst [eine Mahnung] in Richtung Osten: Viele Ostdeutsche fühlen sich den Westdeutschen moralisch überlegen. Wahrscheinlich ist das die Kompensation eines Unterlegenheitsgefühls: Wir hatten zwar nicht die besseren Autos, aber wir sind die besseren Menschen. Das ist erstens ungerecht, denn Tugend und Laster dürften in Ost und West ungefähr gleich verteilt sein – wenn es auch verschiedene Tugenden und Laster sind. Zweitens ist dieses Überlegenheitsgefühl in seiner Konsequenz unmoralisch. Es wirkt ausschließend. [...]

Die erste Mahnung in Richtung Westen lautet: Hört auf, den Herbst 1989 kleinzureden. Das läuft am Ende auch auf eine Verharmlosung der Diktatur hinaus. Viele bezeichnen die Revolution nur als Zusammenbruch. Der Ausdruck „Wende" hat sich eingebürgert. Spielt da etwa Neid eine Rolle, der den Ostdeutschen die Zivilcourage nicht gönnt, die unter Beweis zu stellen Westdeutsche in ihrem Leben nie Gelegenheit hatten? Denn der Protest gegen Castor-Transporte ist natürlich nicht im Entferntesten mit der Teilnahme an den Demonstrationen vor der Maueröffnung zu vergleichen. Es hätte

M 8 Hans-Jürgen Starke: „Ossi – Wessi“ (1991)

geschossen werden können. Die Demonstranten hätten interniert werden können. 340 Mitglieder der Betriebskampfgruppen, die zum Einsatz gegen die Leipziger Montagsdemonstration am 9. Oktober abkommandiert wurden, haben den Befehl verweigert. Auch so etwas ist in der deutschen Geschichte nicht allzu häufig. [...]

Es zeugt von wenig Einfühlungsvermögen, wenn manche Westdeutsche den Ostdeutschen Trost spenden wollen mit dem Bekenntnis: „Wenn ich in der DDR gelebt hätte, wäre ich auch in die SED eingetreten“. Oder sie gehen verständnisinnig noch einen Schritt weiter: „Dann wäre ich vielleicht auch Stasi-Mitarbeiter geworden.“

Da geht das Mitleid mit den Verstrickten über in eine Verachtung derjenigen, die sich nicht verstrickt haben. Um keine Missverständnisse aufkommen zu lassen: Ich bin für einen großzügigen Umgang mit den kleineren und mittleren Stasi-Verwicklungen. Aber wer heute immer noch lügt und sich verstellt, der ist eben heute jemand, der lügt und sich verstellt, also für Vertrauenspositionen nicht geeignet. [...]

Die Ostdeutschen vergleichen sich mit den Westdeutschen und sehen zuerst die Defizite: Die Arbeitslosigkeit ist bei ihnen doppelt so hoch [...], die Einkommen und das private Vermögen sind niedriger und in den Betrieben und Behörden sitzt ganz oben zumeist ein Westdeutscher.

Diese Unterschiede sollen nicht „wegerklärt“ oder verniedlicht werden. Dass die Einkommen im Osten etwa 15 Prozent niedriger sind als im Westen – die Arbeitsproduktivität aber zum Teil auch noch –, sollte in der öffentlichen Diskussion nicht vergessen werden. Die Ostdeutschen zahlen sozusagen 15 Prozent Solidarbeitrag zusätzlich. Die innerdeutsche Solidarität ist daher auch in Zukunft gefordert – im Länderfinanzausgleich, bei der Finanzierung der Kommunen und beim weiteren Ausbau der Infrastruktur.

Ich weiß, dass gute Nachrichten als langweilig gelten, aber ich kann es nicht anders sehen: Das Ost-West-Verhältnis ist nicht explosiv. Wir sollten uns nicht allzu sehr auf die Ost-West-Probleme konzentrieren. Auf der innerdeutschen Agenda obenan stehen längst gesamtdeutsche Probleme, die im Osten bloß pointierter in Erscheinung treten. Die Kinder, die 1999 in die Schule kamen, sind in den Jahren 1992/93 geboren. Die Abiturienten von 1999 waren 1989 zehn Jahre alt. Wann ist die deutsche Einheit eigentlich vollendet? Sie wird vollendet sein, wenn wir mit den Ost-West-Unterschieden so gelassen umgehen können wie mit den Nord-Süd-Unterschieden und wenn wir uns so aneinander gewöhnt haben, dass wir wenigstens in Umrissen eine gemeinsame Geschichte erzählen können, auch von den zurückliegenden 50 Jahren. Das wird dauern, aber wir müssen es als Aufgabe sehen und damit anfangen.

(Richard Schröder, Zehn Jahre deutsche Einheit; in: Stiftung Haus der Geschichte der Bundesrepublik Deutschland (Hg.), Der Weg zur Wiedervereinigung, Köln (Kiepenheuer & Witsch) 1999, S. 121 ff.)

M 4 Hans-Joachim Veen (2001)

*Hans-Joachim Veen, *1944 in Straßburg, Professor für Politikwissenschaft an der Universität Trier, langjähriger Forschungsdirektor der Konrad-Adenauer-Stiftung, Projektleiter „Demokratie- und Parteienentwicklung in Osteuropa“.*

Immer und immer wieder wird es beschworen, das Traumziel der „inneren Einheit“. Auch gut zehn Jahre nach der Vereinigung glauben wir vor allem eins zu wissen: dass wir noch ziemlich weit von ihr entfernt sind. Denn wir meinen, innerlich noch nicht zusammengewachsen zu sein – äußerlich zwar vereint, aber noch nicht wirklich eins. [...] Soll die Einheit grenzenlos sein? Bricht sich in dieser Vorstellung von innerer Einheit die alte deutsche Sehnsucht nach Harmonie Bahn? Das Ideal einer neuen, homogenisierten Gesellschaft ist nirgendwo formuliert. Es ist aber implizit als logischer Umkehrschluss der Betonung ihrer Defizite in den Hinterköpfen lebendig. Kaum jemand will die Homogenisierung bewusst, die Einheit total. Aber historisches Wissen über die Überhöhung der Volkseinheit und das Ende der Freiheit lassen uns frühzeitig Alarm schlagen, damit das wabernde Einheitsgerede nicht unreflektiert und unter der Hand zum Einfallstor für einen neuen Gemeinschaftsmythos wird. Denn nicht die „substanzielle Gleichheit“, die Gleichheit der Gleichen, die der Theoretiker des Führerstaates, Carl

M 9 Ironimus (SZ): „Deutsche Einheit" (1990)

M 10 Wolfgang Schubert: „Schlager des Jahres" (1990)

Schmitt, in den Zwanzigerjahren zum Ideal der Volkseinheit erhob, soll die liberale Demokratie des Grundgesetzes auch nach der Vereinigung kennzeichnen. Sondern die Gleichheit der Ungleichheit, nicht die homogene Gemeinschaft, sondern die pluralistische Gesellschaft. Deshalb ist es dringend geboten, den Begriff der inneren Einheit endlich einzugrenzen auf das, was an Gemeinsamkeit und an substanzieller Übereinstimmung für den inneren Zusammenhalt des vereinten Deutschland wirklich unverzichtbar ist.

Stattdessen aber beobachten wir eine fast grenzenlose Ausweitung der zu wünschenden Übereinstimmungen. Dies zeigt sich etwa, wenn immer wieder über die sogenannte Mentalitätslücke zwischen West- und Ostdeutschen geklagt wird. Doch wer hat denn je die mentalen Unterschiede zwischen süddeutschen Katholiken, norddeutschen Lutheranern und schwäbischen Pietisten, Rheinländern und Preußen zu einem Problem der inneren Einheit in Westdeutschland gemacht? [...]

Um nicht missverstanden zu werden: Der Abbau des wirtschaftlichen Gefälles ist ein wichtiges politisches Desiderat und der Abbau der Arbeitslosenzahlen ist auch moralisch geboten. Doch inwieweit dürfen unterschiedliche Wirtschaftsstrukturen und Arbeitslosenquoten zu Kriterien innerer Einheit gemacht werden? Auch in der alten Bundesrepublik klaffen ja blühende Landschaften und wirtschaftsschwache Gebiete beträchtlich auseinander. [...]

Innere Einheit bedeutet etwas ganz anderes: Es ist die Zustimmung der Bürger zu den gemeinsamen Prinzipien der staatlichen Ordnung, die das Grundgesetz formuliert. Die Anforderungen an die innere Einheit dürfen substanziell also nicht weiter reichen, nicht mehr an Einheitlichkeit einfordern, als der Grundkonsens der Verfassung verlangt.

[...] Was muss er umfassen? Zunächst die Grundentscheidungen der Verfassung, das heißt ihre wesentlichen Verfahrensprinzipien, und andererseits ihre materiellen Festlegungen. Akzeptieren müssen also alle Bürger das Mehrheitsprinzip, freie Wahlen, zeitliche Befristung politischer Ämter, freie Konkurrenz und die Chancengleichheit der Parteien, die Offenheit des politischen Prozesses und die Legitimität des Interessenpluralismus. Dazu gehören auch Gewaltfreiheit und die Anerkennung des staatlichen Gewaltmonopols. Akzeptieren müssen sie ebenso die materiellen Festlegungen der Verfassung, also die Grund- und Menschenrechte und die Definition der Bundesrepublik als ein demokratischer und sozialer Bundes- und Rechtsstaat. [...]

Überdies: Nach über 40 Jahren der Trennung müssen sich beide Teile mit dem vereinten Deutschland identifizieren können. Sie sollten also den nachhaltigen Willen zur Einheit haben, das Eins-sein-Wollen als Nation, das Nichtzurückwollen in die Teilung, das republikanische *plebiscite de tous les jours*, das eine Nation seit der Französischen Revolution ausmacht. Diese beiden Grundpfeiler – Grundkonsens und Wille zur Nation – scheinen mir die notwendigen, aber auch hinreichenden Kriterien für innere Einheit zu sein. Jede Erweiterung dieses Minimalkonsenses würde die legitime gesellschaftliche Pluralität und Freiheitlichkeit, die politische, gesellschaftliche und kulturelle Lebenslust der Bundesrepublik unzulässig einschnüren. Wie steht es demnach um die viel beschworene innere Einheit? Die Antwort ist am Ende einfach: Wir haben sie bereits – in dem, was sie legitimerweise bedeuten kann. Wir leben bereits im Zustand innerer Einheit, mehr davon brauchen wir nicht, mehr wäre vielleicht sogar fatal. Was wir brauchen, ist mehr Gelassenheit, mehr Verständnis für Vielfalt und mehr Akzeptanz von Unterschiedlichkeiten.

(Hans-Joachim Veen, in: Die Zeit, Nr. 24/2001)

„Hitler brauchte keine Mauer"

Der Charakter der DDR als Unrechtsstaat

Am 3. Oktober 1990 endete die Geschichte der DDR. Damit begann die Erinnerung an diesen Staat: Menschen erinnern sich an ihr konkretes Leben in diesem Land; Publizisten und Historiker versuchen, die DDR zusammenfassend zu beurteilen und zu bewerten. Im Zentrum solcher rückblickenden historischen Bilanzziehungen steht neben vielen anderen Facetten vermehrt die Problematik „Unrechtsstaat".

- **Wie ist der Charakter der DDR als Unrechtsstaat zu beurteilen und zu bewerten?**

Präsentieren Sie verschiedene Antworten und Positionen von Publizisten und Historikern zu dieser Frage und nehmen Sie zu diesen gegenwärtigen Einschätzungen der DDR als Unrechtsstaat in einem gemeinsamen Kursgespräch Stellung.

Vorschlag zur Vorgehensweise:

1. Analysieren Sie in kleinen Arbeitsgruppen die Einschätzungen der ausgewählten Publizisten und Historiker über die DDR, indem Sie
   a) arbeitsteilig in Ihrer Gruppe ausgehend von einer Benennung der formalen Daten für jeden Textauszug die Kernaussagen und die Argumentation, mit der diese begründet und gestützt werden, herausarbeiten;
   b) Ihre Arbeitsergebnisse in Form einer geordneten, strukturierten Wiedergabe in der Gruppe vorstellen.
2. Formulieren Sie auf dieser Grundlage gemeinsam in Stichworten ein zusammenfassendes Gruppenergebnis zur Leitfrage.
   a) Wie wird das politische System der DDR beschrieben und bewertet? (M 1 – M 5)
   b) Inwiefern werden von den Autoren bestimmte methodische Herangehensweisen gewählt bzw. reflektiert? (M 1 – M 5)
   c) Wie wird der Unrechtscharakter der DDR im Vergleich mit dem Unrechtscharakter des NS-Regimes beurteilt? (M 1 – M 3)
   d) Inwiefern wirken sich nach Ansicht der Autoren Erfahrungen nach dem 3. Oktober 1990 auf das Bild von der DDR aus? (M 3 – M 5)
3. Nehmen Sie in Ihren Gruppen aus Ihrer Sicht kritisch Stellung zu der jeweils formulierten Einschätzung der DDR. Halten Sie Ihre Diskussionsergebnisse stichwortartig fest.
4. Gestalten Sie als Grundlage für das gemeinsame Kursgespräch ein Plakat (Alternative: Flipchart-Anschrieb, Handout, Thesenpapier, Folie), mit dem Sie Ihren Mitschülerinnen und Mitschülern Ihre Gruppenarbeitsergebnisse vorstellen.

MATERIALIEN

M 1 Der Hochschullehrer Wilhelm Hortmann (1991)

Die DDR, der angebliche Hort des Antifaschismus, hatte in den 40 Jahren ihres Bestehens faschistische Strukturen unter sozialistischen Vorzeichen weitergeführt, hatte einen Unrechtsstaat auf Willkür und Terror gegründet und jede freiheitliche Regung durch zynischen Machtmissbrauch unterdrückt. Es ist nicht nur die Analogie zwischen Stasi und Gestapo, die auf der Hand liegt, sondern auch die Analogie zwischen den Deutschen unter Hitler und den Deutschen unter Ulbricht und Honecker, den Mitläufern und Mitwissern. Das bedeutet aber: Wenn wir die 16 Millionen Deutschen der DDR zu Beginn ihres Eintritts in Gesamtdeutschland nicht wegen ihres Mitläufertums kritisieren wollen, sind wir gezwungen, das Mitläufertum ihrer Eltern und Großeltern unter Hitler nachträglich zu entkriminalisieren und uns mit dem Gedanken vertraut zu machen, dass die Deutschen 1933 nicht Bergen-Belsen gewählt haben. […]

(Wilhelm Hortmann, Was es heißt Deutscher zu sein - Veränderungen im politischen Grundkonsens durch Wiedervereinigung und Golfkrise; in: Frankfurter Allgemeine Zeitung vom 27.2.1991, S.14)

M 2 Der Historiker Eberhard Jäckel (1991)

Geschichtsbilder schützen sich durch Tabus: Gewisse Dinge darf man nicht sagen. Statt zu vergleichen, wird gleichgesetzt. […] In Wahrheit ist genau das Gegenteil richtig. Ob der nationalsozialistische Judenmord einzigartig war oder nicht, konnte und kann sich nur aus einem Vergleich mit anderen Massenmorden ergeben. So gehen die Deutschen nun mit ihrer doppelten Vergangenheit um: nicht vergleichen, schon gar nicht aufrechnen, was ja unmoralisch wäre, um darum umso selbstverständlicher gleichsetzen zu können.

Wenn diese Gesellschaft zu einem kritischen Umgang mit ihrer Vergangenheit (und damit auch mit den Menschen) zurückkehren will, dann muss vor allem mit dem Vergleichstabu gebrochen, dann muss gründlich und genau verglichen werden.

Wir rühren die DDR derzeit ungerührt in einen Topf sowohl mit dem Stalinismus wie mit dem Nazismus. In Wahrheit sind dies nicht nur zwei, sondern drei verschiedene Paar Stiefel. Stiefel freilich waren alle drei: Diktaturen, in denen Menschenrechte und freie Wahlen abgeschafft waren. Davon gibt es leider sehr viele in der Welt. Ihr Wesen erfasst man erst im Vergleich und er ergibt mehr Unterschiede als Übereinstimmungen.

Was zunächst den Vergleich der DDR mit dem Stalinismus in der Sowjetunion angeht, so trägt er schon chronologisch nicht sehr weit. Von den vierzig Jahren DDR fielen nicht einmal vier in die Zeit Stalins. Mit dem Tode des Despoten 1953 ging der Stalinismus in seiner blutigen Form auch in der DDR zu Ende. Schauprozesse gab es dort kaum, massenweise Genickschüsse gar nicht. Das dürfte kein Verdienst der SED-Machthaber gewesen sein. Aber darum bleibt wahr, dass die DDR niemals so unmenschlich war wie die Sowjetunion der Dreißiger- und Vierzigerjahre. Im Wortsinne stalinistisch war sie eigentlich nie. Viel wichtiger für unser Geschichtsbild und die politischen Folgerungen daraus ist der Vergleich mit dem Nazismus. Anders als beim Kommunismus lag hier kein Import vor: Hitler kam nicht aus Moskau. Wer hier vergleicht, hat zwei verschiedene Epochen vor Augen. Aber auch das ist nicht nur legitim und nützlich, sondern in hohem Maße notwendig.

Diktaturen waren sie beide, gewiss. Aber die DDR führte keine Angriffskriege, beging keine Völkermorde, und da dies das Wesensmerkmal des Hitlerregimes war, ergibt der Vergleich einen Wesensunterschied.

Zu vergleichen sind auch die geistigen Grundlagen. Der Sozialismus war immerhin einmal eine Idee gewesen, der sich nicht wenige der edelsten Geister ergeben hatten. Gewiss war sie gleich mit Lenins Revolution zur Diktatur einer Nomenklatura entartet. Aber gewisse Werte gingen nicht ganz unter. Dass man einen neuen, besseren, glücklicheren Menschen schaffen wollte, das verschwand nie ganz aus dem Bewusstsein jedenfalls einiger, und auch in Honeckers Staat wurden gewisse menschliche Werte nicht nur verbal beschworen, sondern auch befolgt. Ganz war die große Tradition der Arbeiterbewegung nicht untergegangen.

Man kann die Scheidelinie historisch exakt markieren. Sie verläuft dort, wo der Sozialismus sich von der Demokratie verabschiedete und an deren Stelle die Diktatur (angeblich des Proletariats) setzte, mithin von der Sozialdemokratie nur noch die Hälfte übrig ließ. Das heißt jedoch nicht, dass der Sozialismus (die Schaffung von mehr Gleichheit) eine schlechte Idee war oder ist. Der Sündenfall war allein die Annahme, Sozialismus sei ohne Demokratie zu machen. Gleichheit ohne Freiheit war jene alte kommunistische Parole: Demokratie, das ist nicht viel, Sozialismus heißt das Ziel. […]

Geschichtsbilder bestimmen bis zu einem gewissen Grade das politische Handeln. Es war für die großen Nationen des Westens von Vorteil, dass ihr Geschichtsbild von Freiheitsbewegungen geprägt war. Das ist den Deutschen weithin verwehrt. Aber es wäre ein Verlust von Kultur, wenn sie sich im Rückblick auf das 20. Jahrhundert nur als die Opfer einer doppelten Diktatur sähen.

Hitler war in Deutschland an die Macht gekommen, Ulbricht aus Moskau eingeflogen worden. Der eine stützte sich auf viel Zuspruch im Lande, der andere auf die Bajonette einer ausländischen Besatzungsmacht. Gegen ihn gingen die Arbeiter schon 1953 auf die Barrikaden, gegen Hitler nie. Ulbricht lief das Volk davon, sodass er es einmauern musste, und am Ende stürzten die Massen Honecker und Genossen sogar. Hitler brauchte keine Mauer. Das Volk folgte ihm, wie der Führer befahl. Als er endlich von außen gestürzt wurde, sprachen die Deutschen vom Zusammenbruch, und viele meinten damit den Zusammenbruch auch ihrer Wünsche und Hoffnungen. Es dauerte lange, bis sie einsahen, dass sie befreit worden waren. […]

Waren die Westdeutschen bessere Demokraten als die Ostdeutschen? Hätten sie sich widersetzt? Hatten sie sich nicht wie die Ostdeutschen unter den Nazis angepasst oder gar begeistert mitgemacht?

Wir werden nur ein Volk, wenn wir mit unserer doppelten Vergangenheit ins Reine kommen, und das werden wir mit Anstand nur dann, wenn wir unser Geschichtsbild im sauberen Vergleich differenzieren. In dieser Hinsicht hat uns die Einheit auf den Stand der Fünfzigerjahre zurückgeworfen. Es gibt wieder einmal viel zu tun.

(Eberhard Jäckel, in: DER SPIEGEL, Nr. 52/45. Jg. 1991, S. 39f.)

M 3 Der Politikwissenschaftler und Zeithistoriker Klaus Schroeder (2000)

Neun Jahre nach ihrem Untergang ist die DDR in den Köpfen mancher Menschen lebendiger denn je: Nicht nur unbelehrbare Einheitssozialisten, sondern auch viele „normale Bürger“ und sogar einstige Oppositionelle scheinen die DDR zu vermissen. Erstere, weil sie Macht, Status und Privilegien verloren haben; Letztere, weil sie sich durch die Vereinigung um ihren Erfolg, den Sturz der Diktatur, betrogen fühlen. Nicht wenige Normalbürger trauern ihr nach, weil sie sich im vereinigungsbedingten Umwälzungsprozess um Sicherheit und Orientierung gebracht fühlen. Die meisten von ihnen wollen freilich nicht in die DDR zurück, aber im pluralistischen Werte- und Gesellschaftssystem und der Parteiendemokratie sind sie auch nicht angekommen. Solche Einstellungen sind angesichts der gewaltigen Veränderungen nachvollziehbar, größtenteils auch verständlich. Bedenklich stimmt dagegen, dass sich eine Stimmung breitmacht, die den diktatorischen Charakter der DDR infrage stellt oder ausblendet, wenn nicht sogar leugnet. Über einen positiven Bezug zum Alltagsleben werden wesentliche Facetten des SED-Staates bis hin zu den Herrschaftsstrukturen nostalgisch verklärt. Die aus dem Macht- und Gestaltungsanspruch der SED-Führung resultierende totalitäre Überformung des Lebens wird dabei weitgehend ignoriert. […]

Hiermit geht zumeist Verzicht auf Einordnungen wie „Diktatur“, „Gewaltherrschaft“ oder „totalitäre Herrschaft“ einher, was die Gefahr in sich birgt, die DDR zu idealisieren bzw. als relative Idylle erscheinen zu lassen und aus dem Blickwinkel von „Nischen“ zu charakterisieren. Tatsächlich blieben jedoch auch sie, wenngleich mit abnehmender Intensität, von den Macht- und Herrschaftsstrukturen geprägt. Allein die SED-Führung und ihr Apparat entschieden über Gewährung oder Entzug von Freiräumen.

Häufig ist auch zu lesen, für den durchschnittlichen DDR-Bewohner wäre statt der Politik die ganz normale Alltäglichkeit bestimmend gewesen […]. Doch gerade bei der Betrachtung des Alltagslebens wird der aus dem totalitären Charakter des Systems resultierende hypertrophe Machtanspruch der SED überdeutlich, der die Bürger zu einem ständigen quasi-schizophrenen Pendeln zwischen Anpassung und Resistenz zwang.

Selbstverständlich wurde in der DDR gefeiert, gelacht, geküsst und anderes mehr. Auch wenn die Fassaden der Diktatur überwiegend grau in grau erschienen, konnte das Leben jenseits des Offiziellen zufriedenstellend sein; Menschen waren glücklich oder traurig, gleichgültig oder engagiert. Diese Beobachtung ist ebenso richtig wie banal. Diktatoren greifen bekanntlich zumeist erst dann zum Mittel der offenen Repression, wenn sich Bürger ihren Anmaßungen widersetzen; ansonsten wollen auch sie von den Untertanen geliebt oder zumindest geschätzt werden und versuchen, dies durch soziale Zugeständnisse zu erreichen.

Zu der heute in einigen Kreisen modisch gewordenen „ostalgischen“ Verklärung des DDR-Alltages besteht indes wenig Anlass. Dieser war nicht nur von Versorgungsmängeln, vielfältigem Frust und nicht zuletzt von der auch sinnlich wahrzunehmenden fortschreitenden Zerstörung der natürlichen Umwelt geprägt. Noch gravierender war die Tatsache, dass es keinerlei wirkliche Refugien vor dem Macht- und Gestaltungsanspruch der SED gab. Der Überwachungsapparat der Staatssicherheit und die im Auftrag von Partei und Staat tätigen Denunzianten machten ohnehin weder vor Kirchentüren noch vor Privatwohnungen halt. […]

Spätestens ab Anfang der Fünfzigerjahre erfüllte die SBZ/DDR alle von der klassischen Totalitarismustheorie aufgestellten Kriterien: eine allgemeinverbindliche Ideologie mit endzeitlichem Anspruch; eine hierarchisch und oligarchisch organisierte Monopolpartei als ausschließlicher Träger der Macht; ein von der Partei und ihrer Geheimpolizei organisiertes und kontrolliertes physisches und psychisches Terrorsystem; ein nahezu vollkommenes Monopol der Massenkommunikationsmittel; ein Gewaltenmonopol sowie eine zentrale Kontrolle und Lenkung der gesamten Wirtschaft.

Auch wenn vor allem die frühe DDR die meisten dieser Eigenschaften mit dem nationalsozialistischen Deutschland gemein hatte, verbietet sich doch eine einfache Gleichsetzung beider Systeme. Weder hat der SED-Staat Millionen Menschen nahezu fabrikmäßig umgebracht, noch hat er einen Weltkrieg entfesselt. […]

Das Politbüro der SED avancierte zum unumstrittenen Führungszentrum in Staat und Gesellschaft. Wie eine Spinne zog die Parteiführung ein dichtes, ideologisch gewebtes Netz über Partei, Staat und Gesellschaft. Die Parteispitze beanspruchte, jede Regung innerhalb des Netzes zu steuern und zu kontrollieren. […] Wer sich den Anweisungen der Partei und ihrer Untergliederungen widersetzte, wurde von einem der SED hörigen Justizapparat erbarmungslos verfolgt und verurteilt. Dies erfolgte auf Grundlage von Gesetzen, die die SED zur Sicherung ihrer Macht selbst verfasst hatte und jederzeit willkürlich auslegen konnte. […]

Die Unkenntnis über die Verhältnisse in der DDR Ist immer noch groß – zu groß, weil gesellschaftlichen Unfrieden stiftend. So wird etwa die SED-Phrase vom „Friedensstaat DDR" für bare Münze genommen oder behauptet, es habe „ein hohes Maß an sozialer Gleichheit" und ein die „ganze Gesellschaft umfassendes soziales Band" gegeben. [...]
Überhaupt ist die Rede von den Ostdeutschen irreführend. Weder gab es bei der großen Mehrheit der Bevölkerung eine „DDR-Identität" – diese scheint sich in beträchtlichen Teilen der Bevölkerung erst nach der Vereinigung als Trotzreaktion herausgebildet zu haben –, noch hat die angestrebte soziale und ideologische Nivellierung zu gemeinsamen Einstellungen und Verhaltensweisen oder gar zu einer Interessenidentität von Herrschern und Beherrschten geführt. Viele DDR-Bürger sind angesichts der Anmaßungen, denen sie seitens der SED und ihres Staates ausgeliefert waren, und der systembedingten Verstrickungen durchaus aufrecht durch die DDR gekommen. Auch die zahlreichen Opfer und couragierten Widerständigen haben es nicht verdient, mit denen, die sie unterdrückt und verfolgt haben, in einen Topf gesteckt zu werden.

(Klaus Schroeder, Der SED-Staat, München (Propyläen) 2000, S. XVf.)

M 4 Der Historiker Bernd Faulenbach (1999)

Die Vereinigung wurde bekanntlich als Beitritt der DDR zur Bundesrepublik vollzogen. Zuvor hatte die DDR-Bevölkerung das SED-System gestürzt und gab dann bewusst den Staat DDR auf, ein Tatbestand, der gelegentlich aus dem Blick gerät. Die Vereinigung war ein asymmetrischer Prozess, in dem die westdeutschen Institutionen auf die frühere DDR schnell und relativ effizient übertragen wurden. Damit rückte auch die Asymmetrie der Geschichte der alten Bundesrepublik und der DDR in den Blick. Der durchaus problematische Transformationsprozess hat die schwierige sozialpsychologische Situation dadurch verschärft, dass bis in den Alltag hinein alle Errungenschaften der DDR entwertet wurden und zugleich beachtliche Probleme wie die Massenarbeitslosigkeit auftraten, die nicht nur zu einer tiefen Verunsicherung, sondern auch zu einer allmählichen Wiederaufwertung der DDR bw. einzelner Aspekte führten, die vielfach als „Nostalgie" oder „Ostalgie" bezeichnet wird. Bei dieser Sicht spielt der bewusst-unbewusste Versuch eine Rolle, die eigene Identität zu verteidigen, sich nicht als „Deutsche zweiter Klasse", sondern als Gruppe mit einem spezifischen Selbstbewusstsein begreifen zu wollen.
Dies ist der psychologische Hintergrund dafür, dass wachsende Teile der DDR-Bevölkerung eine Abwehrhaltung gegenüber der Aufarbeitung der SED-Vergangenheit eingenommen haben. Gefördert wurde diese Abwehrhaltung durch einen manchmal unangemessenen moralischen Rigorismus in der Beurteilung, eine Tendenz zum „posthumen Overkill" des SED-Systems bei manchen „Aufarbeitern" und den Versuch, Seiten der Realität der DDR, die nicht nur negativ zu sehen waren, auszublenden.
Christoph Kleßmann hat zu Recht darauf hingewiesen, dass „die Kluft zwischen einer sehr heterogenen individuellen und kollektiven Erfahrungsgeschichte einerseits und einer nüchternen Strukturanalyse andererseits" in der Zeitgeschichte besonders ausgeprägt ist. Tatsächlich darf die Rekonstruktion von objektiven Strukturen und Prozessen an der subjektiven Ebene, die sich in Erfahrungen abgelagert hat, nicht vorbeigehen, weil die Subjekte in ihrer Vielfalt und Widersprüchlichkeit Komponenten der Strukturen und Prozesse waren. Unverkennbar gibt es tief greifende Probleme bei der adäquaten Erfassung der DDR-Realität. Aus Sicht der früheren DDR-Bürger mangelt es an einem geeigneten kategorialen Rahmen und sie sind gegenüber dem vom Westen angebotenen zu Recht skeptisch. Der Tatbestand der „Durchherrschung" des Alltags durch das SED-System erschwert es vielen Ostdeutschen, zwischen der System- und der Lebensperspektive zu differenzieren, was im Hinblick auf westliche Gesellschaften angesichts der relativen Autonomie der Teil-Systeme viel leichter ist und dazu führt, dass Westdeutsche mit ungeeigneten Maßstäben die DDR-Realität und das Verhalten der Menschen beurteilen.
Zweifellos kann die DDR-Realität nicht ausschließlich als Ausfluss des SED-Systems begriffen werden; vielmehr hatte das Leben der Menschen einen „Eigensinn", teilweise im Gegensatz, teilweise verknüpft mit diesem System.

(Bernd Faulenbach, Geteilte Vergangenheit – eine Geschichte?; in: Ch. Kleßmann u.a., Deutsche Vergangenheiten – eine gemeinsame Herausforderung, Berlin (Links) 1999, S. 28f.)

M 5a Die Schriftstellerin Kerstin Hensel (1999)

Kerstin Hensel veröffentlichte 1999 einen Bildband über den Alltag in der DDR. Die Fotografie (M5b) ist diesem Bildband entnommen. In der Einleitung schreibt sie:

Die Wahrheit steckt hinter den Fassaden. Letztendlich aber ist sie in den Menschen und man kann sagen: Es gab so viele Deutsche Demokratische Republiken, wie es Menschen gab, die dort gelebt haben. Wenn Typisches vorzuweisen ist, so kristallisiert es sich über Millionen einzelner Biographien heraus. Jede Existenz auf dieser Welt wird von Brüchen bestimmt und von Irrtümern tangiert; jeder ist der Gesellschaft, in der er lebt, in irgendeiner Weise ausgeliefert. Wer sich frei davon wähnt, ist gefangen in einem großen Irrtum.

Auch in der DDR ging nicht alles in Staatlichkeit auf. Die Menschen in diesem Land waren keine gleichgeschalteten Protagonisten, die historische Fakten oder Parteiprogramme bedienten. Von jedem wurde die Zeit anders erlebt und die Sturheit der eigenen Erinnerungen siegt immer über die scheinbar kollektive Wahrnehmung.

Die einen haben nach 1945 ganz ehrlich und voller Elan den Versuch unternommen, ein besseres, antifaschistisches demokratisches Deutschland zu schaffen. Andere nahmen diese Zeit wahr als eine bedrückende, in der die sowjetische Besatzungsmacht uneingeschränkte Gewalt ausübte und die aktiven Kräfte sofort disziplinieren ließ. Wieder andere haben es schon immer besser gewusst, das, was sie heute uneingeschränkt hassen dürfen. Die allermeisten Leute aber dachten überhaupt nicht in diese oder jene Richtung gesellschaftlich, sondern daran, wie sie ihr eigenes Leben so gut als möglich einrichten könnten.

Die DDR war, wie jedes sozialistische Land, ein Ort, wo der Widerspruch zwischen gedachter und gelebter Utopie und Realität aufs krasseste zutage trat. Aber sie war kein Laboratorium und das Dasein dort kein Experiment. Hinter jedem Menschen steckt ein Leben, kein vorläufiges, sondern ein jahrzehntelang gelebtes. Geschichte kann weder aufgearbeitet noch bewältigt werden. Sie ist nur aus dem Alltag heraus zu begreifen.

(Kerstin Hensel, Einstellungen; in: K. Hensel/Th. Billhardt, Alles war so. Alles war anders – Bilder aus der DDR, Leipzig (Kiepenheuer) 1999, S. 5 f.)

M5b Familie im Garten (Bitterfeld 1984)

Zusammenbruch oder Revolution?

Zur Einordnung des Jahres 1989

Dass der Fall der Berliner Mauer am 9. November 1989 zu den ganz herausragenden Ereignissen in der deutschen Geschichte gehört, ist unbestritten. Aber wo lag die eigentliche Ursache: Ist das Herrschaftssystem DDR eher aufgrund seiner eigenen Schwäche und zunehmenden Instabilität in sich zusammengebrochen? Oder wurde es von einer aktiven, zielgerichteten Revolution der Bevölkerung gestürzt?

- **Das Ende der DDR: Zusammenbruch oder Revolution?**

Präsentieren und erörtern Sie Positionen zur Leitfrage im Klassengespräch.

So bereiten Sie Ihr Klassengespräch vor:

1. Erarbeiten Sie Positionen zur Leitfrage, indem Sie die Materialien M1–M7 in arbeitsteiliger Partnerarbeit analysieren. Folgen Sie den Schritten der Basismethode „Historische Sekundärliteratur analysieren und sich kritisch mit ihr auseinandersetzen" (s. S. 140). Die folgenden Hinweise können bei der strukturierten Wiedergabe der Textinhalte hilfreich sein:
   a) Benennen Sie die jeweils genannten Ursachen für das Ende der DDR (Stichwortliste). Ordnen Sie diese Ursachen nach Kategorien (z. B. innenpolitische/außenpolitische/ökonomische).
   b) Arbeiten Sie heraus, wie diese Ursachen von den Autoren gewichtet werden.
   c) Stellen Sie dar, wie das Verhalten der Beteiligten (Oppositionsbewegung, Bevölkerung, Regierung) beschrieben, beurteilt und bewertet wird.
2. Setzen Sie sich kritisch mit der von Ihnen erarbeiteten Position (M1–M7) auseinander.
   a) Fassen Sie Ihr Verständnis der Position zusammen, indem Sie erläutern, wie sie im Spannungsfeld der Leitfrage (Zusammenbruch oder Revolution?) einzuordnen ist.
   b) Zeigen Sie auf, ob bzw. inwiefern aus einer bestimmten Perspektive und bzw. oder vor einem bestimmten Werthintergrund argumentiert wird.
   c) Prüfen Sie aus Ihrer Sicht, ob die vorliegende Argumentation schlüssig ist und die zur Beantwortung der Leitfrage wesentlichen Aspekte erfasst.
3. Überlegen Sie, wie Sie Ihre Arbeitsergebnisse strukturiert, z. B. auf einem Lernplakat, für die Plenumsdiskussion visualisieren möchten. Ihr Plakat sollte auf jeden Fall Folgendes enthalten:
   a) eine strukturierte Textwiedergabe der Hauptaussagen,
   b) die Argumentationsstruktur,
   c) Ihre persönlichen Urteile und Einschätzungen zur gewählten Position.

MATERIALIEN

M 1 Christian Führer

Christian Führer, Zeitzeuge, Pfarrer an der Nikolai-Kirche in Leipzig.

Fünf Innenstadtkirchen haben Gott sei Dank alle zur gleichen Zeit Friedensgebete gehalten. Aber dass so viele Menschen dann kamen, wussten wir nicht. Wir haben etwa 6000 Menschen in die Kirchen gebracht, es sind etwa 70000 da gewesen. Das Friedensgebet begann wie immer mit einer unglaublichen Konzentration und Andacht. Der Bischof hat es zum Schluss noch geschafft, in die Kirche hereinzukommen, hat noch einmal die Botschaft der Gewaltlosigkeit den Menschen ans Herz gelegt und den bischöflichen Segen erteilt. Dann sind wir aus der Kirche heraus: So viele Menschen habe ich noch nie auf einem Platz gesehen, sie standen dicht an dicht, man sah lauter Kerzen. Die Kerze hat damals eine ganz besondere Rolle gespielt: Wenn man eine Kerze hat, braucht man zwei Hände; man muss die Kerze behüten und beschützen, dieses empfindliche Licht, dass es nicht auslöscht. Da kann man nicht gleichzeitig noch einen Knüppel oder Stein in der Hand halten – also Kerze oder Knüppel. Das ist schon ein Zeichen der Gewaltlosigkeit. Und dann ist das Unglaubliche geschehen, ist dieser Geist der Gewaltlosigkeit auf die Massen übergegangen […].
Es wurde kein Polizist angegangen, es wurde keiner verhaftet. Die Kampfgruppenleute wurden in Ge-

spräche verwickelt, die Polizisten verschwanden plötzlich irgendwie. Die Armee war nicht mehr zu sehen, es herrschte ein Gefühl ungeheurer Erleichterung. [...] Horst Sindermann aus dem ZK der SED sagte: „Wir hatten alles geplant, wir waren auf alles vorbereitet, nur nicht auf Kerzen und Gebete."
Die Gewaltlosigkeit war unsere einzige Chance und sie hat tatsächlich dann in den vier Wochen bis zum 9. November das ganze System auf friedliche Weise beseitigt. Der 9. Oktober, das ist unser „Kapital"; da geschah etwas, was außerhalb der sonst bekannten Machtgruppierungen lag, außerhalb von Armee, Finanzen, Wirtschaft. Diese friedliche Revolution der Kerzen, die haben wir ganz allein gemacht. Die ist weder vom Westen unterstützt worden noch sonst in irgendeiner Weise. Sie haben alle mitgebangt am Fernseher, sie haben zugeschaut [...]. Aber gemacht haben es die Menschen in der ehemaligen DDR, hier, allein. [...]

(Zit. nach: Das war die DDR – Eine Geschichte des anderen Deutschland, Berlin (Rowohlt) 1993, S. 228f.)

M 2 Hans Misselwitz

Hans Misselwitz, bis 1981 Biologe an der Akademie der Wissenschaften in Berlin; 1981 nach Reservedienstverweigerung Theologiestudium, 1989 Pfarrer bei Berlin; seit Anfang der 1980er-Jahre in der Oppositionsbewegung der DDR.

Wenn man in die Geschichte der Revolutionen schaut, war immer die Voraussetzung für ihr Gelingen, dass die entsprechenden objektiven und auch subjektiven Bedingungen vorhanden sind. Wie war das also mit den subjektiven Bedingungen für die Ereignisse von 1989? [...] Innerhalb des Landes [hatte] sich eine Opposition formiert [...]. Wenn man darauf hinweist, dann hört man heute gelegentlich: „Was konnten die schon ausrichten, diese paar Kerzenträger und friedfertigen Grüppchen!?" Die oppositionellen Gruppen hatten in der Tat nicht die gewaltsame Übernahme des Staates vor, so, wie der Revolutionsmythos das vorsieht. Ich denke, es war aber gleichwohl die einzige vernünftige und rationale Variante, diesen gewaltlosen Weg zu wählen. Die Stasi registrierte im September 1989 etwa 150 sogenannte „Personenzusammenschlüsse", also organisierte Gruppen in der DDR, die für Alternativen zum existierenden System eintraten. Sie waren die Kristallisationskerne der ab September 1989 entstehenden Massenbewegungen, obwohl sie weder konzeptionell noch organisatorisch auf eine schnelle Ablösung des Systems vorbereitet waren. [...] Spätestens seit dem 9. November 1989 ging die Initiative für eigene Gestaltungsmöglichkeiten von den Trägern der Revolution auf andere über. [...]

(Zit. nach: Revolution oder Implosion? Materialien einer Diskussionsveranstaltung des Berliner Büros der Friedrich-Ebert-Stiftung am 27.2.1999, Berlin 1999, S. 19)

M 3 Klaus Schroeder (2000)

Klaus Schroeder, westdeutscher Soziologe und Politikwissenschaftler, Leiter des Forschungsverbundes „SED-Staat" an der Freien Universität Berlin.

Mit dem Übergang vom Kalten Krieg zur Entspannungspolitik veränderten sich auch für die DDR die äußeren Rahmenbedingungen. Sie erhielt endlich die lang ersehnte internationale Anerkennung, musste hierfür jedoch den Preis der zumindest formalen Anerkennung international verbindlicher Bürger- und Menschenrechte und der Beobachtung durch die Weltöffentlichkeit, vor allem die westdeutschen Medien, zahlen. Als Konsequenz modifizierte die SED-Führung ihr totalitäres Sicherheitssystem. An die Stelle ebenso offener wie willkürlicher Repression trat nun die bis zu ihrem Ende flächendeckend ausgebaute Überwachung und präventive Unterdrückung potentiell oppositionellen Verhaltens. Parallel hierzu verstärkte die SED ihre Bemühungen, die Bevölkerung mit dem Ausbau der Sozialpolitik an sich zu binden. Durch die Dualität von Versorgung und Überwachung sollte der SED-Staat stabilisiert werden. [...]
In den 1980er-Jahren entwickelte sich wieder stärker ein informelles Eigenleben weiter Bevölkerungskreise, das mit den ideologischen Vorgaben und strukturellen Bedingungen der „offiziellen" Lebenswelt kaum korrespondierte und diese insoweit auch nicht positiv beeinflussen konnte. Das produktive Potenzial verpuffte in individuellen Überlebens- und Ausweichstrategien. [...]
Die durch die veränderten internationalen Rahmenbedingungen erzwungene Lockerung des totalitären System legte gleichzeitig seine zentrale Schwäche offen: die bei der Mehrheit der Bevölkerung misslungene Kolonisierung der Köpfe. In dem Maße, wie die sozialen und materiellen Ansprüche der Bevölkerung und gleichzeitig die Kosten für den gigantischen Macht- und Sicherheitsapparat stiegen, zeigten sich die Grenzen einer zentralistischen Planwirtschaft, die soziale und kulturelle Innovationskräfte blockierte. Die daraus resultierende Schwäche der DDR-Wirtschaft führte in den Siebziger- und Achtzigerjahren zu einer weiteren Vergrößerung des Wohlstandsgefälles gegenüber

der Bundesrepublik und zu einer drastischen Zunahme der Verschuldung im westlichen Ausland.

Mitte der 1980er-Jahre war der vollständige Bankrott des sowjetischen Imperiums absehbar. Es hatte seine ideologischen und wirtschaftlichen Ressouren erschöpft und begann, im Zentrum wie an den Rändern zu erodieren. [...]

Die SED widersetzte sich von Beginn an konsequent den sowjetischen Aufforderungen zur Reform und propagierte statt dessen einen „Sozialismus in den Farben der DDR". Doch dieser hatte weder eine soziale noch eine politische Basis, sodass der SED-Staat in ein unauflösbares Dilemma stürzte. Öffnete er das totalitäre System für Reformen, waren die Folgen nicht kalkulierbar und seine Zukunft ungewiss; sperrte er sich – wie geschehen – gegen jede Öffnung, erzeugte er bis weit in seine Anhängerschaft hinein Resignation und Missmut. Honecker wusste sehr wohl, dass die offizielle Gewährung öffentlicher Räume Platz zur Artikulation sozialer und politischer Interessen böte, die außerhalb der Kontrolle von Partei und Sicherheitsapparat stünden. Die sich daraus ergebenden Entwicklungen könnten das Regime in den Grundfesten erschüttern. Er sollte recht behalten und doch aufgrund seiner Halsstarrigkeit stürzen. Seine Nachfolger waren indes schlichtweg überfordert und wurden vom weiteren Gang der Geschichte überrollt.

In dem Augenblick, als eine neue SED-Führung die öffentliche Artikulation regimekritischer Meinungen zuließ und die sowjetische Führungsmacht auf eine bewaffnete Intervention zur Aufrechterhaltung der Diktatur verzichtete, war es um den SED-Staat geschehen. Seine Machtpotenziale – Gewaltapparat, ökonomische Verfügungs- und ideologische Interpretationsmacht sowie die Loyalität der sozialistischen Dienstklasse – waren erschöpft, sodass das geöffnete Ventil die im Verborgenen gewachsenen Kräfte freisetzte. Diese zielten erst auf den Sturz der totalitären Diktatur und sodann auf die schnelle Wiedervereinigung. Die in den Achtzigerjahren entstandenen Oppositionsgruppen präferierten im Sommer/Herbst des Jahres 1989, als sich die innenpolitische Situation in der DDR durch die Flucht zehntausender Menschen über Ungarn und die Tschechoslowakei zuspitzte, eine Reform des DDR-Sozialismus. Ab Ende November 1989 wurde jedoch deutlich, dass breite Schichten der Bevölkerung eine schnelle Wiedervereinigung favorisierten und sich auf keine sozialistischen Experimente mehr einlassen wollten.

Das Streben nach Demokratisierung des sozialistischen Systems wurde damit abgelöst von dem Ruf nach nationaler Einheit. Diese wurde durch demokratische Wahlen in der DDR legitimiert und anschließend weitgehend nach Maßgabe der westdeutschen Regierung vollzogen. Die von der Bürgerbewegung erstrebte friedliche Revolution, die zum Sturz von Erich Honecker und Egon Krenz sowie zu den ersten freien Wahlen seit 1946 führte, endete damit – gegen den Willen der meisten „friedlichen Revolutionäre" – in der unverzüglichen Wiederherstellung des deutschen Nationalstaates auf der Grundlage des liberalen Rechtsstaats und des westlichen Gesellschaftssystems.

Die hiermit einhergehende teilweise Selbstbefreiung der Bevölkerung korrespondierte mit der erzwungenen Selbstaufgabe der Machtelite, die sich ihrer Befehlsgewalt nicht mehr gewiss sein konnte. [...] Die SED-Führung gab ihren totalitären Anspruch freilich erst in dem Moment auf, als das Schicksal ihres Staates schon besiegelt war. [...]

Der Untergang des SED-Staates und des gesamten sowjetischen Imperiums hat die entscheidende Grenze totalitärer Regime bloßgelegt: den Wunsch der Menschen nach Freiheit und Wohlstand, der allenfalls kurzfristig durch das Versprechen auf eine neue, bessere Zukunftsgesellschaft verdrängt werden konnte. Das totalitäre System gründete [...] letztlich auf Zwang und Gewalt und stürzte, als es auf die Gewaltanwendung verzichtete.

Die Kennzeichnung des SED-Staates als totalitäre [...] Gesellschaft erklärt den Zusammenbruch der DDR aus dem unaufhebbaren Widerspruch zwischen dem totalitären Gestaltungs- und Machtwillen der SED-Führung und den unzureichenden Entwicklungspotenzialen einer hiervon gefesselten und blockierten Industriegesellschaft. Ohne Berücksichtigung dieser ideologisch begründeten totalitären Herrschaftsform kann weder die trotz wiederholter Versuche erwiesene Reformunfähigkeit der Wirtschaft noch die Passivität und Gleichgültigkeit weiter Bevölkerungskreise verstanden werden. Die Geschichte hat damit Ende der Achtzigerjahre „bewiesen", was verschiedene Totalitarismustheoretiker schon vorher mutmaßten: die Reformunfähigkeit eines totalitären Regimes, das seine Herrschaft nur durch Gewalt und/oder Expansion sichern konnte. [...]

(Klaus Schroeder, Der SED-Staat, München (Propyläen) 2000, S. 646 ff.)

M 4 Charles S. Maier

Charles S. Maier, Professor für Geschichte an der Harvard-Universität in den USA.

[...] Manche Beobachter aus der Bundesrepublik behaupteten, es habe gar keine Revolution stattge-

funden. Die DDR sei, so argumentierten sie, in der Folge ihrer innenpolitischen Schwierigkeiten kollabiert, habe an „Systemversagen“ gelitten oder sei daran „implodiert“ – ein in der Sicht dieser Kommentatoren tatsächlich unvermeidlicher Ausgang. Solche Urteile haben gelegentlich etwas Herablassendes. [...] Eine Volksbewegung steigerte sich zu einer Leidenschaft, zu einer Explosion der Massen, wie sie die Bundesrepublik bis dahin niemals erlebt hatte, mit Ausnahme vielleicht der Studentenunruhen Ende der Sechzigerjahre. [...]
Tatsächlich hat das Regime Symptome von „Systemversagen“ gezeigt, doch schmälert dies die Bedeutung der Volksbewegung keineswegs. Jedes Regime, das einer Revolution unterliegt, durchläuft zuvor eine Phase des Drucks auf seine Institutionen, ja deren Zusammenbruch. Zu direkten Aktionen kommt es, wenn Finanzkrisen und administrative Verkrustung bereits eingesetzt haben. Selbst wenn gewalttätige Aktionen ausbleiben – auch das hat man gegen die Vorstellung angeführt, 1989 sei eine Revolution gewesen –, schmälert dies nicht die Authentizität eines revolutionären Aufstandes. Sterbende Regierungssysteme greifen oft nicht mehr zu gewaltsamer Unterdrückung. Die Mobilisierung des Volkes, nicht das Blutvergießen, ist das Kriterium. [...] In einem entscheidenden Moment in der Geschichte des kommunistischen Regimes spaltete sich die Führungselite und schreckte vor einer Eskalation der Gewalt zurück. Die Macht ging an die Straße über, wo sich Demonstranten in anhaltendem Protest versammelten. Wie in den seltenen revolutionären Augenblicken der deutschen Geschichte – März 1848 oder November 1919 – ging die Macht von der zur Masse gewordenen Öffentlichkeit aus, nicht mehr von der noch amtierenden Regierung. Dass der Sieg so rasch kam, sollte das Ergebnis nicht disqualifizieren.

(Charles S. Maier, Das Verschwinden der DDR und der Untergang des Kommunismus, Frankfurt a. M. (Fischer) 1999, S. 205 f.)

M 5 Claus Offe: Zusammenbruch

Claus Offe, Soziologe und Professor für Politikwissenschaft in Berlin.

[...] Der entscheidende Mangel des Systems war kein ökonomischer, sondern ein moralischer: Es war um seiner Stabilität willen darauf angewiesen, die eigene erwerbstätige Bevölkerung nicht nur physisch einzusperren, ihr also die Abwanderung [...] zu untersagen, sondern sie zusätzlich an der Wahrnehmung zentraler politischer Rechte wie Meinungs- und Medienfreiheit, Streikrecht und Wahlrecht [...] zu hindern. [...] Dieser inhärente Repressionsbedarf jedes realsozialistischen Wirtschaftssystems wurde im Falle der DDR noch erheblich durch den Umstand ihrer unmittelbaren Nachbarschaft zur Bundesrepublik Deutschland gesteigert. [...]
Welches waren die Gründe, die den Repressionsapparat der DDR im Herbst 1989 außer Funktion setzten? Sie waren sämtlich außenpolitischer Natur, d. h. sie hatten nichts zu tun mit einer liberalen Öffnung der Politik der DDR oder einem inneren Zerfall des Repressionsapparates. Unmittelbar ausschlaggebend war vielmehr die Unfähigkeit und Unwilligkeit der ungarischen Regierung, diejenigen DDR-Bürger, die (zunächst) als Urlauber in diesem Land weilten, an der Ausreise in die Bundesrepublik zu hindern. Ein zweiter Faktor war die klar voraussehbare Weigerung der von der Politik der *perestroika* erfassten Sowjetunion, eine Repressionspolitik, wie sie zuletzt 1968 im Namen der Breschnew-Doktrin gegen die tschechoslowakische Bevölkerung verübt worden war, durch „brüderliche Hilfe“ militärisch oder auch nur politisch zu unterstützen. Die Undenkbarkeit einer solchen Gewalt-Eskalation war (außer in Rumänien) drittens durch das erschreckende und weltweit verurteilte Negativ-Vorbild des Massakers mitbedingt, das die chinesische Führung im Juni 1989 an der Demokratie-Bewegung in Peking verübt hatte. Eine solche Demokratie-Bewegung trat in der DDR erst zutage, als der Zusammenbruch der Repressionsfähigkeit des Regimes bereits in vollem Gange war und sich die Bürgerbewegung mithin relativ gefahrlos entfalten konnte. Nicht sie besiegte den Staatsapparat, sondern umgekehrt ermutigte die sichtbare Schwächung des Staatsapparates ihr Entstehen. [...] Nicht der demokratische Protest und viertens das Verlangen des Volkes nach Freiheit und Demokratie besiegelten das Ende der DDR, sondern der Wunsch nach wirtschaftlichem Wohlstand und, auf dessen Spuren, die massenhafte Abwanderung der Menschen durch die seit dem 9. November 1989 nicht mehr wirksamen Sperranlagen. [...] Nicht siegreicher *kollektiver* Kampf um eine neue politische Ordnung führte zum Ende des Staates der DDR, sondern die massenhafte und plötzlich nicht mehr aufhaltbare individuelle Abwanderung zerstörte seine *ökonomische* Basis. [...]

(Claus Offe, Wohlstand – Nation – Republik; in: Hans Joas/Martin Kohli (Hg.), Der Zusammenbruch der DDR, Frankfurt/M. (Suhrkamp) 1993, S. 290–294)

M 6 Ralf Dahrendorf: Revolution für alte Ideen

Ralf Dahrendorf, liberaler Politiker und Professor für Soziologie, zuletzt an der Universität Oxford in England.

[...] In ihrem Kern ist die europäische Revolution von 1989 die Absage an eine unerträgliche und, wie wir gesehen haben, unhaltbare Realität und damit zugleich die Bekräftigung alter Ideen. Die Demokratie ist schwerlich in Ostmitteleuropa im Jahre 1989 erfunden worden und das Gleiche gilt für den Pluralismus. [...]
Verdienen Revolutionen ihren Namen erst, wenn sie neue Ideen hervorbringen? Wie neu waren denn die Ideen der Französischen oder der Amerikanischen Revolution? Jungfräulich waren sie jedenfalls nicht: Man kann Ideen immer in die Geschichte zurückverfolgen; doch haben die beiden Revolutionen den schöpferischen modernen Konflikt in Gang gesetzt, der diejenigen, die mehr Anrechte wollen, mit denen konfrontiert, die ein größeres Angebot bevorzugen, Anwälte der Bürgerrechte und Anwälte des Wachstums, die zusammen und manchmal sogar gemeinsam zur Erweiterung der Lebenschancen aller beitragen. Bei der Revolution in Europa geht es in diesem Sinne nicht um eine neue Idee. Im Gegenteil [...]; unter allen erprobten und bewährten Ideen ist die wichtigste jene fundamentale Entdeckung der Modernität, die offene Gesellschaft. Menschen sind fehlbar und wir leben im Horizont der Ungewissheit. [...] Daher müssen wir versuchen, die Wahrheit zu finden, aber dafür Sorge tragen, dass, wenn wir uns irren oder andere meinen, dass wir irren, die Möglichkeit offenbleibt, es erneut zu versuchen. Es gibt keine größere Gefahr für die menschliche Freiheit als das Dogma, das Monopol einer Gruppe, einer Ideologie, eines Systems. Zugleich liegt die größte Aufgabe darin, dass wir unsere Angelegenheiten offenhalten für Wandel. [...]

(Ralf Dahrendorf, Betrachtungen über die Revolution in Europa, Stuttgart (DVA) 1990, S. 26 f.)

M 7 Stefan Wolle

Stefan Wolle, Bürgerrechtler, Historiker, Mitarbeiter im Forschungsverbund „SED-Staat" der Freien Universität Berlin.

[...] Die Revolution, die mit Kerzen vor den Kirchentüren begonnen hatte, endete mit dem Tanz auf dem Kudamm[1]. Innerhalb von fünf Wochen hatte sich ohne einen Schuss die Welt vollkommen geändert und die folgenden elf Monate bis zum Vollzug der deutschen Einheit waren, wenn auch nicht ohne Turbulenzen und Spannungen, nur noch der Vollzug dessen, was man ohnehin nicht länger aufhalten konnte.
Warum befiel in jener fröhlichen Nacht und in den Tagen danach so manchen DDR-Bürger ein Gefühl der Beklommenheit? [...] Welche Überlegungen führten zu der auf den ersten Blick widersinnigen Meinung, der Mauerfall sei „zu früh" gekommen? Die sensationelle Meldung platzte mitten in eine Aufbruchstimmung hinein. Die Dämme brachen, ehe die Flut ihre ganze Gewalt erreicht hatte. Jetzt entstand im Zuge der zweifellos größten Volksbewegung des Wendeherbstes – der Pilgerfahrt in den Westen – eine neue Erfahrung von Entmündigung und Fremdbestimmung. [...] Es begannen der D-Mark-Rummel, der Ausverkauf des Ostens und die große Abwicklung, welche die Demokratiebewegung gleich miterfasste. Statt um den Freiheitsbaum tanzten die Menschen nun um das Goldene Kalb der Wohlstandsgesellschaft und vollzogen damit die unausweichliche Logik der bürgerlichen Revolution nach. Den inneren Konflikt zwischen der Diktatur der Tugend und der aufkeimenden Herrschaft des Eigennutzes, der Frankreich 1793/94 erschüttert hatte, trugen sie seit 1989 im Schnelldurchlauf aus. Das entsprach dem Lauf der Geschichte und war dennoch schmerzhaft. Intuitiv erahnten viele während des Mauerfalls diese Entwicklung. So beschränkte sich ihr erster Gedanke nicht auf überschäumende Freude, sondern schloss ein Gefühl des Abschieds von einer eben erst geborenen Hoffnung mit ein.

(Stefan Wolle, Die heile Welt der Diktatur, Bonn (bpb) 1999, S. 327)

[1] Zentrale Einkaufsstraße in Westberlin

Zusammenfassen, Üben und Darstellen

Der Zusammenbruch der DDR und die deutsche Einheit

Kernbegriffe:

- ★ Historischer Materialismus
- ★ Ideologie
- ★ Volksfront
- ★ Sozialistische Demokratie
- ★ Planwirtschaft
- ★ Neue Ostpolitik
- ★ Reformpolitik
- ★ Opposition
- ★ Friedliche Revolution
- ★ 2+4-Vertrag

Info, S. 11 ff.
Thema, S. 53 ff.

1. Stellen Sie die bipolare Grundstruktur des „Kalten Krieges" (1945/48–1989/90) und das ideologische Selbstverständnis der USA sowie der Sowjetunion in einer strukturierten Stichwortübersicht dar.

Info, S. 13 ff.

2. Beschreiben Sie die Ziele und die Organisation der Besatzungsherrschaft in Deutschland nach dem Potsdamer Abkommen.

Info, S. 13 ff.

3. Erläutern Sie die Ursachen der getrennten Entwicklung von Westzonen und sowjetisch besetzter Zone (SBZ).

Info, S. 16–20
Thema, S. 59 ff.
Thema, S. 63 ff.

4. Nennen Sie die wesentlichen politischen Entwicklungen in der SBZ (1945-1949) und erörtern Sie, inwieweit bereits in dieser Zeit wesentliche Grundlagen für die spätere DDR geschaffen wurden.

Thema, S. 63 ff.

5. Stellen Sie die zeitgenössischen Argumente für die Vereinigung von KPD und SPD zur SED einander gegenüber und nehmen Sie Stellung zu der These, es habe sich um eine „Zwangsvereinigung" gehandelt.

Info, S. 21–24
Thema, S. 73 ff.

6. Erläutern Sie den Bedeutungsgehalt des Begriffs „sozialistische Demokratie" (ggf. kontrastierend zum westdeutschen Demokratiebegriff des Grundgesetzes).

Info, S. 21 ff.
Thema, S. 73 ff.

7. Zeigen Sie anhand wesentlicher Elemente der politischen Ordnung der DDR und anhand beispielhaft ausgewählter politischer Vorgänge auf, wie sich die Vorstellung der „sozialistischen Demokratie" in der Praxis auswirkte.

Info, S. 25 f.
Thema, S. 83 ff.

8. Stellen Sie die Grundlagen und Funktionsprinzipien des Wirtschaftssystems der Planwirtschaft dar und erläutern Sie seine – im Nachhinein klar erkennbaren – Systemschwächen anhand einer Stichwortliste.

Info, S. 30 ff.
Thema, S. 67 ff.

9. Stellen Sie Ursachen, Verlauf und Ergebnis des 17. Juni 1953 in einem Vortrag dar. Nehmen Sie abschließend Stellung zu der These, der 17. Juni 1953 sei heute als Vorläufer der „Friedlichen Revolution" von 1989 zu sehen.

Info, S. 32 ff.

10. Erläutern Sie ausgehend von der These, der 16. August 1961 sei ein „heimlicher Gründungstag" der DDR gewesen, die Ursachen und Folgen des Baus der Berliner Mauer.

Thema, S. 79 ff.

11. Stellen Sie aus der Perspektive der westlichen Bundesrepublik die Argumente für und gegen die „Neue Ostpolitik" der sozial-liberalen Koalition (1970–1972) einander gegenüber und beurteilen Sie diese Argumente im zeitgenössischen Horizont sowie aus heutiger Perspektive.

Info, S. 24
Thema, S. 93 ff.

12. Beschreiben Sie die Funktion des „Ministeriums für Staatssicherheit" (MfS) im Herrschaftssystem der DDR sowie seine Aktivitäten und deren Wirkungen auf die Bevölkerung.

Thema, S. 98 ff.

13. Skizzieren Sie in einer strukturierten Übersicht die Reaktion von Staatsführung und Bevölkerung auf den „Prager Frühling" in der CSSR (1968).

Info, S. 36 14. Beschreiben und erläutern Sie die ambivalente Wirkung der KSZE-Schlussakte von Helsinki auf die politische Wirklichkeit der DDR.

Info, S. 38 ff. Thema, S. 101 ff. 15. Skizzieren Sie in einer Mindmap die verschiedenen Oppositionsgruppen bzw. Formen oppositionellen Verhaltens und ihre Ziele.

Info, S. 40 ff. 16. Stellen Sie den Ablauf der „Friedlichen Revolution" von August bis November 1989 anhand einer Zeitleiste dar.

Info, S. 40 ff. Thema, S. 101 ff. 17. Beschreiben Sie die Faktoren, die die „Friedliche Revolution" ermöglicht und zum Erfolg verholfen haben. Unterscheiden Sie zwischen außen- und innenpolitischen Voraussetzungen sowie konkreten Handlungen der Regierung, der Opposition und der Bevölkerung.

Info, S. 42 ff. Thema, S. 106 ff., 111 ff. u. 114 ff. 18. Stellen Sie die Schritte der historischen Entwicklung vom Fall der Mauer (9.11.1989) bis zur formellen Vereinigung der beiden deutschen Staaten (3.10.1990) im Überblick dar und erläutern Sie die wesentlichen Streitfragen und Entscheidungen in diesem Prozess.

Info, S. 28 ff. 19. Geben Sie in einem Vortrag auf der Grundlage einer Zeitleiste (s. Infotext, S. 28 f.) einen Überblick über die gesamte Geschichte der DDR. Untergliedern Sie dabei bestimmte Phasen der Entwicklung.

Info, S. 47 Thema, S. 106 ff. 20. Erläutern Sie den Stellenwert der Volkskammerwahl vom 18. März 1990 für die weitere Entwicklung der DDR.

Info, S. 48 Thema, S. 111 ff. 21. Zeigen Sie die ökonomischen und politischen Implikationen der Entscheidung für den Wechselkurs zwischen DDR-Mark und D-Mark im Zusammenhang mit der Währungs-, Wirtschafts- und Sozialunion (18. Mai 1990) auf.

Info, S. 45 ff. Thema, S. 114 ff. 22. Beschreiben Sie, welche Vorbehalte gegenüber der deutschen Einheit im Ausland bestanden und wie sie überwunden werden konnten.

Info, S. 48 ff. Thema, S. 119 ff. 23. Beschreiben Sie aus Ihrer Sicht den Stand der Entwicklung der politischen und gesellschaftlichen Einheit Deutschlands und zeigen Sie Zukunftsperspektiven auf.

Forum, S. 124 ff. 24. Diskutieren Sie, inwieweit die DDR als „Unrechtsstaat" zu bewerten ist.

Forum, S. 129 ff. 25. Nehmen Sie Stellung zu der Frage, ob die Ereignisse im Herbst 1989 eher als „Zusammenbruch" oder eher als „Revolution" zu bezeichnen sind.

Basismethoden

Sprachliche historische Quellen interpretieren

A. Historische Interpretation

Geschichte ist das Bild, das sich Menschen der Gegenwart von der Vergangenheit machen. Erfahrungen, Fragen, Erkenntnisinteressen der Gegenwart bestimmen somit die Beschäftigung mit der Vergangenheit.
Erkenntnisse über die Vergangenheit gewinnen wir, indem wir aus zeitgenössischer Gegenwartsperspektive Fragen an historische Quellen richten. Quellen sind Zeugnisse der Vergangenheit über menschliches Handeln und Leiden; sie sind die Materialien, die in der Vergangenheit entstanden sind und nun der Gegenwart vorliegen. Diese Quellen können verbal, bildlich oder gegenständlich sein.
Quellen sind nicht die Vergangenheit selbst, mit ihrer Hilfe erschließen wir die Vergangenheit. Sie sind Einzelstücke, gelöst aus ihrem ursprünglichen Zusammenhang, Mosaiksteine, aus denen die originale Wirklichkeit durch ein verlässliches Erkenntnisverfahren rekonstruiert werden muss. Dieses Verfahren wird historische Interpretation genannt. Die Interpretation erschließt aus Quellenmaterial Sinn, um die Fragen zu beantworten, die der Mensch der Gegenwart an die Vergangenheit richtet.
Gegenstand der historischen Interpretation sind für die Historiker alle Formen von Nachrichten, die Menschen unabsichtlich oder aber absichtlich über ihre Zeit hinterlassen haben. Ein so verstandener Quellenbegriff umfasst sowohl **Dokumente** als auch **Monumente**.

Dokumente

Überreste, die im Prozess der Geschichte hinterlassen wurden, ohne der Nachwelt gezielt Botschaften übermitteln zu wollen.

Dazu zählen:

- Urkunden
- Akten
- Allgemeine Inschriften
- Verfassungstexte
- Briefe
- Tagebücher, die nicht zur Veröffentlichung bestimmt waren
- Reden
- Flugblätter
- Streit- und Denkschriften
- Berichte und Kommentare in zeitspezifischen Massenmedien
- Literarische Zeugnisse aus einer Epoche

Monumente

Nachrichten, die mit Absicht für Betrachter geschaffen wurden. Sie sind bewusste Botschaften für eine spätere Zeit. Diese Quellen, die die Nachwelt bewusst beeinflussen wollen, werden in der Geschichtswissenschaft als **Tradition** bezeichnet.

Zu solchen sprachlichen Monumenten zählen zum Beispiel:

- Chroniken
- Viten
- Spezielle ereignis- oder personenbezogene Gedenkinschriften
- Memoiren
- Autobiografien
- Tagebuchaufzeichnungen, die bewusst zur Veröffentlichung bestimmt waren
- Gedenk- und Rechtfertigungsreden, die in klar erkennbarer Absicht an eine Nachwelt gerichtet sind

B. Schritte der Interpretation sprachlicher historischer Quellen

Eine historische Quelleninterpretation wird systematisch angelegt. Am Anfang steht die Frage, nicht die Quelle. Da Textquellen in der Regel Aussagen, Schlussfolgerungen und Rückschlüsse zu unterschiedlichen historischen Sachverhalten und Problemstellungen zulassen, gilt es zu Beginn, in einem ersten Schritt das eigene **erkenntnisleitende Interesse** – die Leitfrage(n), unter der/denen der Quellentext interpretiert werden soll – festzulegen. Daran schließen sich zwei weitere grundsätzliche Arbeitsschritte an. Zunächst die **Analyse des Quellentextes**. Sie dient dazu, die Textform zu bestimmen und die Inhaltserfassung sicherzustellen. In einem weiteren Schritt wird auf der Grundlage der Ergebnisse der Quellenanalyse die **Interpretation der Quelle** vorgenommen, die zwei Ebenen umfasst. Der Quellentext wird erläutert, gedeutet, kritisch gewürdigt (Interpretation im engeren Sinn) und es wird sein „Sinn" (die Erkenntnis) bezogen auf die formulierte(n) übergeordnete(n) Leitfrage(n) der Interpretation erschlossen.

1. Schritt – Leitfrage(n) festlegen:

Das eigene Erkenntnisinteresse bestimmen und eingrenzen und als Untersuchungsfrage formulieren, die dann für die Interpretation leitend ist.

2. Schritt – Analyse:

– Beschreibung und Klärung der formalen äußeren Merkmale

- Den Autor vorstellen (z. B. Angaben zur Biografie, zum sozialen Status, zur politischen Position u. Ä.).
- Die Textsorte benennen und in ihren spezifischen Merkmalen kurz charakterisieren. Es ist wichtig, Textsorten zu unterscheiden, da unterschiedliche Textsorten unterschiedliche Wirklichkeit erfassen und deshalb einen unterschiedlichen Aussagewert und bestimmte Aussagegrenzen haben, z. B.:
  - Normative schriftliche Quellen: Sie sind Ausdruck dessen, was sein soll, etwa eine Verfassung oder ein Vertrag.
  - Deskriptive Quellen: Sie beschreiben Wirklichkeit, wie sie der Quellenautor sieht, weshalb die Beschreibung in unterschiedlichem Grad subjektiv und parteiisch ausfallen kann.
  - Selbstzeugnis oder Fremdzeugnis.
  - Ein öffentliches, d. h. ein für die Öffentlichkeit bestimmtes Dokument.
  - Ein internes Dokument, d. h. ein eher für einen begrenzten Kreis von Privatpersonen verfasstes Schriftstück.
- Das Thema der Quelle präzise und knapp zusammengefasst formulieren.
- Den engeren situativen historischen Kontext der Quelle darstellen (den konkreten Ereigniszusammenhang, in dem die Quelle steht, den Zeitpunkt der Entstehung und des Anlasses sowie den Entstehungsort der Quelle knapp skizzieren).
- Den oder die Adressaten der Quelle benennen.
- Die Intention – erkennbare Ziele und Absichten, die der Autor mit Blick auf seine(n) Adressaten verfolgt – in knapper Form aufzeigen.

– Strukturierte Textwiedergabe

Drei alternative Möglichkeiten bieten sich an:

- Den Textinhalt auf der Grundlage einer Gliederung nach Sinnabschnitten im textdurchschreitenden Verfahren auf die Hauptaussagen beschränkt wiedergeben.
- Den Inhalt nach zentralen Aspekten reorganisiert zusammengefasst wiedergeben.
- Den Textinhalt entlang der erkennbaren Argumentationsstruktur auf die wesentlichen Aussagen beschränkt wiedergeben (z. B. Standpunkt, These(n), Argumente).

3. Schritt – Interpretation: Zusammendenken und Problematisieren der in der Quellenanalyse gewonnenen Informationen auf der Ebene des Erläuterns, Deutens, Urteilens und Wertens im historischen Kontext auf textinterner und textexterner Grundlage

Methodisch wichtig und unverzichtbar ist es, die Interpretation durch konkreten Textbezug zu fundieren. Der Quellentext ist die Grundlage der Erkenntnisgewinnung. Für jeden der nachfolgend genannten Arbeitsschritte gilt, dass die Ausführungen immer zum Quellentext zurückführen und an ihm belegt werden müssen.
Grundlegend für die sachgerechte historische Interpretation ist auch, dass die formalen äußeren Merkmale bedacht und einbezogen werden.

– Ebene 1 Interpretation im engeren Sinne

- Die Intention des Autors unter Berücksichtigung von erkennbaren Motiven, Interessen und Perspektiven im historischen Gesamtkontext erklären und kritisch hinterfragen. (Z. B.: zwischen offenen und verdeckten Absichten unterscheiden; seine Intentionen vor dem Hintergrund von eigener Biografie, Status und persönlicher Interessenlage erläutern; auffallende Rechtfertigungsmuster aufzeigen; darlegen, auf welche Weise der Quellenautor den oder die Adressaten zu beeinflussen versucht, sowie die Wirksamkeit und gewählte Strategie beurteilen.)
- Besonderheiten und Auffälligkeiten der zentralen Quellenaussagen benennen und erklären bzw. erläutern.
- Die gedankliche Schlüssigkeit der Ausführungen bzw. der Argumentation beurteilen.
- Auffallende sprachliche Besonderheiten erläutern, wenn dies für die Intention des Autors und/oder den Aussagegehalt und Erkenntniswert der Quelle von ganz entscheidender Bedeutsamkeit ist.
- Die Textaussagen unter Einbringung von eigenem historischen Umfeldwissen im größeren historischen Gesamtkontext und Problemzusammenhang, in dem die Quelle steht, beurteilen.
- Eine eigene persönliche Stellungnahme im Sinne eines Werturteils, das sich auf eigene Wertvorstellungen und Normen gründet, entwickeln, wenn dies quellenbezogen sinnvoll, ertragreich und zielführend für die Leitfrage(n) der Interpretation ist.

– Ebene 2 Zusammenfassendes Resümee der Erkenntnisse mit Blick auf die Leitfrage(n)

- Ein abwägendes differenziertes Gesamturteil mit Bezug auf die Leitfrage(n) formulieren.

Historische Sekundärliteratur analysieren und sich kritisch mit ihr auseinandersetzen

A. Historische Sekundärliteratur

Wenn wir von historischer Sekundärliteratur sprechen, denken wir in erster Linie an Darstellungen, in denen Geschichtsforscherinnen und Geschichtsforscher unter Beachtung genauer wissenschaftlicher Standards ihre Forschungsergebnisse, Schlussfolgerungen und Urteile darlegen. Das grundlegende Merkmal der Textart „historische Sekundärliteratur" ist, dass die jeweiligen Autorinnen und Autoren unter Verarbeitung von Quellen und anderer vorhandener Fachliteratur aus ihrer Sicht historische Wirklichkeit konstruieren. Das heißt, sie stellen unter Verarbeitung und wertender Einbeziehung dessen, was andere Historikerinnen und Historiker schon erforscht haben, und auf der Grundlage ihrer eigenen Quellenforschung und -interpretationen ihre Ergebnisse und Deutungen der Vergangenheit vor, indem sie Deutungen und Interpretationen von Fachkollegen ergänzen, sie weiterführen oder zu ihnen Stellung nehmen.
Der Karikaturist setzt die Spezifik des Texttyps „historische Sekundärliteratur" treffend ins Bild. Vorhandenen Deutungen von geschichtlichen Ereignissen und Zusammenhängen wird eine weitere perspektivisch gebundene Sichtweise und Bewertung von Sachverhalten hinzugefügt, der ein bestimmtes persönliches Erkenntnisinteresse zugrunde liegt.

Luis Murschetz (geb. 1939):
„Der Eindringling" (Karikatur von 1996)

Wissenschaftliche Sekundärliteratur im engeren Sinne

Adressat ist ein fachwissenschaftlich gebildetes bzw. zumindest interessiertes Publikum, bei dem zumindestens Grundkenntnisse des Faches, der Methoden und der Begrifflichkeit vorausgesetzt werden. Kennzeichen wissenschaftlicher Sekundärliteratur sind detaillierte Belege und damit intersubjektive Nachvollziehbarkeit.

Textarten:

- Wissenschaftliche Abhandlungen zu historischen Themen und Fragestellungen
- Spezialuntersuchungen zu einzelnen Themen
- Wissenschaftliche Vorträge
- Wissenschaftliche Aufsätze
- Essays in historischen Fachzeitschriften und seriösen Wochenzeitungen

„Nichtwissenschaftliche" Sekundärliteratur

Adressat ist ein breiteres Publikum interessierter Laien. Im Vordergrund steht nicht so sehr die Darstellung von detailliert belegten Erkenntnissen über historische Befunde und Interpretationen, sondern es geht primär darum, komplexe geschichtliche Zusammenhänge vereinfacht und anschaulich darzustellen.

Wichtige Textarten, die diesem Typ zuzurechnen sind:

- Populärwissenschaftliche Literatur
- Historische Essays in Magazinen
- Schulbuchtexte
- Publizistische Texte zu historischen Themen

B. Arbeitsschritte zur Auswertung historischer Sekundärliteratur

Da es sich bei dieser Textsorte um perspektivisch gebundene Deutung von geschichtlichen Sachverhalten und Problemstellungen handelt, besteht die Aufgabe darin, die Intentionen und Ansprüche des jeweiligen Textes sowie die dargestellten Sachverhalte und Problembereiche zu erkennen und die Deutung mit ihren autorenbedingten Grundannahmen und Wertmaßstäben zu erschließen. Eine sachgerechte, abwägende Auseinandersetzung erfordert eine Tätigkeit auf zwei Ebenen: auf der Ebene der **Analyse** und auf der Ebene der darauf aufbauenden **Urteilsbildung**.

1. Schritt – Leitfrage(n) festlegen:

Das eigene, persönliche Erkenntnisinteresse festlegen und als Untersuchungsfrage(n) formulieren, die dann für die Analyse und kritische Auseinandersetzung mit dem Text leitend ist/sind.

2. Schritt – Analyse:

– Vorstellung des Textauszugs

Die äußeren formalen Textmerkmale und -daten beschreiben und charakterisieren:
- Den Autor des Textes vorstellen.
- Die spezifische Textsorte von Sekundärliteratur, der der Text zuzurechnen ist, benennen und die besonderen Merkmale dieser Textsorte kurz charakterisieren.
- Den genauen Fundort und das zeitliche Erscheinungsdatum des vorliegenden Textes benennen.
- Beschreiben, an welche(n) Adressaten die Publikation vornehmlich gerichtet ist.

– Strukturierte Textwiedergabe

Den Inhalt und den Gedankengang (Argumentationsstruktur) des Textes in seinen Hauptaussagen zusammengefasst wiedergeben.
Das verlangt:
- Präzise benennen, mit welchem Thema bzw. mit welcher Fragestellung der Autor/die Autorin sich beschäftigt.
- Schlussfolgerungen und Hauptthese(n), die vertreten werden, aufzeigen.
- Die zentralen Argumente, die von der Autorin/dem Autor als Beleg für ihre/seine Aussagen angeführt werden, herausarbeiten.

3. Schritt – Kritische Auseinandersetzung:

Die Textaussagen und Argumente auf textinterner und textexterner Grundlage erläutern, erörtern und auf diese Weise zu einem kritisch abwägenden eigenen Gesamturteil gelangen.
Dies kann unter folgenden Leitperspektiven geschehen:
- Für das Verständnis der Position und der Argumentation des Autors/der Autorin zentrale historische Sachverhalte und Problemzusammenhänge bzw. Erklärungsansätze erläutern.
- Aufzeigen, mit welchem Erkenntnisinteresse und aus welcher – möglicherweise sogar klar erkennbar einseitig ideologisch geprägten – Perspektive der/die Verfasser(in) schreibt.
- Die Logik und Schlüssigkeit des Gedankengangs des Autors/der Autorin prüfen.
- Erörtern, ob die Ausführungen durch einseitige Sichtweise und Begründung (monokausal) geprägt sind oder ob auch andere konkurrierende fachliche Auffassungen und Perspektiven Eingang finden und ein mehrschichtiges Gesamtbild (multikausaler Erklärungsansatz) entwickelt wird.
- Sich auf dem Hintergrund eigener historischer Kenntnisse und im Vergleich zu anderen bekannten Historikerpositionen mit den inhaltlichen Hauptaussagen und der Argumentation des Autors/der Autorin zustimmend, die Thesen relativierend oder ablehnend auseinandersetzen und
- in differenzierter Abgrenzung oder Zustimmung zum Text unter Rückbezug auf die gestellte(n) Leitfrage(n) eine eigene begründete Sichtweise formulieren.

Glossar

Allianz für Deutschland
Wahlbündnis für die Volkskammerwahl vom 18.3.1990. Die „Allianz für Deutschland wurde unter maßgeblichem Einfluss des damaligen Bundeskanzlers Helmut Kohl am 5.2.1990 aus der ehemaligen Blockpartei CDU, dem DA und der DSU gegründet.

Berliner Mauer
Die Berliner Mauer wurde am 13.8.1961 von der Regierung der DDR entlang der Sektorengrenze zwischen dem sowjetischen Sektor und den Westsektoren Berlins errichtet und trennte beide Teile mithilfe von Betonmauern, Stacheldrahtzäunen, Selbstschussanlagen und Minen hermetisch voneinander ab. Der von der DDR-Regierung sogenannte „antifaschistische Schutzwall" sollte den Flüchtlingsstrom aus der DDR nach West-Berlin bzw. in die Bundesrepublik unterbinden.
Beim Versuch, die Grenze zu überwinden, kamen 178 Menschen ums Leben, davon 79 durch Schüsse von Grenzsoldaten der Nationalen Volksarmee der DDR. Die Friedliche Revolution in der DDR führte am 9.11. 1989 zur Öffnung der Berliner Mauer, am 1.7.1990 wurden die Grenzkontrollen vollständig abgeschafft. Heute existieren nur noch einzelne Reste der Berliner Mauer, die als historische Denkmäler genutzt werden.

Besatzungszonen
Auf der Potsdamer Konferenz im Juli/August 1945 wurde zwischen den drei Siegermächten (England, Amerika, Russland) über den Umgang mit dem besiegten Deutschen Reich verhandelt. Ein wichtiges Ergebnis war die Festschreibung der Aufteilung in vier Besatzungszonen. Neben den drei Verhandlungspartnern bekam auch Frankreich eine Zone zugewiesen. Trotz der Einteilung in Zonen sollte „in allen Deutschland als Ganzes betreffenden Fragen" eine gemeinsame Herrschaft erfolgen. Aber von Anfang an entwickelte sich ein Konflikt zwischen dem auf dem Papier angestrebten gemeinsamen Handeln und den unabhängigen Befugnissen für die eigene Besatzungszone. Mit dem Beginn des Kalten Krieges rückte die Vereinigung der vier Besatzungszonen zu einem deutschen Staat in immer weitere Ferne. 1947 schlossen sich die britische und die amerikanische Zone zur Bi-Zone zusammen, 1948 vereinigten sie sich mit der französischen Zone zur Tri-Zone. Diese Entwicklung mündete 1949 in die Gründung zweier Staaten, der DDR auf dem Gebiet der sowjetischen Besatzungszone und der BRD auf dem der Trizone.

Birthler-Behörde
Siehe Gauck-Behörde.

Bi-Zone
Siehe Besatzungszonen.

Blockparteien
Formal selbstständige, aber dem Führungsanspruch der SED unterworfene „bürgerliche" Parteien in der DDR (Christlich-Demokratische Union/CDU, Demokratische Bauernpartei Deutschlands/DBD, Liberaldemokratische Partei/LDPD, Nationaldemokratische Partei/NDPD). Die Blockparteien bildeten gemeinsam mit der SED eine Einheitsliste der sogenannten „Nationalen Front" und erhielten eine festgelegte Zahl von Sitzen in der Volkskammer. Sie dienten der Integration bestimmter Bevölkerungsgruppen in das sozialistische System des „SED-Staates".

Bodenreform
Die seit September 1945 durchgeführte Bodenreform in der sowjetischen Besatzungszone stand im Kontext der Entnazifizierung. Nach der kommunistischen Faschismustheorie waren es vor allem die Großgrundbesitzer gewesen, die als treibende Kraft hinter der NS-Bewegung gestanden hatten. Deren Ausschaltung wurde dadurch zu einem wichtigen Bestandteil, um Kräften, die den Nationalsozialismus ermöglicht hatten, die Basis zu entziehen. Die Durchführung sah so aus, dass Großgrundbesitz in einen sogenannten Bodenfonds überführt und anschließend in kleinen Einheiten verteilt wurde. Allerdings wurde ca. 1/3 der Fläche in „Volkseigentum" – also staatliches Eigentum – überführt. Außerdem mussten langfristig viele Neueigentümer durch Zwang des Staates ihr Land an die kollektiven Großbetriebe (LPGs) wieder abgeben. Ein wichtiges Ergebnis der Bodenreform in der Ostzone war die Auflösung der sozialen Schicht des großgrundbesitzenden Adels.

Bundesbeauftragte/r für die Unterlagen des Staatssicherheitsdienstes
Siehe Gauck-Behörde.

Bündnis 90
Wahlbündnis von Bürgerrechtsbewegungen (Neues Forum, Demokratie jetzt, Initiative für Frieden und Menschenrechte) zur Volkskammerwahl am 18. März 1990, bei denen das „Bündnis 90" nur 2,9 % der Stimmen erhielt. Nach der deutschen Einheit (3.10.1990) schloss sich das „Bündnis 90" mit der westdeutschen Partei „Die Grünen" zusammen.

CDU der DDR
Christlich-Demokratische Union, Blockpartei in der DDR. Im September 1989 wurde die Parteiführung der CDU der DDR wegen ihrer jahrelangen Willfährigkeit gegenüber der SED kritisiert, am 10. November 1989 die alte Parteiführung gestürzt und durch Lothar de Maiziere als Parteichef ersetzt. Die CDU der DDR ging am 18. März 1990 als klare Siegerin aus den Volkskammerwahlen hervor. Lothar de Maiziere leitete als Ministerpräsident der DDR die Verhandlungen mit der Bundesrepublik und den Siegermächten auf dem Weg zur deutschen Einheit.

DA
Demokratischer Aufbruch, Oppositionsbewegung in der DDR, gegründet im Juli 1989. Der DA war Teil der Allianz für Deutschland und fusionierte nach der Volkskammerwahl vom 18.3.1990 mit der CDU.

DBD
Demokratische Bauernpartei Deutschlands, Blockpartei in der DDR.

Demokratie
Der Begriff stammt aus dem Griechischen und bedeutet Volksherrschaft. Als Urheber der athenischen Demokratie gilt Kleistenes (508 v. Chr.). Sie bezeichnet eine Herrschaftsform, in der die Macht bei allen Vollbürgern lag, die sich in ihren Poleis unmittelbar, d. h. in einer Volksversammlung, an den politischen Grundsatzentscheidungen beteiligten. Seit dem 18. Jahrhundert wurde die Demokratie als repräsentative Demokratie in den Staaten Nordamerikas, West- und Mitteleuropas bis 1918 schrittweise durchgesetzt. Auf der Grundlage einer selbstgegebenen Verfassung wählt das Volk auf Zeit seine Vertreter (Repräsentanten), die die Gesetzgebung und die Kontrolle der Regierung wahrnehmen sollen. Diesem liberalen Verständnis zufolge zeichnet sich eine Demokratie durch Rechtsstaatlichkeit, die Existenz von Grundrechten, Minderheitenschutz und Gewaltenteilung aus.

Demokratie jetzt
Bürgerrechtsbewegung in der DDR, gegründet am 12.9.1989, Teil des späteren „Bündnis 90“.

Demokratie, sozialistische
(auch: „Volksdemokratie“). Der Begriff bezeichnet das auf dem Marxismus-Leninismus beruhende Verständnis der DDR und anderer Ostblockstaaten von Demokratie in bewusster Abgrenzung von der westlichen, liberalen Demokratie. Die s. D. hat den Anspruch, auf einem wissenschaftlichen Geschichtsverständnis (historischer Materialismus) zu beruhen, auf ein geschichtliches Ziel (Kommunismus, klassenlose Gesellschaft) hinzuwirken und eine Form der „Diktatur des Proletariats“ zu sein. Deshalb sichert die s. D. die „führende Stellung“ der Kommunistischen Partei, verstanden als politische Vertretung der „werktätigen Bevölkerung“, in Staat und Gesellschaft. Die s. D. lehnt die als „formal“ bezeichneten Verfahren der „bürgerlichen Demokratie“ ab und ermöglicht stattdessen im eigenen Verständnis die umfassende Beteiligung der Bevölkerung an der Entwicklung des Sozialismus in allen Bereichen und auf allen Ebenen der Gesellschaft. Von kommunistischen Staatsformen (z. B. der UdSSR) unterschied sich die s. D. dadurch, dass neben der Kommunistischen Partei weitere Parteien formal fortbestanden, sich der Führung jedoch unterordnen mussten (z. B. Blockparteien in der DDR).

Demontage
Zur Befriedigung von Reparationsansprüchen und zur Verminderung der deutschen Wirtschaftskraft beschlossen die Alliierten auf der Potsdamer Konferenz den Abbau von Industriebetrieben und Infrastruktur-Einrichtungen, wie z. B. Eisenbahnlinien. Ungefähr die Hälfte aller Demontagen erfolgte in der sowjetischen Besatzungszone. In den Westzonen wurden sie frühzeitiger eingestellt, weil die negativen Einflüsse auf die Wirtschaft dem seit 1947 zunehmend in den Mittelpunkt rückenden Ziel des Wiederaufbaus widersprachen. Paradoxerweise sollten sich die ursprünglich als Strafen gedachten Maßnahmen langfristig als Vorteil für Deutschland herausstellen, weil alte Betriebe durch neue moderne Anlagen ersetzt wurden und so eine starke Modernisierung in Gang kam.

Deutsche Frage
Mit der „deutschen Frage“ war ein zentrales, auf der Potsdamer Konferenz ungelöstes Problem gemeint: der endgültige, noch abzuschließende Friedensvertrag, in dem die territoriale und staatliche Zukunft Deutschlands als Ganzes geregelt werden würde. Eine Außenministerkonferenz sollte diesen vorbereiten. Aber die zunächst als Provisorien eingerichteten Besatzungszonen sollten sich hinsichtlich der Trennung zwischen West- und Ostzonen als Dauerzustand erweisen, da die einstigen gemeinsamen Kriegsgegner Deutschlands bald nicht mehr zur Kooperation bereit waren und das besetzte Land zum Austragungsort des Ost-West-Konflikts wurde. Erst mit dem Mauerfall 1989 und dem anschließenden 2+4-Vertrag sollte die „deutsche Frage“ der Nachkriegszeit ein definitives Ende finden.

Deutscher Volkskongress
Im Dezember 1947 versuchte die SED, auf gesamtdeutscher Ebene eine Bewegung „Deutscher Volkskongress für Einheit und gerechten Frieden“ zu initiieren. Aber die

Initiativen blieben wegen der Ablehnung durch die Westalliierten auf die SBZ beschränkt. Diese befürchteten bei einer gesamtdeutschen Staatsgründung, dass die Sowjetunion massiv Einfluss nehmen würde, um ihr Gesellschaftskonzept gegen eine parlamentarisch-demokratische Entwicklung durchzusetzen. Der 3. Volkskongress, der den Staatsbildungsprozess in der Ostzone zum Abschluss bringen sollte, wurde in der SBZ im Mai 1949 gewählt. Die Wahl erfolgte nach dem Prinzip der Einheitsliste – einem pseudodemokratischen Verfahren.

DSU

Deutsche Soziale Union, Zusammenschluss christlicher und konservativer Oppositionsgruppen unter maßgeblicher Förderung durch die bayerische CSU (20.1.1990). Die DSU war Mitglied der „Allianz für Deutschland"; seit Sommer 1990 ist ihr politischer Einfluss sehr gering.

Einigungsvertrag

„Vertrag zur Herstellung der Einheit Deutschlands", der zwischen der Bundesrepublik Deutschland und der Deutschen Demokratischen Republik geschlossen wurde. Die DDR-Volkskammer und der Deutsche Bundestag stimmten dem Vertrag am 20. September 1990 zu, womit die rechtliche Grundlage für die Wiedervereinigung der beiden deutschen Staaten geschaffen war. Am 3. Oktober 1990 erfolgte der Beitritt der „neuen Länder" zur Bundesrepublik Deutschland.

Entnazifizierung

Komplex von Maßnahmen zur Beseitigung des nationalsozialistischen Einflusses in Deutschland nach 1945. Grundlage der Entnazifizierung waren die Beschlüsse der Potsdamer Konferenz. Neben den von den Siegermächten gemeinsam geführten Nürnberger Kriegsverbrecherprozessen (Aburteilung von NS-Führungspositionen und -organisationen) ergriffen die Siegermächte in ihren Besatzungszonen jeweils unterschiedliche Maßnahmen. In den westlichen Besatzungszonen wurde ein System der Überprüfung der individuellen Verstrickung in das NS-System angewandt; Spruchkammern ordneten Betroffene in fünf Kategorien von „Hauptschuldige" bis „Entlastete" ein. In der SBZ umfasste die Entnazifizierung nicht nur die Säuberung aller öffentlicher Ämter und der Wirtschaft von „aktiven Faschisten, Militaristen und Kriegsverbrechern", sondern auch strukturelle Maßnahmen, wie die Bodenreform und Enteignungen von Kapitalbesitz, mit denen dem Nationalsozialismus die gesellschaftliche Basis entzogen werden sollte.

FDGB

Freier Deutscher Gewerkschaftsbund. 1945 als Zusammenschluss kommunistischer, sozialdemokratischer und christlicher Gewerkschafter gegründet, entwickelte sich der FDGB zur größten „Massenorganisation" in der DDR. Der FDGB verstand sich nicht – wie westliche Gewerkschaften – als tarifpolitische Interessenorganisation der Arbeiterschaft, sondern wirkte an der Steigerung der Arbeitsproduktivität und der Planerstellung mit. Er verwaltete die gesamte Sozialversicherung in der DDR sowie den Arbeitsschutz und betrieb einen weitläufigen Urlaubs- und Erholungsdienst.

FDJ

Freie Deutsche Jugend, Jugendorganisation der DDR. Die FDJ war die wichtigste Nachwuchsorganisation der SED, betrieb politische Schulungen und organisierte kulturelle Veranstaltungen. Die FDJ war untergliedert in „Jungpioniere" (6–9 Jahre), Thälmann-Pioniere (10–13 Jahre) und anschließende FDJ.

Friedliche Koexistenz

Ursprünglich aus der Sowjetunion stammender Begriff für die Idee eines friedlichen Nebeneinanders der beiden konkurrierenden Machtblöcke im Ost-West-Konflikt. Unter den Bedingungen des atomaren Patts sollte sich die Konkurrenz der Systeme auf die Bereiche der Ideologie, Wirtschaft und Gesellschaft beschränken und auf kriegerische Mittel verzichten.

Gauck-Behörde

„Behörde der Bundesbeauftragten für die Unterlagen des Staatssicherheitsdienstes der ehemaligen DDR" (BStU); Bundesbehörde, die für die „Erfassung, Erschließung, Verwaltung und Verwendung" der personenbezogenen Akten des Staatssicherheitsdienstes (Stasi) der ehemaligen DDR verantwortlich ist. Benannt ist die Behörde nach ihrem ersten Leiter, Joachim Gauck; er wurde im Oktober 2000 nach zwei Amtsperioden an der Spitze der Behörde von Marianne Birthler abgelöst.

Glasnost

(russ. Offenheit), neben dem Begriff „Perestroika" (russ. Umbau) eines der beiden Schlagworte zur Kennzeichnung der Reformpolitik des Generalsekretärs der KPdSU und späteren Präsidenten der Sowjetunion, Michail Gorbatschow. Das Konzept der „Perestroika" zielte auf die wirtschaftliche Umstrukturierung (Abbau staatlicher Lenkung und stärkere Dezentralisierung) der Sowjetunion, während gleichzeitig das Konzept des „Glasnost" Gesellschaft, Politik und Kultur offener und freier gestalten sollte. In der Praxis bedeutete dies die Aufhebung von Zensurbestimmungen und die Zulassung offener Kritik. Obwohl ursprünglich von M. Gorbatschow nicht beabsichtigt, hatte die Dynamik dieser Reformpolitik innenpolitisch letztlich die Abkehr vom sozialistischen System und die territoriale Auflösung der Sowjetunion zur Folge. Außenpolitisch führte sie zu stärkerer Unabhängigkeit der anderen Staaten im kommunistischen Machtbereich und neuen Freiräumen für dortige Oppositionsbewegungen sowie zu weitreichenden Entspannungs- und Abrüstungsschritten im Verhältnis zur USA.

Grundlagenvertrag
Als zentraler Bestandteil der „Neuen Ostpolitik" der sozial-liberalen Regierung wurde 1972 der Grundlagenvertrag zwischen der DDR und der Bundesrepublik geschlossen, der ein geregeltes Nebeneinander der beiden deutschen Staaten auf der Grundlage der Gleichberechtigung und eine allmähliche Normalisierung ihrer Beziehungen ermöglichte. Die bayerische CSU-Landesregierung focht den Vertrag als mit dem Grundgesetz nicht vereinbar an. Das Bundesverfassungsgericht wies jedoch diese Klage zurück.

Historischer Materialismus
Geschichtsverständnis des Marxismus-Leninismus, das die menschliche Geschichte als gesetzmäßige Abfolge verschiedener Gesellschaftsformationen (Urgesellschaft, Sklavenhaltergesellschaft, Feudalismus, Kapitalismus, Kommunismus) interpretiert.

Kalter Krieg
Siehe Ost-West-Konflikt.

Kapitalismus
Wenn alle Abläufe der Wirtschaft vom Besitz/Nichtbesitz von Kapital sowie von der Art des Einsatzes abhängen, gilt ein Wirtschaftssystem als kapitalistisch. Kapital umfasst dabei sowohl das frei verfügbare Vermögen als auch das in Grundstücke, Gebäude, Maschinen, Werkzeuge und andere Betriebsmittel investierte Kapital.

Klasse
Eine gesellschaftliche Klasse ist eine Gruppe, die wesentliche Merkmale gemeinsam hat. Diese Merkmale betreffen den Zugang zu den Produktionsmitteln, den Grad der beruflichen Selbstständigkeit, die Ausbildung, die Höhe des Einkommens, den Lebensstil und Wertvorstellungen. Bei hoher Übereinstimmung in der Ausprägung der Merkmale spricht man von einer „Klasse für sich"; sofern den Zugehörigen dies auch bewusst ist und sich in ihren Einstellungen spiegelt, ist von einer „Klasse an sich" die Rede. Berufstätige lassen sich auch nach ihren Erwerbsverhältnissen (Erwerbsklasse) oder ihrem Besitz und Vermögen (Besitzklasse) unterteilen. Schließlich kommt es darauf an, dass sich die Mitglieder einer solchen Klasse ihrer Ähnlichkeit bewusst sind und sich entsprechend verhalten (Klassenbewusstsein). Als „Klassenkampf" bezeichnet man das feindliche Aufeinandertreffen gegensätzlicher Klassen, die sich den Herrschaftsanspruch in der Gesellschaft streitig machen.

Kommunismus
Sammelbegriff einerseits für auf den Werken von Karl Marx, Friedrich Engels und W. I. Lenin aufbauende „kommunistische" Ideologien, die im Detail sehr unterschiedlich ausgeprägt sein können, und andererseits für politische Bewegungen oder Staaten, die sich in ihrer praktischen Politik auf eine solche Ideologie berufen.

Kombinat
Zusammenfassende Organisationsform mehrerer VEBs.

KSZE-Schlussakte
1975 unterzeichneten 35 Staaten in Helsinki die Schlussakte der KSZE (Konferenz für Sicherheit und Zusammenarbeit in Europa). Die wichtigsten Bestimmungen der Schlussakte (Gewaltverzicht, friedliche Lösung von Streitfällen, Nichteinmischung in innere Angelegenheiten, Anerkennung der Menschenrechte) sollten Stabilität und Frieden in Europa sichern helfen. Die offizielle Anerkennung der Menschenrechte in der KSZE-Schlussakte ermutigte osteuropäische Oppositionsbewegungen im Kampf gegen ihre Regierungen und beförderte die revolutionäre Entwicklung in Osteuropa. Die friedenssichernde Kraft der KSZE wurde durch eine Reihe von Folgekonferenzen gestärkt. Nach dem Ende der Sowjetunion gehören der KSZE 53 Staaten (seit 1993) an. 1995 ging sie in die OSZE (Organisation für Sicherheit und Zusammenarbeit in Europa) über.

LDPD
Liberaldemokratische Partei Deutschlands, Blockpartei in der DDR.

Leninismus
Bezeichnung für die politische Theorie und Praxis Wladimir Iljitsch Lenins (1870–1924), der sich auf die marxistische Theorie stützte. Lenin beschäftigte sich vor allem mit der Frage, wie es in einem industriell unterentwickelten, landwirtschaftlich geprägten Land wie Russland zu einer sozialistischen Revolution kommen könne. Dazu hielt er u. a. eine zentralistisch aufgebaute Partei von Berufsrevolutionären für erforderlich, die als Vorhut und Motor einer revolutionären Bewegung die gesellschaftliche und politische Umwälzung durchführen und eine sozialistische Gesellschaft aufbauen sollte, in der der Staat als Unterdrückungsapparat nach und nach absterben werde. Der Leninismus wurde unter Stalin als Marxismus-Leninismus dogmatisiert und zur Staatsdoktrin der Sowjetunion.

Liberalismus
Der Liberalismus (lat. *liber* bedeutet frei) entstand als politische Bewegung des Bürgertums Ende des 18. Jahrhunderts. Grundlage bildeten die Ideen der Aufklärung

wie die der Freiheit und Selbstbestimmung des Menschen in geistiger, politischer und wirtschaftlicher Hinsicht.

LPG
Landwirtschaftliche Produktionsgenossenschaft. Zusammenschluss von Bauern seit 1952; zunächst auf freiwilliger Basis, seit 1959 unter massivem Druck der Staatsführung. Durch die LPGs wurden die Bauern landwirtschaftliche Arbeiter, bezahlt nach Arbeitseinheiten. In den 1970er-Jahren wurden die LPGs in LPGs Pflanzenproduktion und LPGs Tierproduktion getrennt.

Marshall-Plan
Der Marshall-Plan war ein umfassendes Hilfsprogramm für Europa (im Juni 1947 durch den amerikanischen Außenminister G. C. Marshall angekündigt). Es war durch die Einsicht motiviert, dass nur eine funktionierende Marktwirtschaft in Europa profitable Absatzmärkte für Amerika bringen würde, und durch die Angst vor einer weiteren Ausbreitung der kommunistischen Einflusssphäre. Die in vielen Ländern Europas Not leidende Bevölkerung sollte durch die Verbesserung der Wirtschaftslage gegen den Kommunismus immunisiert werden. Die Strategie war dabei eine Hilfe zur Selbsthilfe in Form von Krediten zur Wiederherstellung der Fähigkeit zu eigener Güterproduktion. Die sowjetische Besatzungszone durfte sich auf Druck der Sowjetunion wie die anderen unter russischem Einfluss stehenden Länder nicht an dem Programm beteiligen, obwohl es ihnen von amerikanischer Seite aus offengestanden hätte.

Marxismus
Der Begriff bezeichnet die Gesamtheit der von Karl Marx (1818–1883) entwickelten ökonomischen, politischen und geschichtsphilosophischen Ideen und Vorstellungen. Im Kern behauptet der Marxismus, die menschliche Geschichte sei eine Abfolge von jeweils durch Revolutionen eingeleiteten Epochen (Sklavenhaltergesellschaft, Feudalismus, Kapitalismus, Sozialismus und Kommunismus), in denen jeweils eine herrschende „Klasse" (die Produktionsmittel besitzt) eine andere unterdrückte „Klasse" (die keine Produktionsmittel besitzt) ökonomisch und politisch ausbeutet. Diese Entwicklung läuft – nach Ansicht des Marxismus – letztlich auf die Phase „Kommunismus" hinaus, in der es kein Privateigentum, sondern nur noch Gemeineigentum an Produktionsmitteln geben werde und in der eine gerechte Gesellschaft ohne Ausbeutung entstehen könne. Der Marxismus versteht sich selbst als wissenschaftliche Theorie und bildete die gedankliche Grundlage des real existierenden Sozialismus.

Ministerium für Staatssicherheit
Siehe Stasi.

Montagsdemonstrationen
Wöchentliche Demonstrationen während des Jahres 1989 in Leipzig im Anschluss an das Montagsgebet in der Nicolaikirche, deren Teilnehmerzahl stetig zunahm und die sich zu einem zentralen Ausdrucksmittel der Oppositionsbewegung in der DDR entwickelten. Den Höhepunkt bildete die Montagsdemonstration vom 9.10.1989 mit etwa 90 000 Teilnehmern. Die – nach dem Ende der offiziellen Feierlichkeiten zum 40. Jahrestag der DDR (7.10.1989) – von vielen erwartete blutige Konfrontation mit der Volkspolizei und der NVA blieb aus; die Opposition hatte ihr Demonstrationsrecht durchgesetzt.

Nationale Front
Zusammenschluss der Blockparteien und Massenorganisationen unter Führung der SED. Die „Nationale Front" hatte die Aufgabe, als Bindeglied zwischen Staat und Gesellschaft zu wirken. Sie stellte zudem die Einheitslisten für alle Wahlen in der DDR auf.

NATO
(engl. North Atlantic Treaty Organization). Westliches Verteidigungsbündnis unter Führung der USA, das sich selbst auch als politisches und kulturelles Bündnis mit gemeinsamen Wertvorstellungen versteht. Die NATO wurde 1949 gegründet und bildete im Kalten Krieg den westlichen Gegenpol zum von der UdSSR dominierten Warschauer Pakt. Die Bundesrepublik trat der NATO 1955 bei. Mit der Auflösung des Warschauer Paktes (Juli 1991) und dem Ende der UdSSR (Dezember 1991) verlor die NATO einen wesentlichen Teil der mit ihrer Gründung verbundenen Zielsetzung und entwickelte 1991 ein neues strategisches Konzept. Im Rahmen der sogenannten „Osterweiterung" trat eine Reihe osteuropäischer Staaten als neue Mitglieder bei.

NDPD
Nationaldemokratische Partei Deutschlands, Blockpartei in der DDR.

Neue Ostpolitik
Bezeichnung für die Ostpolitik der sozial-liberalen Koalition (1969–1982), die das Verhältnis zu den Ostblockstaaten, insbesondere zu Polen, der UdSSR und der DDR, durch vertrauensbildende Maßnahmen, Verträge und wirtschaftliche Zusammenarbeit normalisierte. Diese Ostpolitik bildete das Gegenstück zur Westintegration in der Ära Adenauer. Die „Neue Ostpolitik" ging von der Anerkennung der territorialen und politischen Verhältnisse aus, die als Folge des Zweiten Weltkrieges ent-

standen waren. Ziel dieser Politik war es, die Teilung Deutschlands und Europas für die betroffenen Menschen erträglicher zu machen und zur Entspannung zwischen den Blöcken beizutragen. Die Ostpolitik wurde vor allem von den Vertriebenenverbänden heftig bekämpft und führte zu einer der schärfsten innenpolitischen Kontroversen in der Geschichte der Bundesrepublik.

Neues Forum
Eine der Bürgerbewegungen in der „Friedlichen Revolution" von 1989 in der DDR. Das „Neue Forum" wurde am 9./10. September 1989 gegründet und verstand sich als Sammelbecken von Oppositionellen, deren gemeinsames Ziel eine offene Debatte über die Zukunft des Landes war. Das „Neue Forum" war eine der wesentlichen Stützen der Montagsdemonstrationen und beteiligte sich – nach dem 9. November 1989 – von Dezember 1989 bis März 1990 am zentralen „Runden Tisch". Vor der Volkskammerwahl ging das „Neue Forum" in der Partei „Bündnis 90" auf.

Ost-West-Konflikt
Bezeichnung für den weltumspannenden, letztlich ideologisch begründeten, dann aber alle Lebensbereiche (Wirtschaft, Politik, Gesellschaft, Kultur) umfassenden Konflikt zwischen der kommunistischen (östlichen) Welt unter Führung der Sowjetunion und der kapitalistisch-liberalen (westlichen) Welt unter Führung der USA. Der OWK prägte das gesamte „kurze" 20. Jahrhundert seit der russischen Oktoberrevolution 1917 bis zum Ende der Sowjetunion 1989/90, wurde aber während des Zweiten Weltkrieges durch die Allianz gegen die Achsenmächte und insbesondere das nationalsozialistische Deutschland überlagert. Nach 1945 eskalierte der OWK vor dem Hintergrund der Entwicklung von Atomwaffen zu einem den gesamten Globus bedrohenden „Kalten Krieg" und führte zu einer bipolaren Ordnung, die die Weltpolitik bis 1989/90 bestimmte.

PDS
Partei des Demokratischen Sozialismus, Nachfolgepartei der SED (17.12.1989: „SED-PDS"; 4.2.1990: „PDS"). Heute ist die PDS in der gesamtdeutschen Partei „Die Linke" aufgegangen.

Perestroika
Siehe Glasnost.

Planwirtschaft
Auch Zentralverwaltungswirtschaft; Wirtschaftsordnung der kommunistischen Staaten, z. B. der UdSSR und der DDR. Dabei werden zentrale ökonomische Entscheidungen (z. B. über Produktionsmengen oder -preise) nicht dezentral durch Angebot und Nachfrage auf dem Markt, sondern von einer zentralen Planungsbehörde getroffen und angeordnet. Die Planwirtschaft geht vom Grundsatz des Vorrangs der Politik gegenüber der Ökonomie aus, d. h. wirtschaftliche Entscheidungen sollen politisch begründet sein. Die zentrale Voraussetzung ist die Verstaatlichung der Produktionsmittel.

Politbüro
Siehe SED.

Potsdamer Konferenz
Auf der Potsdamer Konferenz vom 17. Juli bis zum 2. August 1945 wurden von den Siegermächten Amerika, England und Russland die zentralen Beschlüsse für den Umgang mit dem besiegten Deutschen Reich gefasst. Ein Alliierter Kontrollrat sollte während der Besatzungszeit die oberste Regierungsgewalt übernehmen, die Entmilitarisierung und Entnazifizierung überwachen und übergreifende Verwaltungseinheiten bilden. Eine zentrale deutsche Regierung war nicht vorgesehen, allerdings wollten die Besatzungsmächte die wirtschaftliche Einheit des Landes bewahren. Die Pläne zur „Demilitarisierung, Denazifizierung, Dekartellisierung und Demokratisierung" Deutschlands erwiesen sich sehr bald als bloße Worthülsen, da sich die Vorstellungen der Westmächte über Inhalt und Durchführung der Vorhaben von jenen der UdSSR grundlegend unterschieden.

Proletariat
So bezeichnete Karl Marx alle Arbeiter, die als Gegenpart der Bourgeoisie auf dem Markt nur ihre Arbeitskraft verkaufen konnten. Die Fabrikarbeiterschaft wurde z. T. als Industrieproletariat hervorgehoben, die pauperisierten Armen galten als Lumpenproletariat. Zutreffend betont der Begriff Proletariat den Nichtbesitz von Produktionsmitteln, differenziert aber nicht genug zwischen den einzelnen Gruppierungen der Arbeiterschaft.

Reparationen
Nach dem Zweiten Weltkrieg verlangten die Alliierten vom besiegten Deutschland die Wiedergutmachung von Kriegsschäden. Diese sollte durch Demontage von Industrieanlagen und Infrastruktur-Einrichtungen und deren Abtransport ins Ausland erfolgen. Nach dem Potsdamer Abkommen sollten die alliierten Mächte drei Viertel der Sachleistunqen aus den Beständen der eigenen Besatzungszonen entnehmen. Über den Rest sollte zwischen den einzelnen Zonen verhandelt werden. Die letztere Regelung führte jedoch bald zu Meinungsverschiedenheiten zwischen den westlichen Alliierten und der Sowjetunion. Die Folge war, dass die Verhandlungen auf der im April 1947 stattfindenden Konferenz der Außenminister vollends scheiterten. Insgesamt am

schwersten betroffen von den Reparationen war die SBZ, da sich in den Westzonen mit der Umsetzung des Marshall-Plans 1948 die Einforderung der Reparationsleistungen sehr schnell verringerte.

Runder Tisch
Bezeichnung für ein politisches Gremium, das aus mehreren gesellschaftlichen Gruppen zusammengesetzt ist und das um den Ausgleich divergierender Interessenlagen bemüht ist. Geprägt wurde der Begriff zuerst für die Gespräche am „Runden Tisch" in Polen in der Übergangsphase vom kommunistischen Regime zur demokratischen Republik 1989. In der DDR entstanden „Runde Tische" 1989 als neue informelle Gremien. Am 7.12.1989 wurde der zentrale „Runde Tisch" in Ost-Berlin etabliert, der bis zum 12.3.1990 die Arbeit der Übergangsregierung stark beeinflusste.
Heute kommt es immer dann zu Runden Tischen, wenn Vertreter von verschiedenen Institutionen, die sich auf verschiedenen Hierarchie-Ebenen befinden können, eine von allen Seiten anerkannte Kompromiss-Lösung finden sollen.

SED
Sozialistische Einheitspartei Deutschlands. Tragende Staatspartei der DDR, gegründet im April 1946 durch die von der sowjetischen Besatzungsmacht betriebene Vereinigung von KPD und SPD. Die SED war keine demokratische, sondern eine zentralistisch strukturierte Partei. Formell oberstes Organ war der seit 1971 alle fünf Jahre stattfindende Parteitag, der das Zentralkomitee (ZK) wählte, das wiederum die eigentlichen Machtzentren der Partei, das Politbüro und das Sekretariat des ZK, bestimmte. Tatsächlich wählte das Politbüro sich immer selbst, denn ohne Ausnahme in der gesamten Geschichte der SED folgte das ZK den Wahlvorschlägen des Politbüros. Mächtigste Person waren die Generalsekretäre des ZK der SED Walter Ulbricht (1950–1971) und Erich Honecker (1971–1989). Nach der Friedlichen Revolution in der DDR ging die SED in die PDS (Partei des Demokratischen Sozialismus) über.

SED-Staat
Abwertende Bezeichnung für das von der SED dominierte Staatssystem der DDR. Formal basierte die DDR zwar auf allgemein anerkannten Grundsätzen der Demokratie, faktisch aber handelte es sich um einen diktatorisch regierten Einparteienstaat.
Die SED begründete ihre „führende Rolle in Staat und Gesellschaft" mit einer angeblich wissenschaftlich erwiesenen, besonderen historischen Aufgabe der marxistisch-leninistischen Arbeiterpartei in der Phase des Sozialismus.

Sowjetische-Besatzungszone (SBZ)
Bezeichnung für die von der Sowjetunion nach dem Potsdamer Abkommen (August 1945) besetzte Zone Deutschlands (1945–1949). Auf dem Territorium der SBZ entstand 1949 die DDR.
Die SBZ wurde von der Sowjetischen Militäradministration (SMAD) verwaltet. Schon in dieser Zeit fielen wichtige Vorentscheidungen, die die Strukturen der späteren DDR entscheidend prägten, vor allem durch die Bodenreform (September 1945), die Enteignungen im Zusammenhang mit der Entnazifizierung (nach einem entsprechenden Volksentscheid in Sachsen am 30. Juni 1946) und den Zusammenschluss von KPD und SPD zur „Sozialistischen Einheitspartei Deutschlands" (SED) am 21./22. April 1946.

Sozialismus
Der Begriff steht sowohl für eine Weltanschauung als auch für eine politische Bewegung mit sozialistischen Zielen (z. B. Marxismus). Als Gegenbewegung zum Kapitalismus und Liberalismus verfolgte der Sozialismus das Ziel einer umfassenden Veränderung von Staat, Gesellschaft und Wirtschaft. Es gab im 19. Jahrhundert verschiedene Ausprägungen des Sozialismus. Im Kern geht es jedoch allen Richtungen darum, eine sozial ungleiche und als ungerecht empfundene Verteilung von Besitz in der Gesellschaft zu beseitigen oder zumindest Eigentum umzuverteilen und politisch eine demokratische Gleichberechtigung unterprivilegierter Schichten zu erkämpfen.

Sozialismus, real existierender
Als „real existierender Sozialismus" wurde das Wirtschafts- und Gesellschaftssystem in der UdSSR und den anderen Staaten des Ostblocks bezeichnet, die für sich in Anspruch nahmen, den Sozialismus in die Praxis umgesetzt zu haben. Sozialistische Theorien waren aus den Erfahrungen mit der Industrialisierung und dem Frühkapitalismus entstanden und zielten auf die Herstellung sozialer Gerechtigkeit. In der Tradition der Aufklärung vertrauten sie auf die Möglichkeit, Wirtschaft und Gesellschaft rational zu planen und harmonisch zu gestalten. Von den verschiedenen sozialistischen Theorien war es vor allem die von Karl Marx und Friedrich Engels (Marxismus), auf die sich die Staaten des „real existierenden Sozialismus" beriefen. Mit dem Begriff „real existierender Sozialismus" wurde Kritik abgewehrt, die auf die Diskrepanz zwischen der sozialistischen Theorie und der Praxis in diesen Staaten hinwies. Seit der Wende 1989 gilt der Realsozialismus, insbesondere wegen der massiven Verstöße gegen Menschenrechte in realsozialistischen Ländern, als diskreditiert.

Stalinismus
Der Begriff wird mit mehreren Bedeutungen verwendet. Er meint einerseits eine historische Periode in der Entwicklung der Sowjetunion und der Ostblock-Staaten, die von 1924, als Stalin die Führung der Kommunistischen Partei der Sowjetunion (KPdSU) übernahm, bis 1956 währte, als der XX. Parteitag der KPdSU eine Entstalinisierung einleitete. Er meint andererseits eine totalitäre Gesellschafts- und Staatsverfassung, zu deren markanten Merkmalen Terror, willkürliche Verfolgungen, Straflager, straffe wirtschaftliche Organisation und Personenkult gehören. Außerdem meint er eine politische Theorie, in der Elemente der Theorien von Marx, Engels und Lenin kanonisiert und dogmatisiert wurden, sodass sie eine theoretische Rechtfertigung für alle praktisch-politischen Maßnahmen der stalinistischen Parteiführung liefern konnte.

Stasi
Abkürzung für das Ministerium für Staatssicherheit (MfS) der ehemaligen DDR. Die Stasi verstand sich als „Schild und Schwert" der SED. Sie verfügte über einen militärisch organisierten Apparat von ca. 91 000 hauptamtlichen Mitarbeitern und 173 000 inoffiziellen Mitarbeitern (IM), die die 17 Millionen Einwohner der DDR bespitzelten und z. T. terrorisierten. Die zentrale Aufgabe der Stasi war die Überwachung und Bekämpfung oppositioneller Bestrebungen in der DDR.

Treuhandgesellschaft
„Öffentlich-rechtliche Deutsche Treuhandanstalt" (DTA). Sie wurde in Deutschland nach der Wiedervereinigung gegründet, um die Privatisierung der DDR-Staatsbetriebe durchzuführen.

VEB
Volkseigener Betrieb, Organisationsform der (Industrie-) Betriebe in Staatsbesitz.

Verfassung der DDR
Die Verfassung der DDR trat am 7.10.1949 in Kraft und bildete das verfassungsrechtliche Gegenstück zum „Grundgesetz" der Bundesrepublik Deutschland. Zentrale Verfassungsorgane waren die Volkskammer, der Ministerrat und der Staatsrat. Die späteren Neufassungen (1968 und 1974) dokumentierten den Wandel des Selbstverständnisses der DDR hin zu einer „entwickelten sozialistischen Gesellschaft". (Vgl. auch SED-Staat.)

Volksdemokratie
Siehe Demokratie, sozialistische.

Währungs-, Wirtschafts- und Sozialunion
Staatsvertrag zwischen der DDR und der Bundesrepublik zur Herstellung der Wirtschafts-, Währungs- und Sozialunion. Sie markiert die Übergangsphase im Prozess der deutschen Vereinigung zwischen dem 1. Juli 1990 und dem Beitritt der DDR zur Bundesrepublik Deutschland am 3. Oktober 1990. Gemäß dem am 16. Mai 1990 von den beiden deutschen Staaten unterzeichneten Staatsvertrag übernahm die DDR zum 1. Juli 1990 das währungs-, wirtschafts- und sozialpolitische System der BRD; alle auf der sozialistischen Planwirtschaft der DDR beruhenden Vorschriften traten außer Kraft.

Warschauer Pakt
Auch WVO (Warschauer Vertragsorganisation), Verteidigungsbündnis des Ostblocks unter Führung der UdSSR. Der Warschauer Pakt wurde am 14.5.1955 als Reaktion auf den Beitritt der Bundesrepublik zur NATO gegründet. Er bildete im Kalten Krieg das Gegenstück zur NATO, diente aber auch der inneren Disziplinierung der Gesellschaften des Ostblocks durch die Niederschlagung von Reformbewegungen (DDR 1953, Ungarn 1956, Tschechoslowakei 1968). Mit der Reformpolitik Gorbatschows seit 1985 und dem Zusammenbruch der UdSSR 1989/90 verlor der Warschauer Pakt seine Grundlage und wurde am 1.7.1991 aufgelöst.

Wende
Bezeichnung für tief greifende Veränderungen. Der Begriff wird vielfach benutzt, um die Vorgänge im Herbst 1989 in der DDR zu bezeichnen.

Zehn-Punkte-Plan
Plan zur Wiedergewinnung der staatlichen Einheit Deutschlands, den Bundeskanzler Kohl in einer Regierungserklärung am 28.11.1989 vorstellte.

Zwei-plus-Vier-Vertrag
„Vertrag über die abschließende Regelung in Bezug auf Deutschland", von den Außenministern der vier ehemaligen Besatzungsmächte in Deutschland (USA, UdSSR, Frankreich und Großbritannien) sowie den Außenministern der beiden deutschen Staaten (Bundesrepublik Deutschland und Deutsche Demokratische Republik) am 12. September 1990 in Moskau unterzeichnetes Abkommen, das die äußeren Aspekte der Herstellung der deutschen Einheit sowie die Fragen der Sicherheit der Nachbarstaaten behandelt. Auf der Grundlage des Zwei-plus-Vier-Vertrages wurde die deutsche Wiedervereinigung vollzogen.

Register

Literaturhinweise

Arnulf Baring, Es lebe die Republik – es lebe Deutschland! Stationen demokratischer Erneuerungen 1949–1999, Stuttgart 1999

Peter Bender, Zweimal Deutschland – Eine ungeteilte Nachkriegsgeschichte 1945–1990, Stuttgart (Klett-Cotta) 2007

Thomas Bickelhaupt, DDR – Ein fernes Land 1949–1990, München 2009

Timothy Garton Ash, Ein Jahrhundert wird abgewählt – Aus den Zentren Mitteleuropas 1980–1990, München 1997

Rolf Hosfeld, Was war die DDR? Die Geschichte eines anderen Deutschlands, Köln 2008

Beate Ihme-Tuchel, Die DDR, Darmstadt (Wissenschaftliche Buchgesellschaft) 2002

Franziska Kleiner (Hg.), Leben in der DDR – Bilder und Geschichten, Berlin 2009

Christoph Kleßmann u. a. (Hg.), Deutsche Vergangenheiten – eine gemeinsame Herausforderung, Berlin (Links) 1999

Armin Mitter/Stefan Wolle, Untergang auf Raten – Unbekannte Kapitel der DDR-Geschichte, München 1993

Erhart Neubert, Geschichte der Opposition in der DDR 1949–1989, Berlin 1997

Jens Reich, Rückkehr nach Europa – Zur neuen Lage der deutschen Nation, München 1991

Klaus Schroeder, Der SED-Staat – Partei, Staat und Gesellschaft 1949–1990, München/Wien (Hanser) 1998

Gesine Schwan, Politik und Schuld – Die zerstörerische Macht des Schweigens, Frankfurt a. M. 1997

Hanno Sowade, 17. Juni 1953 im Brennpunkt, Bonn 1998 (Reihe Zeitgeschichten der Stiftung Haus der Geschichte der Bundesrepublik Deutschland)

Stiftung Haus der Geschichte der Bundesrepublik Deutschland/Zeitgeschichtliches Forum Leipzig (Hg.), Einsichten – Diktatur und Widerstand in der DDR, Leipzig 2001

Stiftung Haus der Geschichte der Bundesrepublik Deutschland, Der Weg zur Wiedervereinigung, Berlin 2000

Stiftung Haus der Geschichte der Bundesrepublik Deutschland, Nach dem Fall des Eisernen Vorhangs, Bonn/Leipzig 2002

Bernd Stöver, Der Kalte Krieg 1947–1991 – Geschichte eines radikalen Zeitalters, München (Beck) 2007 (auch als Lizenzausgabe der Bundeszentrale für politische Bildung, Schriftenreihe, Band 613, Bonn 2007)

Nadja Stulz-Hernstadt (Hg.), Das Hernstadt-Dokument – Das Politbüro der SED und die Geschichte des 17. Juni 1953, Reinbeck (Rowohlt) 1990

Hermann Vinke, Die DDR – Eine Dokumentation mit zahlreichen Biografien und Abbildungen, Ravensburg 2008

Hermann Weber, Die DDR 1945–1990, München ^{2}1993

Werner Weidenfeld/Karl Rudolf Korte (Hg.), Handbuch zur deutschen Einheit, Frankfurt a. M. 1993

Heinrich August Winkler, Der lange Weg nach Westen, 2. Bde., München (Beck) 2000

Stefan Wolle, Die heile Welt der Diktatur – Alltag und Herrschaft in der DDR 1971–1989, Berlin 1998

Bildquellen-verzeichnis

akg-images/Archiv für Kunst und Geschichte: S. 4 u. l., S. 13, S. 17 (Bildarchiv Pisarek), S. 32 r., S. 67; Archiv der sozialen Demokratie/Friedrich-Ebert-Stiftung: S. 70; Thomas Billhardt/Kerstin Hensel: Alles war so. Alles war anders., © Aufbau Verlag GmbH & Co. KG, Berlin 1999 (Dieses Werk erschien erstmals 1999 im Gustav Kiepenheuer Verlag; Gustav Kiepenheuer ist eine Marke der Aufbau Verlag GmbH & Co. KG.): Umschlag hinten, S. 5 u. l. und M., S. 21 M. r., S. 33, S. 36/beide, S. 128; A. Bastian/Caro, MDR: S. 50; Paul Bernharend: S. 71; BSTU, Berlin: S. 86 r., S. 99 r.; Bulls Distr.: S. 116 r. u.; Bundesarchiv, Koblenz: S. 16 l., S. 43 u., S. 76, S. 85; Cartoon Caricature Contor: S. 44 (Joachim Kohlbrenner/CCC,www.c5.net), S. 48 (Burkhard Mohr/CCC, www.c5.net), S. 120 (Walter Hanel/CCC, www.c5.net), S. 121 / beide (Walter Hanel/CCC, www.c5.net), S. 122 (Hans-Jürgen Starke/CCC, www.c5.net), S. 139 (Luis Murschetz/CCC, www.c5.net); J. H. Darchinger: S. 35; Deutsches Historisches Museum, Berlin/Herbert Hensky: S. 63; Paul Glaser: S. 101; Globus Kartendienst: S. 111; Thomas Günther: S. 100 r.; Ironimus/Gustav Peichl, Wien: S. 123 o.; Jürgens Ost + Europa-Foto: S. 34; Keystone: S. 27 r. o., S. 29 M.; Szymon Kobylinski: S. 28; Sieghard Liebe: S. 26; Museum Karykatury Warszawie, Warschau: S. 116 l. o.; picture-alliance: S. 29 u. (dpa-Bildarchiv), S. 37 (dpa-Fotoreport/Stephanie Pilick), S. 39 o. (dpa-Bildarchiv), S. 40 (dpa-Fotoreport), S. 41 (dpa-Fotoreport), S. 42/beide (dpa), S. 46 (dpa-Fotoreport), S. 49 o. (dpa-Fotoreport), S. 118 (dpa); Sylvia-Marita Plath: S. 98/beide, S. 99 l.; Presse- und Informationsamt der Bundesregierung/Bundesbildstelle: Umschlag vorne, S. 4 u. M., S. 21 o., S. 32 l., S. 45 r.; PUNCTUM/Bertram Kober, Leipzig: S. 61, S. 86 l.; Robert-Havemann-Gesellschaft/Hans-Helmut Kurz: S. 38 u.; Wolfgang Schubert: S. 123 M.; SPIEGEL: S. 119; Stiftung Haus der Geschichte der Bundesrepublik Deutschland, Bonn: S. 30, S. 88, S. 90 r.; Süddeutsche Zeitung Photo: S. 4–5/gr. Abb. (AP), S. 9 r. (AP); Sven Simon, Essen: S. 79; ullstein bild: S. 4 u. r., S. 5 u. r. (Mehner), S. 9 l. (AP), S. 18 (Bildarchiv), S. 19 (dpa), S. 27 r. u. (Nowosti), S. 31, S. 39 M. (Kucharz), S. 49 u. (Siewert), S. 102 (Mehner), S. 103 (AP), S. 104 (BPA); VISUM/Heiko Specht: S. 43 o.; Wilhelm-Busch-Gesellschaft, Hannover: S. 52; Katja Worch: S. 89; Zahlenbilder: S. 45 M.; Zeitgeschichtliches Forum, Leipzig: S. 24, S. 90 l.; weitere: Verlagsarchiv Schöningh.

Sollte trotz aller Bemühungen um korrekte Urheberangaben ein Irrtum unterlaufen sein, bitten wir darum, sich mit dem Verlag in Verbindung zu setzen, damit wir eventuell notwendige Korrekturen vornehmen können.